高职高专土建类工学结合"十三五"规划教材

建设工程经济

主　审　姜新春
主　编　杨也容　郑新芒
副主编　李晓婷　许　淳　吕继隆
参　编　曾　丽　薛　瑞
　　　　王小艳　袁　燕

华中科技大学出版社
中国·武汉

内容提要

本书由工程经济学概述和财务会计基础引入,全书注重理论够用,并以实用为主。内容方面,主要介绍了资金时间价值计算与应用、投资方案的比较和选择、不确定性分析及风险决策、价值工程等基本单元,对建设项目经济评价、项目可行性研究与后评价以及设备更新分析的方法也进行了基本阐述。此外,通过相应章节八个模块的实训项目对知识技能做进一步强化训练。

本书可作为高职高专土建类及其他相关专业的教学用书,也可作为建筑类工程经济从业资格考试的配套用书,还可以作为建筑工程技术人员相关培训用书。

图书在版编目(CIP)数据

建设工程经济/杨也容,郑新芒主编. —武汉:华中科技大学出版社,2019.1(2025.1重印)
高职高专土建类工学结合"十三五"规划教材
ISBN 978-7-5680-4826-2

Ⅰ.①建…　Ⅱ.①杨…　②郑…　Ⅲ.①建筑经济-高等职业教育-教材　Ⅳ.①F407.9

中国版本图书馆 CIP 数据核字(2018)第 288900 号

建设工程经济　　　　　　　　　　　　　　　　　　　　杨也容　郑新芒　主编
Jianshe Gongcheng Jingji

策划编辑:金　紫
责任编辑:王　婷
封面设计:原色设计
责任校对:刘　竣
责任监印:朱　玢

出版发行:华中科技大学出版社(中国·武汉)　　电话:(027)81321913
　　　　　武汉市东湖新技术开发区华工科技园　　邮编:430223
录　　排:华中科技大学惠友文印中心
印　　刷:武汉邮科印务有限公司
开　　本:787mm×1092mm　1/16
印　　张:13.75
字　　数:347千字
版　　次:2025年1月第1版第4次印刷
定　　价:45.00元

本书若有印装质量问题,请向出版社营销中心调换
全国免费服务热线:400-6679-118　竭诚为您服务
版权所有　侵权必究

前　言

《建设工程经济》是工程造价、工程管理等相关专业的基础核心课程，在立足岗位需求的基础上，解决实际问题，满足学生职业发展、工作考证等要求。编者在编写中尽量将知识技能化，技能岗位化，并辅以案例引导和实训强化，力求提升学生理解和应用课程内容以解决实际问题的能力。作为高职教育教学教材，本书遵循理论与实践一体化要求，通过模块训练和实训项目引领，使学生能够快速掌握课程必备的知识技能。

由于本课程也是一级建造师、造价工程师、造价员等相关从业资格考试的核心内容，受到学生和社会考生的广泛关注，因此，教材在编写时结合了相关考试的重点、难点，并在相关章节加以强化训练，夯实基础，满足相关读者提升自我的需要。

本书针对重点内容进行了微课的制作录制，读者也可登录广州城建职业学院官网，搜索本书的精品在线开放课程进行同步学习，同时配有相应课件、视频、习题等在线资讯供广大读者查阅。

在内容上，本书由工程经济学概述和相关财务知识引入，再通过各个教学模块的实训项目逐步推进、由浅入深。从课程的系统性出发，编写时对章节顺序进行了相应安排，教学中针对不同课时安排可做相应调整。

本书由广州城建职业学院姜新春担任主审，广州城建职业学院一线教师及企业人员共同完成。绪论、财务会计基础、投资方案的比较和选择、价值工程以及项目可行性研究与后评价由杨也容编写；不确定性分析和风险决策以及设备更新分析由郑新芒编写；资金时间价值计算与应用、建设项目经济评价由李晓婷编写；实训部分由许淳、吕继隆、曾丽、薛瑞、王小艳、袁燕等老师参与编写。在此，对所有参与教材编审的老师们表示衷心的感谢。

由于编者水平有限及编写时间仓促，书中难免存在不妥之处，衷心欢迎广大读者提出宝贵意见，以便不断修订完善。

编者
2018 年 12 月

目 录

绪论 工程经济学概述 ……………………………………………………………… (1)
第1章 财务会计基础 ……………………………………………………………… (6)
  1.1 收入 ………………………………………………………………………… (6)
  1.2 利润 ………………………………………………………………………… (7)
  1.3 税金 ………………………………………………………………………… (8)
  1.4 成本与费用 ………………………………………………………………… (10)
  1.5 总成本费用的估算 ………………………………………………………… (10)
  1.6 建设项目总投资构成 ……………………………………………………… (11)
  1.7 固定资产折旧估算 ………………………………………………………… (11)
  1.8 项目计算期 ………………………………………………………………… (15)
第2章 资金时间价值计算与应用 ………………………………………………… (16)
  2.1 资金的时间价值 …………………………………………………………… (16)
  2.2 资金等值 …………………………………………………………………… (20)
  2.3 资金等值应用 ……………………………………………………………… (23)
第3章 投资方案的比较和选择 …………………………………………………… (28)
  3.1 静态与动态评价方法 ……………………………………………………… (28)
  3.2 方案评价 …………………………………………………………………… (38)
第4章 项目不确定性分析及风险决策 …………………………………………… (52)
  4.1 盈亏平衡分析 ……………………………………………………………… (52)
  4.2 敏感性分析 ………………………………………………………………… (56)
  4.3 概率分析 …………………………………………………………………… (59)
  4.4 风险决策 …………………………………………………………………… (61)
第5章 设备更新分析 ……………………………………………………………… (70)
  5.1 设备更新的原因及特点 …………………………………………………… (70)
  5.2 设备经济寿命的确定 ……………………………………………………… (72)
  5.3 设备更新的分析方法及其应用 …………………………………………… (76)
  5.4 设备更新方案的综合比较 ………………………………………………… (80)
第6章 建设项目经济评价 ………………………………………………………… (89)
  6.1 建设项目经济评价概述 …………………………………………………… (89)
  6.2 财务评价 …………………………………………………………………… (89)
  6.3 国民经济评价 ……………………………………………………………… (98)
  6.4 财务评价案例 ……………………………………………………………… (103)
第7章 可行性研究与项目后评价 ………………………………………………… (119)
  7.1 可行性研究 ………………………………………………………………… (119)
  7.2 项目后评价 ………………………………………………………………… (121)

    7.3　工业项目可行性研究的一般内容 …………………………………………… (127)

第8章　价值工程 ………………………………………………………………………… (131)
    8.1　价值工程概述 …………………………………………………………………… (131)
    8.2　价值工程对象选择和信息资料搜集 …………………………………………… (135)
    8.3　功能分析与评价 ………………………………………………………………… (140)

实训篇 ……………………………………………………………………………………… (145)
    实训一　财务基础应用 ……………………………………………………………… (145)
    实训二　资金等值问题 ……………………………………………………………… (146)
    实训三　投资方案的比较和选择 …………………………………………………… (146)
    实训四　不确定性分析及风险决策 ………………………………………………… (147)
    实训五　设备更新方案选择 ………………………………………………………… (148)
    实训六　项目财务评价与国民经济评价 …………………………………………… (148)
    实训七　项目建议书和经济评价 …………………………………………………… (149)
    实训八　价值工程应用 ……………………………………………………………… (150)

附录A ……………………………………………………………………………………… (152)

参考文献 …………………………………………………………………………………… (212)

绪论　工程经济学概述

一、工程经济学的概念

工程经济学是工程与经济的交叉学科，是研究工程技术实践活动经济效果的学科，即以工程项目为主体，技术-经济系统为核心，研究如何有效利用资源，提高经济效益。其主要研究各种工程技术方案的经济效益，研究各种技术在使用过程中如何以最小的投入获得预期产出，如何用最低的寿命周期成本实现产品、作业以及服务的必要功能。

二、工程经济学的必要性

1. 学习工程经济学是正确做出经济决策的前提

世界上各种资源是有限的，工程技术人员的任务就是要合理分配和有效利用现有资金、劳动力、原材料、能源等资源创造满足人类需要的产品。如何使产品以最低的成本可靠地实现其必要功能是工程技术人员必须考虑和解决的问题，这些都必须依靠工程经济学的相关理论和知识。

2. 学习工程经济学是提高产品竞争力的保证

尽管产品是由工人在生产过程中制造出来的，但是产品技术的先进程度和制造费用的高低在很大程度上是工程技术人员在设计产品和选择工艺过程中早已决定的。如果工程技术人员在设计产品、选择工艺时不考虑市场需要和生产成本，产品就没有竞争能力，就不能实现其价值和使用价值，生产这种产品的企业也就无法生存和发展。工程技术人员通过学习工程经济学，可在产品设计与制造的全过程中既注意提高其性能和质量，又注意降低生产成本，做到物美价廉。

经济分析的主要目的是为决策服务。决策是一个过程，包括提出问题、制定目标、拟订方案、分析评价，最后从若干备选方案中选出最佳或比较理想的方案。经济技术决策的科学化是时代提出的要求，为达到这一要求，工程经济分析人员必须正确了解国家的经济、技术发展战略和有关政策，做好预测工作，要学会拟定多种替代方案并从中选择最优方案，要善于把定性分析和定量分析结合起来。

三、工程经济学的发展历史

1887年，美国土木工程师亚瑟·惠灵顿（A. M. Wellington）在《铁路布局的经济理论》一书中指出，工程经济学是"一门少花钱多办事的艺术"，他用资本化成本分析方法分析铁路的最佳长度和最优路线，从而开创了工程领域上的经济评价方法。

1920年，戈尔德曼（O. B. Goldman）教授研究了工程结构的投资问题，并在著作《财务工程学》中提出了相对价值的复利模型。他在书中指出，工程师最基本的责任是考虑成本，以便获得最佳的财务效益。

1930年，格兰特（E. L. Grant）教授剖析了古典工程经济学的局限性，并且以复利模型为基础，讨论了判别因子和短期投资评价的重要性及资本长期投资的一般比较，首创了工程经济评价理论与原则。其著作《工程经济学原理》奠定了经典工程经济学的基础,真正使得工程经济学成为一门系统化的学科。他的许多理论获得公认,本人也被誉为"工程经济学之父"。

1982年,里格斯(J. L. Riggs)在《工程经济学》一书中系统阐明了货币的时间价值理论、货币管理、经济决策和风险及不确定性等内容,把工程经济学的学科水平推进了一大步。

我国对工程经济学的研究和应用起步于20世纪70年代后期。随着改革开放的推进,工程经济学的原理和方法在经济建设项目评价中得到了广泛应用,相关学者对工程经济学学科体系、理论和方法、性质与对象的研究也十分活跃,有关工程经济的投资理论、项目评价等著作和文章大量出现,逐步形成了有体系的、符合我国国情的工程经济学。1984年3月,原国家计划委员会发文明确规定所有新建、扩建的大中型项目以及所有利用外资进行的基本建设项目都必须有可行性研究报告,并于同年10月组织中国计划出版社出版了《建设项目经济评价方法与参数》,2006年7月,中国计划出版社出版了修订后的第三版。如今,工程经济学的原理和方法在项目投资决策分析、项目评估和管理中已经得到了广泛的应用。

四、工程经济学的研究对象

工程经济学的研究对象是各种工程项目(或投资项目),包括公共项目和企业投资项目。这些项目可以是现有(已建)项目、新建项目、扩建项目、技术引进项目及技术改造项目等。

一般认为,工程经济学是研究技术与经济的关系以及技术经济活动规律的学科,它是利用经济学的理论和分析方法,研究如何有效地在各种技术之间配置资源,寻求技术和经济最佳结合的新兴学科。工程经济学主要内容包括资金的时间价值理论、工程项目的可行性研究理论、投资项目经济评价指标体系与多方案择优理论、不确定性分析、设备更新的经济分析、生产经济、价值工程理论等。依此,工程经济学的研究对象具体应包括如下几个方面。

1. 技术进步与经济增长

科技革命导致了产业革命,技术进步促进了经济增长。因此工程经济学需要定性甚至定量地考察技术进步速度、技术水平、技术进步对经济增长的贡献以及技术进步的发展环境和作用机制。

2. 技术创新理论

技术创新理论曾在世界经济学发展史上产生了革命性的影响。经济体制改革成功的标志在于企业能主动地推动技术创新。因此,工程经济学必须研究技术创新和经济高质量增长、技术创新的激励机制及技术创新的转移与扩散、技术创新的测度等。

3. 技术市场

技术市场是社会主义市场经济体系的有机组成部分,是将技术作为商品交易并使之变为现实生产力的一种交换关系的总和。技术作为商品具有的特点,如何确定技术商品价格以及如何进行技术贸易和技术招投标都需要在工程经济学中认真研究。

4. 技术引进

在信息社会中,人们生产和交换的国际化及其不断发展和深化的过程表明,一国的经济问题已经不再是该国自身的问题,必须联系到国际关系进行考察。因此,工程经济学需要分析和比较技术引进方式,进行技术引进的经济效果评价。

5. 技术选择

实现一定的经济目标要考虑客观因素的制约,对各种可能的技术手段进行分析比较,选取最佳方案。因此,工程经济学需要研究各种客观条件如何影响技术选择,怎样通过对技术手段的分析比较从而选取最佳方案。

6. 筹资分析

随着社会主义市场经济体系的建立,建设项目资金来源多元化已成为必然。因此,工程经济学要研究在市场经济体系下,如何建立筹资主体和筹资机制,并分析各种筹资方式的成本和风险。

7. 企业经济评价和国民经济评价

任何一项投资都必须讲求经济效益,经济效益包括企业经济效益和国民经济效益。因此,工程经济学要对企业经济和国民经济进行科学评价。

8. 投资方案选择

投资项目往往具有多个方案,分析多个方案之间的关系,进行多方案选择是工程经济学研究的重要内容。

9. 风险和不确定性分析

任何一项经济活动,由于各种不确定性因素的影响,期望的目标与实际状况可能会发生差异,可能造成经济损失。为此,工程经济学需要研究如何识别和估计风险,进行不确定性分析。

10. 投资环境分析

由于同一投资在不同地域内可能取得不同的经济效益,投资环境就成为获得投资效益的重要外部因素。因此,工程经济学需要分析投资环境的特征和影响因素,正确评价投资环境。

11. 可行性研究与项目决策分析

在市场经济体系下,企业如何根据市场结构和需求变化来作出最佳的项目决策,是工程经济学研究的重要内容。

12. 建设项目后评估

建设项目后评估是在项目建成后,衡量和分析项目的实际情况与预测情况的差异,总结经验教训,为提高未来项目投资效益提出建议。因此,工程经济学需要研究建设项目后评估怎样进行,采用什么样的方法和指标。

五、工程经济学的研究步骤

技术实践活动的目的就是运用科学知识、技术能力和物质手段形成能满足人们需要的经济系统。通常,一个完整的实践活动可以分为以下几个阶段。

1. 调查研究,确定目标

技术经济分析活动的第一阶段就是通过调查研究,收集与技术实践活动有关的资料和信息,分析经济环境中的表面和潜在的需求,确立研究目标。

2. 寻找关键要素

关键要素就是实现目标的制约因素,只有找出主要矛盾,确定系统的各种关键要素,才有可能采取有效措施,为技术活动实现最终目标扫清障碍。

3. 建立方案

为达到已确定的目标,可采取各种不同的途径,提出多种可供选择的方案。例如,为降低人工费,可以采用新设备,也可以用简化操作的方法;通过采用新设备或质量控制方法达到降低产品的废品率的目的。在提出多个可供选择的方案时,维持现状也是需要考虑的备选方案之一。

4. 评价方案

前期提出和建立的方案往往在技术上是可行的,但是在收益一定时,只有费用最低的方案才能成为最佳方案,这就需要对备选方案进行经济效果评价。

评价方案首先要使不同的方案具有可供比较的基础,要根据评价的目标要求来建立方案评价的指标体系,将参与分析的各种因素定量化。其次,要将方案的投入和产出转化为统一的用货币计量的收益和费用,最终通过评价方案的数学模型综合分析对比,从中选出最优方案。

六、工程经济学的研究方法

工程经济学是工程技术与经济核算相结合的边缘交叉学科,是自然学科、社会学科密切交融的综合学科,是一门与生产建设、经济发展有着直接联系的应用性学科。其研究方法主要包括以下几个方面。

(1) 理论联系实际的方法。
(2) 定量分析与定性分析相结合的方法。
(3) 系统分析与平衡分析的方法。
(4) 静态评价与动态评价相结合的方法。
(5) 统计预测与不确定分析方法。

七、工程项目经济评价的基本原则

工程项目经济评价要遵守以下几个基本原则。
(1) 技术与经济相结合的原则。
(2) 定性分析与定量分析相结合的原则。
(3) 财务分析与国民经济分析相结合的原则。
(4) 可比性原则。可比性原则主要包括以下方面:①满足需要上的可比(产品品种可比、产量可比、质量可比);②消耗费用的可比;③时间的可比(分析期、货币的时间价值等);④价格的可比等。

》→ |本章小结|......

本章从学习工程经济学的必要性入手,着重讲述工作经济学的研究对象和解决问题的方法。工程经济学以工程项目为主体,以技术-经济系统为核心,研究如何有效利用资源,提高经济效益。通过调查研究确定目标,寻找关键要素,建立和评价方案,研究各种技术在使用过程中如何以最小的投入获得预期产出,如何用最低的寿命周期成本实现产品、作业以及服务的必要功能。

通过对工程经济学概述的学习,我们应掌握工程经济学的作用和经济评价的基本原则,学会用技术与经济相结合、定性分析与定量分析相结合、财务分析与国民经济分析相结合等原则进行工程经济评价。

复习思考训练

1. 工程经济学能解决哪些实际问题？谈谈学习工程经济学的意义。
2. 对工程经济学研究对象中的一至两点谈谈自己的认识。

第 1 章　财务会计基础

1.1　收入

1.1.1　收入的含义

我国《企业会计准则——收入》中将收入定义为：企业在日常活动中形成的、会导致所有者权益增加的、与所有者投入资本无关的经济利益的总流入。其中，经济利益是指直接或间接流入企业的现金或现金等价物。

1.1.2　收入的分类

（1）按收入的性质分类。

根据会计准则，收入按照性质可分为商品销售收入、劳务收入和让渡资产使用权收入。

商品销售收入主要是指以商品销售的方式取得的货币资产，以及正常情况下的以商品交易抵偿的债务等。这里的商品主要包括企业为销售而生产或购进的商品，企业销售的其他存货，如原材料、包装物等也视为商品，但企业以商品进行投资、捐赠或自用时，则不作为商品销售处理。

劳务收入主要是指企业提供旅游、运输、广告、理发、饮食、咨询、代理、培训、产品安装等所获得的收入。

让渡资产使用权收入是指企业转让资产使用权所获得的收入，包括因他人使用本企业现金而形成的利息收入，因他人使用本企业的无形资产而形成的使用费用收入和出租固定资产取得的租金收入等。

（2）按企业经营的业务分类。

根据企业经营的业务分类，企业的收入主要包括：主营业务收入、其他业务收入、营业外收入和投资收益。

主营业务收入是指企业在按照营业执照上规定的主营业务内容经营时所发生的收入。主营业务收入是企业利润的主要来源，不同企业其主营业务的表现形式有所不同。工业企业的主营业务收入是指销售产成品、自制半成品以及提供代制、代修品等工业性劳务取得的收入。商品流通企业的主营业务收入是销售商品取得的收入。服务业的主营业务收入是指提供劳务所获取的收入。

其他业务收入是指企业在主营业务收入之外的其他业务中取得的收入。其他业务收入包括材料销售、技术转让、代购代销和包装物出租等业务的收入。

营业外收入是指企业在与生产经营无直接关系的经济活动中取得的各项收入。营业外收入通常是在偶发的或不曾期望的交易或有关事项中产生的收益，如固定资产盘盈、处理固定资产的净收益、资产评估增值、债务重组收益、罚款净收入等。

投资收益是指企业在各项对外投资活动中获取的收益。

此外,以前年度收益调增也属于收入。以前年度收益调增是指在本年度对以前年度需要调增利润的事项进行的调整,它直接表现为利润的增加。

1.2 利润

1.2.1 利润的构成与计算

利润是企业在一定期间生产经营活动的最终成果,是收入与费用配比相抵后的余额。

如果收入大于费用,其实现的纯收益即为利润;反之,则为亏损。公司利润总额一般包括营业利润、投资净收益、补贴收入等几部分,其计算公式为

利润总额＝营业利润＋营业外收入－营业外支出

营业利润＝营业收入－营业成本－营业税金及附加－营业费用－管理费用
－财务费用－资产减值损失＋公允价值变动净收益＋投资净收益

营业收入＝主营业务收入＋其他业务收入

净利润＝利润总额－所得税

营业利润指企业从事生产经营活动所产生的利润,是通过企业在某一会计期间的营业收入和为实现这些营业收入所发生的费用、成本比较计算出来的,另外还包括资本运营收益。它反映了企业的经营成果。

投资净收益是投资收益扣除投资损失后的数额。投资收益包括对外投资分得的利润、股利和债券利息以及投资到期收回或者中途转让、出售取得款项高于账面价值的差额等。投资损失包括投资到期收回或中途转让、出售取得的款项低于账面价值的差额等。

补贴收入是指企业按国家规定取得的各种补贴,包括国家财政拨付的专项储备商品、特准储备物资、临时储备商品的补贴、亏损补贴及其他补贴收入。对于实行增值税后采取即征即退、先征后退、先征税后返还等形式减免的增值税,企业应于收到减免的增值税时,计入补贴收入。

营业外收入是指与公司生产经营活动无直接关系的各项收入。营业外收入是企业的一种纯收入,不需要与有关费用进行配比,企业并没有为此付出代价,因此在会计核算中应严格区分营业外收入与营业收入的界限。

营业外支出是指与企业生产经营活动无直接关系的各项支出,包括固定资产盘亏、处理固定资产损失、非常损失、罚款支出、资产评估减值、债务重组损失等。营业外支出与营业外收入应当分别核算,不能以营业外支出直接冲减营业外收入,同样,也不能以营业外收入直接冲减营业外支出。

1.2.2 利润分配

利润分配是企业根据国家有关规定和投资者的决议,对企业净利润所进行的分配。其实质就是企业将实现的税后利润在投资者之间进行分配,具体表现为弥补亏损、提取法定公积金及股东之间分配利润等。

企业当期实现的净利润,加上年初未分配利润或减去年初未弥补的亏损和其他转入后的余额,即为可供分配的利润。对于可供分配的利润,应按规定的程序进行分配。

利润分配顺序和结果不仅关系到所有者的合法权益是否得到保护,还关系到企业能否

长期、稳定地发展。公司缴纳所得税后的净利润,应按以下顺序进行分配。

(1) 弥补亏损。公司发生年度亏损,同时法定公积金不足以弥补以前年度亏损的,在依照规定提取法定公积金之前,应当先以当年利润弥补亏损。一年弥补不足的,可以逐年连续弥补,但最长不能超过5年。

(2) 提取法定公积金。按照《中华人民共和国公司法》规定,公司分配当年税后利润时,应当提取利润的10%列入公司法定公积金。公司法定公积金累计额为公司注册资本50%以上的,可以不再提取。

(3) 提取任意公积金。公司从税后利润中提取法定公积金后,经股东会或者股东大会决议,还可以从税后利润中提取任意公积金。

(4) 支付股利。公司弥补亏损和提取公积金后所余税后利润,相关公司可根据《中华人民共和国公司法》的规定进行股利分配。

企业实现的净利润扣除弥补以前年度的亏损和提取的法定公积金后,为可供投资者分配的利润,这一利润的分配顺序是:首先,支付优先股股利,企业按照利润分配方案分配给优先股股东现金股利;然后,提取任意公积金,任意公积金按照公司章程或股东会议决议提取和使用;其次,支付普通股股利,企业按照利润分配方案分配给普通股股东现金股利或企业分配给投资者利润;最后,转为资本(或股本),它是指企业按照利润分配方案以分派股票股利的形式转成资本(或股本)或企业以利润转增资本。

可供投资者分配的利润经过上面的分配后,为未分配利润(或为未弥补亏损)。未分配利润可以留待以后年度进行分配。企业发生的亏损可以按规定由以后年度利润进行弥补。

需要指出的是,企业在当年无利润时,不得分配股利。股利分配的比例一般按照股东持有的比例分配,也允许股利分配比例与出资比例不同。股利分配的形式有现金股利和股票股利两种形式。

1.3 税金

企业应缴税金是企业在某个会计期间内应负担、缴纳的各种税金,这些应缴税金在未缴纳之前暂留存公司,从而形成一项短期负债。按照税收法规,企业应缴纳的税金主要有以下几种:

(1) 收益税类,如企业所得税及农业税(有农业收入的企业应缴纳农业税);

(2) 流转税类,如增值税、消费税、营业税及关税;

(3) 行为税类,如土地增值税、印花税、耕地占用税、固定资产投资方向调节税、城市维护建设税;

(4) 资源税类,如资源税;

(5) 财产税类,如房产税、车船使用税、土地使用税及契税等。

下面重点介绍所得税与增值税。

1.3.1 所得税

所得税是以课税为目的,对企业经营所得及其他所得进行征税。由于会计和税收对损益计算和纳税所得计算时间不同,因此对收入、费用和利润的确认和计算方法也不同。因此,对同一企业、在同一会计期间经营成果的计算结果往往存在差异。

纳税人每一纳税年度的收入总额,减除不征税收入、免税收入、各项扣除以及允许弥补的以前年度亏损后的余额,为应纳所得税额。纳税人的收入总额包括以下内容:

(1) 销售货物收入;

(2) 提供劳务收入;

(3) 转让财产收入;

(4) 股息、红利等权益性投资收益;

(5) 利息收入;

(6) 租金收入;

(7) 特许权使用费收入;

(8) 接受捐赠收入;

(9) 其他收入。

企业实际发生的与取得收入有关的、合理的支出,包括成本、费用、税金、损失和其他支出,准予在计算应纳税所得额时扣除。企业发生的公益性捐赠支出,在年度利润总额12%以内的部分,准予在计算应纳税所得额时扣除。

在计算应纳税所得额时,下列项目不得扣除:

(1) 向投资者支付的股息、红利等权益性投资收益款项;

(2) 企业所得税税款;

(3) 税收滞纳金;

(4) 罚金、罚款和被没收的财物;

(5) 上述规定以外的捐赠支出;

(6) 赞助支出;

(7) 未经核定的准备金支出;

(8) 与取得收入无关的其他支出。

纳税人发生年度亏损的,可以用下一纳税年度的所得弥补;下一纳税年度的所得不足弥补的,可以逐年延续弥补,但是延续弥补期最长不得超过5年。

应纳所得税额根据应纳税所得额和所得税率计算,具体公式为

$$应纳所得税额 = 应纳税所得额 \times 所得税率$$

其中,应纳税所得额是指企业按所得税税法规定的应计算的项目收益,是计算缴纳所得税的依据;应纳所得税额是指企业按应纳税所得额和现行所得税率计算的应缴纳的所得税额。现行所得税率为25%。

1.3.2 增值税

增值税是以生产、经营、进口应税商品和应税劳务的增值额作为征税对象的一种税。在我国境内销售货物或提供加工、修理劳务及进口货物的企业和个人,为增值税的纳税义务人。我国的增值税率有0、13%和17%。

纳税人应纳增值税税额为当期销项税额抵扣当期进项税额后的余额,其计算公式为

$$应纳税额 = 当期销项税额 - 当期进项税额$$

在式中,如果当期销项税额小于当期进项税额而不足抵扣时,其不足部分可以结转下期抵扣。但对于下列项目的进项税额不得从销项税额中抵扣:购买固定资产,用于集体福利或个人消费的购进货物或应税劳务,用于非应税项目的购进货物或应税劳务,用于免税项目的

购进货物和应税劳务,非正常损失的在产品、产成品所耗用的购进货物或应税劳务,非正常损失的购进货物。

1.4 成本与费用

成本是指企业为生产商品所耗费物化劳动和活劳动中必要劳动价值的货币表现。成本是经济利益的一种流出,是为了达到某个目标而发生的资源流出,同时也是为了获得未来利益而发生的资源流出。

成本概念有广义和狭义之分。广义成本是指取得某项资产或达到特定目的而实际发生或应发生的耗费。狭义成本是指生产和取得某项产品(商品)或提供劳务而实际发生或应发生的耗费,即生产及劳务成本。这里的生产及劳务成本不仅指工业生产及劳务,也包括非工业生产及劳务。

工业企业计算成本的方法为制造成本法。其特点是把企业全部成本费用划分为制造成本和期间费用两类。制造成本是指工业产品的生产成本,包括企业在生产经营过程中实际消耗的直接材料、直接工资、其他直接支出和制造费用。制造费用是指企业内部生产经营部门为组织和管理生产经营活动而发生的共同费用,包括管理人员的工资、各种产品共同消耗的各种材料以及组织生产经营活动的各项耗费。

期间费用是指行政管理部门为组织和管理生产经营活动而发生的经营管理费用。它是一种按一定的期限进行汇总、直接计入当期损益的费用。按公司会计制度可将其分为管理费用、财务费用和营业费用。具体来讲,管理费用是指企业为组织和管理生产经营所发生的费用,包括公司行政管理部门在经营管理中发生的或应由企业统一负担的企业经费、咨询费、诉讼费、房产税、土地使用税、无形资产和长期待摊费用摊销、开办费摊销、职工教育经费、研究开发费、提取的坏账准备金等;财务费用是指为了筹集资金而发生的各项费用,包括企业生产经营期间发生的利息收支净额、汇兑损益净额、金融机构手续费及因筹资而发生的其他财务费用;营业费用是指在销售产品、自制半成品和提供劳务等过程中所发生的各项费用及专设销售机构的各项经费,包括应由企业负担的运输费、装卸费、包装费、保险费、委托代销手续费、广告费、展览费、租赁费和销售服务费,销售部门人员工资、职工福利费、差旅费、办公费、折旧费、修理费、低值易耗品摊销及其他经费。

企业发生的与生产经营没有直接关系和关系不密切的费用(如管理费用、财务费用和销售费用)不摊入产品成本,作为当期费用直接计入当期损益。

费用按照经济性质可分为外购材料费用、外购燃料费用、外购动力费用、工资费及职工福利费用、折旧费用、利息支出、税金、其他支出等。

1.5 总成本费用的估算

1.5.1 总成本费用的含义及分类

总成本费用是指项目在运营期内为生产产品或提供服务所发生的全部费用,等于经营成本与折旧费、摊销费和财务费用之和。总成本费用按成本与生产过程的关系分为生产成本和期间费用,按成本与产量的关系分为固定成本和可变成本等。总成本估算应与销售收入的计算口径相对应,各项费用应划分清楚,防止重复计算或者低估费用支出。

1.5.2 总成本费用的构成与估算

(1) 生产成本加期间费用估算法(生产成本法)。

生产成本法是在核算产品成本时只分配与生产经营最直接和关系密切的费用,而将与生产经营没有直接关系和关系不密切的费用计入当期损益,即直接材料、直接工资、其他直接支出和制造费用计入产品生产成本,管理费用、财务费用和销售费用直接计入当期损益。其计算公式为

$$总成本费用＝生产成本＋期间费用$$

式中:生产成本＝直接材料费＋直接燃料和动力费＋直接工资＋其他直接支出＋制造费用;

　　　期间费用＝管理费用＋财务费用＋营业费用;

　　　其他费用包括其他制造费用、其他管理费用和其他营业费用三部分。

(2) 生产要素估算法。

$$总成本费用＝外购原材料、燃料及动力费＋人工工资及福利费＋折旧费\\＋摊销费＋修理费＋利息支出＋其他费用$$

$$经营成本＝外购原材料、燃料和动力费＋工资及福利费＋修理费＋其他费用$$

或　　　　　经营成本＝总成本费用－折旧费－摊销费－借款利息支出

式中:其他费用是指从制造费用、管理费用和营业费用中扣除了折旧费、摊销费、修理费、工资及福利费以后的剩余部分。

1.6 建设项目总投资构成

建设项目总投资的构成如图1.1所示。

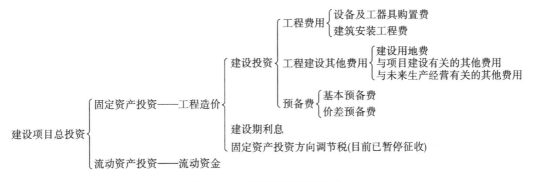

图1.1 建设项目总投资构成

1.7 固定资产折旧估算

1.7.1 固定资产折旧的概念

企业的固定资产可以长期参加生产经营而仍保持其原有的实物形态,但其价值将随着固定资产的不断使用而逐渐转移到生产的产品中去,或构成了企业的经营成本或费用。这

部分随着固定资产的损耗而逐渐转移的价值称为固定资产的折旧。固定资产折旧计入生产成本或期间费用的过程,即固定资产价值的转移,它以折旧的形式在产品销售收入中得到补偿并转化为货币资金。固定资产折旧应当在固定资产的寿命期内系统分摊,固定资产折旧等于应当计提折旧的固定资产原价扣除其预计净残值后的余额,如果对固定资产计提减值准备,还应当扣除已计提的固定资产减值准备累计金额。

从本质上讲,折旧也是一种费用,只不过这一费用没有在计提期间付出实实在在的货币资金,但这种费用是前期已经发生的支出,而这种支出的收益在资产投入使用后的有效使用期内实现,无论是从权责发生制原则,还是从收入与费用配比的原则讲,计提折旧都是必要的,否则,不提折旧或不正确地计提折旧,都将错误地计算企业的产品成本(或营业成本)、损益。

1.7.2 计提折旧的范围

企业在用的固定资产(包括经营用固定资产、非经营用固定资产、租出固定资产等)一般均应计提折旧,具体范围包括:房屋和建筑物;在使用的机器设备、仪器仪表、运输工具;季节性停用、大修理停用的设备;融资租入和以经营租赁方式租出的固定资产。已达到预定可使用状态,尚未办理竣工决算的固定资产也应计提折旧。

对已达到预定可使用状态的固定资产,如果尚未办理竣工决算的应当按照估计价值暂估入账,并计提折旧。待办理了竣工决算手续后,再按照实际成本调整原来的暂估价值,同时调整原已计提的折旧额。

不提折旧的固定资产包括:未使用、不需用的机械设备;以经营租赁方式租入的固定资产;融资租出的固定资产;已提足折旧继续使用的固定资产;未提足折旧提前报废的固定资产;国家规定不提折旧的其他固定资产(如土地等)。

1.7.3 计算折旧的方法

会计学上计算折旧的方法很多,有直线法、工作量法、加速折旧法等。由于固定资产折旧方法的选用直接影响到企业成本、费用的计算,也影响到企业的收入和纳税,从而影响到国家的财政收入,因此,对固定资产折旧方法的选用,国家历来有比较严格的规定,原则上应当根据固定资产所含经济利益预期实现方式选择折旧方法。随着改革开放的深入,我国为鼓励企业采用新技术,加快科学技术向生产力的转化,增强企业的后劲,允许某些行业的企业经国家批准后采用加速折旧的方法。折旧方法一经选定,不得随意变更。如需变更,应当按照一定的程序审批。经批准后报送有关各方备案,并在会计报表中说明。

折旧的计算方法分为平均年限法、工作量法和加速折旧法(双倍余额递减法、年数总和法),对于技术进步较快或使用寿命受工作环境影响较大的施工机械和运输设备,经财政主管部门批准,可采用加速折旧法。

1. 平均年限法

平均年限法又叫直线折旧法,是在固定资产使用年限内按期(年、月)平均分摊应折旧总金额的方法。平均年限法计算固定资产折旧额的计算公式为

$$年折旧率 = (1 - 预计净残值率) / 折旧年限 \times 100\%$$
$$固定资产年折旧额 = 固定资产原值 - 预计净残值 / 预计使用年限$$

$$固定资产月折旧额 = 固定资产年折旧额/12$$
$$固定资产年折旧率 = 固定资产年折旧额/固定资产原值 \times 100\%$$
或 $$固定资产年折旧率 = (1 - 净残值率)/折旧年限 \times 100\%$$
$$固定资产月折旧率 = 固定资产年折旧率/12$$
$$年折旧率 = (1 - 预计净残值率)/折旧年限$$
$$月折旧率 = 年折旧率/12$$
$$月折旧额 = 固定资产原值 \times 月折旧率$$

【例 1-1】 企业的某项固定资产原值为 60000 元,预计使用年限为 10 年,预计残值收入 2000 元,预计清理费用 1000 元,该固定资产用平均年限法计提折旧,试计算其每月应计提的折旧额。

【解】 固定资产年折旧额 = [60000 - (2000 - 1000)]/10 = 5900(元)
月折旧额 = 5900/12 = 492(元)

【例 1-2】 某企业有一设备,原值为 500000 元,预计可使用 20 年,预计净残值率为 2%,试计算该设备的月折旧率和月折旧额。

【解】 年折旧率 = (1 - 2%)/20 × 100% = 4.9%
月折旧率 = 4.9%/12 = 0.41%
月折旧额 = 500000 × 0.41% = 2050(元)

2. 工作量法

工作量法是指按照固定资产生产经营过程中所完成的工作量计提折旧的一种方法。它由平均年限法派生而来,其基本计算公式为

$$单位工作量折旧额 = (固定资产原值 - 固定资产净残值)/总的工作量$$

这种方法的特点是所提折旧额与使用程度成比例,但未考虑无形损耗,适用于各种时期使用程度不同的专业机械和设备。

【例 1-3】 某公司有一辆运输汽车,原值为 150000 元,预计净残值率为 5%,预计总行驶里程为 600000 千米,当月行驶 5000 千米,试计算该汽车的月计提折旧额。

【解】 单位工作量折旧额 = 150000 × (1 - 5%)/600000 = 0.2375(元/千米)
本月折旧额 = 5000 × 0.2375 = 1187.50(元)

【例 1-4】 某企业有一辆大客车,原始价值为 1200000 元,清理费用为 4000 元,残值为 26000 元,预计可行驶 300000 千米,第 1 年行驶 50000 千米,试计算该客车的第 1 年应提折旧额。

【解】 每千米折旧额 = (1200000 + 4000 - 26000)/300000 = 3.93(元)
第 1 年应提折旧额为 = 3.93 × 50000 = 196500(元)

3. 双倍余额递减法

双倍余额递减法是指按照固定资产账面净值和固定的折旧率计算折旧的方法,其年折旧率是平均年限法的两倍,并且在计算年折旧率时不考虑预计净残值率。采用这种方法时折旧率是固定的,但计算基数逐年递减,因此计算的折旧额逐年递减,所以又称为递减折旧法,其计算公式推导如下。

$$年折旧率\ l_双 = \frac{2}{N} \times 100\%$$

年折旧额 $D_{双i} = (固定资产净值)_i \times l_{双}$

$(固定资产净值)_i = V_K - \sum D_{双i-1}$

在使用双倍余额递减法时应特别注意,其所计提折旧的固定资产,应在固定资产折旧年限到期以前两年内,将固定资产账面净值扣除预计净残值后的余额平均摊销。

【例1-5】 某项固定资产原值为10000元,预计净残值400元,预计使用年限5年,采用双倍余额递减法计算各年的折旧额。

【解】 年折旧率＝2/5×100％＝40％

第1年折旧额＝10000×40％＝4000(元)

第2年折旧额＝(10000－4000)×40％＝2400(元)

第3年折旧额＝(10000－6400)×40％＝1440(元)

第4年折旧额＝(10000－7840－400)/2＝880(元)

第5年折旧额＝(10000－8720－400)/2＝440(元)

4. 年数总和法

年数总和法也称年数总额法,是指以固定资产原值减去预计净残值后的余额为基数,按照逐年递减的折旧率计提折旧的一种方法。其折旧率以该项固定资产预计尚可使用的年数(包括当年)作分子,而以逐年可使用年数之和作分母,分母是固定的,而分子逐年递减,因此折旧率逐年递减,计提的折旧额也逐年递减。

年折旧率＝尚可使用年限/预计使用寿命的年数总和×100％

或 年折旧率＝各年初尚可使用年数/[预计使用年限×(预计使用年限＋1)÷2]×100％

月折旧率＝年折旧率/12

月折旧额＝(固定资产原值－预计净残值)×月折旧率

【例1-6】 某项设备固定资产原值为60000元,预计残值1000元,预计使用年限为6年,试用年数总和法计算该设备的年折旧额。

【解】 计算折旧的基数＝60000－1000＝59000(元)

年数总和＝6＋5＋4＋3＋2＋1＝21(年)

各年的折旧率分别为6/21,5/21,4/21,3/21,2/21,1/21,则

第1年应提折旧额＝59000×6/21＝16857(元)

第2年应提折旧额＝59000×5/21＝14048(元)

同理,第3、4、5、6年的折旧额分别为11238元、8429元、5619元、2810元。

加速折旧法与平均折旧法相比具备以下优点:第一,加速折旧法早期折旧费高于后期折旧费,这和固定资产早期生产能力比后期大,且早期营业收入比后期多相吻合,即符合收入成本配比原则;第二,随着固定资产的使用,后期的修理维护费用要比前期多,若采用加速折旧法,早期折旧费用比后期多,可以使固定资产的成本费用在其整个使用期内较平稳;第三,加速折旧法前期成本提高,利润降低,推迟了企业缴纳税款,相当于国家提供了一种无息贷款的方式。

1.8 项目计算期

1.8.1 项目计算期的含义

项目计算期是指经济评价中为进行动态分析所设定的期限,包括建设期和运营期(生产期)。建设期是指项目资金正式投入开始到项目建成投产为止所需要的时间。运营期分为投产期和达产期两个阶段。投产期是指项目投入生产,但生产能力尚未完全达到设计能力时的过渡阶段。达产期是指生产运营达到设计预期水平后的时间。

1.8.2 项目计算期的估算

项目计算期的长短主要取决于项目本身的特性,因此无法对项目计算期作出统一的规定。但计算期不宜定得太长,一方面是因为按照现金流量折现的方法,把后期的净收益折为现值的数值相对很小,很难对财务分析结论产生决定性的影响;另一方面,时间越长,预测的数据越不准确。

建设期应参照项目建设的合理工期或项目的建设进度计划合理确定,运营期一般应按项目主要设备的经济寿命期确定。财务评价的计算期一般不超过 20 年。计算现金流的时间单位一般为年,也可采用其他常用的时间单位。

本章小结

本章重点学习了收入、成本费用、利润、税金等概念,需要熟悉会计基本要素,掌握总成本费用的概念及计算,理解总成本费用构成,并能灵活应用。同时,掌握折旧的四种计算方法,能用于具体项目的折旧计算。此外,还要求熟悉建设项目总投资构成表,对建设项目的总投资、固定资产投资、建设投资有正确的认识,对项目工程造价构成的理解要准确。

成本、费用、总成本费用的概念及公式的学习和理解是本章的难点,学习中应引起重视,折旧的计算是基本要求,应熟练掌握。

复习思考训练

1. 一套用于轮胎生产的设备的售价为 35000 元,使用年限为 5 年,期末残值率为 5%,试分别用平均年限法、双倍余额递减法、年数总和法计提折旧。

2. 企业的一幢厂房,原价 800000 元,预计可使用 20 年,预计净残值率 4%,试运用直线法计算该厂房的年折旧额、月折旧额。

3. 假设车间某项设备原值为 500000 元,预计净残值为 15000 元,预计总工作量 160000 小时,本月工作 200 小时,试运用工作量法计算月折旧额。

4. 某公司有一辆货车,原值 50000 元,预计净残值是 500 元,预计总行驶 9000 千米,第 1 年行驶 1000 千米,第 2 年行驶 880 千米,第 3 年行驶 600 千米,试运用工作量法计算货车前 3 年的折旧额。

第 2 章　资金时间价值计算与应用

2.1　资金的时间价值

今年的 1000 元与去年的 1000 元相等吗？显然去年 1000 元能购买的物品，今年需要 1000 元以上才买得到。也就是说随着时间的推移，同样面值的资金有不同的价值。如果将这 1000 元存入银行，将得到利息；如果将 1000 元用于证券投资，将获得收益；如果将 1000 元用于其他投资，也将获得相应的收益。也就是说，随着时间的推移，资金在投资活动中增值了。

2.1.1　资金时间价值概念

货币资金在运动过程中随着时间的推移而产生的增值即为资金时间价值。从投资角度看，资金时间价值是资金在生产与交换活动中给投资者带来的利润；从消费角度看，资金时间价值是消费者放弃即期消费所获得的利息。

影响资金时间价值的因素很多，主要有以下几点。

(1) 资金的使用时间。在单位时间的资金增值率一定的条件下，资金使用时间越长，则资金的时间价值越大；使用时间越短，则资金的时间价值越小。

(2) 资金数量的多少。在其他条件不变的情况下，资金数量越多，资金的时间价值就越多；反之，资金的时间价值则越少。

(3) 资金投入和回收的特点。在总资金一定的情况下，前期投入的资金越多，资金的负效益越大；反之，资金的负效益越小。而在资金回收额一定的情况下，距离现在越近的时间内回收的资金越多，资金的时间价值就越多；反之，资金的时间价值就越少。

(4) 资金周转的速度。资金周转越快，在一定的时间内等量资金的周转次数越多，资金的时间价值越多；反之，资金的时间价值越少。

总之，资金的时间价值是客观存在的，生产经营的一项基本原则就是充分利用资金的时间价值并最大限度地获得其时间价值，即加速资金周转，早期回收资金，并不断从事利润较高的投资活动。任何资金的闲置，都是在损失资金的时间价值。

2.1.2　利息与利率

假如某人 1 月 1 日在银行定期存入 1 万元，年利率为 2%，那么当年 12 月 31 日他将从银行获得 10200 元。其中，200 元为利息，期初存入的 1 万元为本金，期末从银行获得的 10200 元为本利和。

1. 利息

在借贷过程中，债务人支付给债权人超过原借贷金额的部分称为利息。即

$$I = F - P \tag{2-1}$$

式中：I——利息；

F——目前债务人应付（或债权人应收）总金额，即还本付息总额；

P——原借贷金额，常称为本金。

从本质上看，利息是由贷款发生利润的一种再分配。在工程经济分析中，利息常常被看成是资金的一种机会成本。这是因为如果放弃资金的使用权利，相当于失去收益的机会，也就相当于付出了一定的代价。事实上，投资就是为了在未来获得更大的收益而对目前的资金进行某种安排。很显然，未来的收益应当超过现在的投资，正是这种预期的价值增长才能刺激人们从事投资。因此，在工程经济分析中，利息常常是指占用资金所付出的代价或者是放弃使用资金所获得的补偿。

2. 利率

利率是指在单位时间内所得利息额与原借贷金额之比，通常用百分数表示，即

$$i = \frac{I_t}{P} \times 100\% \tag{2-2}$$

式中：i——利率；

I_t——单位时间内所得的利息额。

t——计息周期（即计算利息的时间），通常为年、半年、季、月、周或天。

3. 利息的计算

利息的计算有单利和复利之分。当计息周期在一个以上时，就需要考虑单利与复利的问题。

（1）单利。

单利是指在计算利息时，仅用最初本金来计算，而不计入先前计息周期中所累积增加的利息，即通常所说的"利不生利"的计息方法。其计算式为

$$I_t = P \times i_单 \tag{2-3}$$

式中：I_t——第 t 计息周期的利息额；

P——本金；

$i_单$——计息周期单利利率。

而 n 期期末单利本利和 F 等于本金加上总利息，即

$$F = P + I_n = P(1 + n \times i_单) \tag{2-4}$$

式中，I_n 代表 n 个计息周期所付或所收的单利总利息，即

$$I_n = \sum_{t=1}^{n} I_t = \sum_{t=1}^{n} P \times i_单 = P \times i_单 \times n \tag{2-5}$$

在以单利计息的情况下，总利息与本金、利率以及计息周期数成正比关系。

此外，在利用式（2-4）计算本利和 F 时，要注意式中 n 和 $i_单$ 反映的时期要一致。如 $i_单$ 为年利率，则 n 应为计息的年数；若 $i_单$ 为月利率，n 即应为计息的月数。

【例 2-1】 假如某公司以单利方式借入 1000 万元，年利率 8%，第 4 年年末偿还，则各年利息及本利和见表 2-1。

表 2-1 单利计算分析表　　　　　　　　　　　　　　　　　　　单位:万元

使用期	年初款额	年末利息	年末本利和	年末偿还
1	1000	1000×8%=80	1080	0
2	1080	80	1160	0
3	1160	80	1240	0
4	1240	80	1320	1320

由表 2-1 可见,单利的年利息额都仅由本金所产生,其新生利息不再加入本金产生利息,即"利不生利"。这不符合客观的经济发展规律,没有反映资金随时都在"增值"的概念,即没有完全反映资金的时间价值。因此,在工程经济分析中单利使用较少,通常只适用于短期投资或短期贷款。

(2) 复利。

复利是指在计算某一计息周期的利息时,其先前周期上所累积的利息也要计算利息,即"利生利""利滚利"的计息方式。其表达式为

$$I_t = i \times F_{t-1} \tag{2-6}$$

式中:i——计息周期复利利率;

F_{t-1}——表示第$(t-1)$期期末复利本利和。

而第 t 期期末复利本利和的表达式为

$$F = P(1+i)^n \tag{2-7}$$

【例 2-2】 数据同例 2-1,按复利计算,则各年利息及本利和见表 2-2。

表 2-2 复利计算分析表　　　　　　　　　　　　　　　　　　　单位:万元

使用期	年初款额	年末利息	年末本利和	年末偿还
1	1000	1000×8%=80	1080	0
2	1080	1080×8%=86.4	1166.4	0
3	1166.4	1166.4×8%=93.312	1259.712	0
4	1259.712	1259.712×8%=100.777	1360.489	1360.489

从表 2-1 和表 2-2 可以看出,同一笔借款,在利率和计息周期均相同的情况下,用复利计算出的利息金额比用单利计算出的利息金额多。如例 2-2 与例 2-1 两者相差 40.489 万元。本金越大,利率越高,计息周期越多时,两者差距就越大。复利计息比较符合资金在社会再生产过程中运动的实际状况,因此,在实际中得到了广泛的应用。在工程经济分析中,一般采用复利计算。

(3) 名义利率与有效利率。

在复利计算中,利率周期通常以年为单位,它可以与计息周期相同,也可以不同。当计息周期小于一年时,就出现了名义利率和有效利率的概念。

① 名义利率的计算。

名义利率 r 是指计息周期利率 i 乘以一年内的计息周期数 m 所得的年利率,即

$$r = i \times m \tag{2-8}$$

若计息周期月利率为 1%,则年名义利率为 12%。很显然,计算名义利率时忽略了前面各期利息再生的因素,这与单利的计算相同。通常所说的年利率都是名义利率。

② 有效利率的计算。

有效利率是指资金在计息中所发生的实际利率,包括计息周期有效利率和年有效利率两种情况。

a. 计息周期有效利率的计算。

计息周期有效利率,即计息周期利率 i,其计算由式(2-8)可得

$$i = \frac{r}{m} \tag{2-9}$$

b. 年有效利率的计算。

若用计息周期利率来计算年有效利率,并将年内的利息再生因素考虑进去,这时所得的年利率称为年有效利率(又称年实际利率)。根据利率的概念即可推导出年有效利率的计算式。

已知年初有资金 P,名义利率为 r,一年内计息 m 次,则计息周期利率为 $i=r/m$。根据一次支付终值公式可得该年的本利和 F,即

$$F = P\left(1 + \frac{r}{m}\right)^m$$

根据利息的定义可得该年的利息 I 为

$$I = F - P = P\left(1 + \frac{r}{m}\right)^m - P = P\left[\left(1 + \frac{r}{m}\right)^m - 1\right]$$

再根据利率的定义可得该年的实际利率,即年有效利率 i_{eff} 为

$$i_{\text{eff}} = \frac{I}{P} = \left(1 + \frac{r}{m}\right)^m - 1 \tag{2-10}$$

由此可见,年有效利率和名义利率的关系实质上与复利和单利的关系一样。

【例 2-3】 现设年名义利率 $r=10\%$,则一年、半年、季、月、日的年有效利率见表 2-3。

表 2-3 名义利率与实际利率对比表

年名义利率 (r)	计息期	年计息次数 (m)	计息期利率 ($i=r/m$)	年有效利率 (i_{eff})
10%	年	1	10%	10%
	半年	2	5%	10.25%
	季	4	2.5%	10.38%
	月	12	0.833%	10.46%
	日	365	0.0274%	10.51%

从表 2-3 可以看出,每年计息周期 m 越多,i_{eff} 与 r 相差越大;另一方面,名义利率为 10%,按季度计息时,按季度利率 2.5% 计息与按年利率 10.38% 计息,二者是等价的。所以,在工程经济分析中,如果各技术方案的计息期不同,就不能简单地使用名义利率来评价,而必须换算成有效利率进行评价,否则会得出不正确的结论。

【例 2-4】 某人要贷款,A 银行年名义利率 6%,半年计息一次;B 银行年名义利率 6%,一个月计息一次。问要选择哪家银行贷款?

【解】 A 银行:$i_{\text{eff}} = (1 + r/m)^m - 1 = (1 + 6\%/2)^2 - 1 = 6.09\%$

B 银行:$i_{\text{eff}} = (1 + r/m)^m - 1 = (1 + 6\%/12)^{12} - 1 = 6.17\%$

因为 A 银行的实际利率小于 B 银行的实际利率,所以应选择 A 银行贷款。

2.2 资金等值

2.2.1 资金等值概念

在工程经济分析中,等值的含义是:由于利息的存在,因而使不同时点上的不同金额的货币可以具有相同的经济价值。因此不同时间点上的资金在价值上不具有可比性。

影响资金等值的因素包括资金数额的多少、资金发生的时间长短及利率(或折现率)的大小。其中利率是关键因素,一般等值计算中是以同一利率为依据的。

资金等值的分析中常常涉及以下几个概念。

(1) 现值(P):表示发生在时间序列起点的资金价值,或者是将未来某时点发生的资金折算为之前某时点的价值,称为资金的现值。

(2) 终值(F):表示发生在时间序列终点的资金价值,或者是将某时点发生的资金换算为以后某个时点的价值,又称为将来值。

(3) 年金(A):指在一段连续的时点上发生的相等金额的现金流出或流入,又称为年值。如折旧、利息、租金等。

(4) 折现率(i):将某一时点的资金折算为现值的过程称为折现。折现过程中使用的利率称为折现率,又称贴现率。

(5) 计息期数(n):指计算资金利息的次数。

2.2.2 资金等值计算

1. 一次支付现金流量的终值和现值计算

一次支付又称整存整付,是指所分析的技术方案的现金流量,无论是流入或是流出,分别在各时点上只发生一次,如图 2.1 所示,一次支付情形的复利计算式是复利计算的基本公式。

图 2.1 一次支付现金流量图

(1) 终值计算(已知 P,求 F)。

现有一项资金 P,年利率 i,按复利计算,n 年以后的本利和为多少?

根据复利法计算本利和公式可知一次支付 n 年年末终值(即本利和)F 的计算公式,即

$$F = P(1+i)^n \tag{2-11}$$

式中:n——计息的期数;

P——现值(即现在的资金价值或本金);

F——终值(即 n 期期末的资金价值或本利和);

i——计息期复利率。

式中的 $(1+i)^n$ 称为一次支付终值系数,也可用 $(F/P,i,n)$ 表示,故式(2-11)又可写成
$$F = P(F/P,i,n) \tag{2-12}$$

在 $(F/P,i,n)$ 类符号中,括号内斜线左侧的符号表示所求的未知数,斜线右侧的符号表示已知数。$(F/P,i,n)$ 表示在已知 P、i 和 n 的情况下求解 F 的值。

【例 2-5】 某公司借款 5000 万元,年复利率 $i=10\%$,试问 5 年后连本带利一次需偿还多少?

【解】 按式(2-11)计算得
$$F = P(1+i)^n = 5000 \times (1+10\%)^5 = 5000 \times 1.61051 = 8052.55(万元)$$

(2) 现值计算(已知 F,求 P)。

由式(2-11)的逆运算可得出现值 P 的计算式,即
$$P = \frac{F}{(1+i)^n} = F(1+i)^{-n} \tag{2-13}$$

式中 $(1+i)^{-n}$ 称为一次支付现值系数,用符号 $(P/F,i,n)$ 表示。则式(2-13)又可写成
$$P = F(P/F,i,n) \tag{2-14}$$

计算现值 P 的过程叫"折现"或"贴现",其所使用的利率常称为折现率或贴现率。故 $(1+i)^{-n}$ 或 $(P/F,i,n)$ 也可称折现系数或贴现系数。

【例 2-6】 某公司希望所投资项目 5 年后有 1000 万元资金,年复利率 $i=10\%$,试问现在需一次投入多少?

【解】 由式(2-13)得
$$P = F(1+i)^{-n} = 1000 \times (1+10\%)^{-5} = 1000 \times 0.6209 = 620.9(万元)$$

从上面计算可知,现值与终值的概念和计算方法正好相反,现值系数与终值系数互为倒数。

2. 等额支付系列现金流量的终值、现值计算

(1) 年金终值计算(已知 A,求 F)。

年金终值计算指从第一个计息周期的期末开始,以后每个计息周期期末都向银行存入一笔钱 A,年利率以 i 表示,计算 n 年后资金价值是多少。年金终值现金流量图如图 2.2 所示。

图 2.2 年金终值现金流量图

由式(2-11)可得出等额支付系列现金流量的终值公式为
$$F = \sum_{i=1}^{n} A(1+i)^{n-1} = A[(1+i)^{n-1} + (1+i)^{n-2} + \cdots\cdots + (1+i) + 1]$$

可推导出
$$F = A\frac{(1+i)^n - 1}{i} \tag{2-15}$$

式中:$\frac{(1+i)^n - 1}{i}$ 称为等额支付系列终值系数(或年金终值系数),用符号 $(F/A,i,n)$ 表示。则式(2-15)又可写成

$$F = A(F/A, i, n) \tag{2-16}$$

【例 2-7】 若某投资人 10 年内每年年末存 10000 元,年利率 8%,问第 10 年年末本利和为多少?

【解】 由式(2-15)得

$$F = A\frac{(1+i)^n - 1}{i} = 10000 \times \frac{(1+8\%)^{10} - 1}{8\%} = 10000 \times 14.487 = 144870(元)$$

(2) 年金现值计算(已知 A,求 P)。

若已知每年年末都有一笔固定金额的收入(从第 1 年年末开始),年利率为 i,若将 n 个计息期的年金均折算到 0 点,问相当于现值多少?其现金流量图如图 2.3 所示。

图 2.3 年金现值现金流量图

由式(2-13)和式(2-15)可得

$$P = F(1+i)^{-n} = A\frac{(1+i)^n - 1}{i(1+i)^n} \tag{2-17}$$

式中:$\frac{(1+i)^n - 1}{i(1+i)^n}$ 称为等额支付系列现值系数(或年金现值系数),用符号 $(P/A, i, n)$ 表示。则式(2-17)又可写成

$$P = A(P/A, i, n) \tag{2-18}$$

【例 2-8】 某项目年收益率为 10%,寿命期 5 年,每年年末可获得 5000 元的收益,问现在需要投入多少?

【解】 已知 $A=5000, i=10\%, n=5$,则有

$$P = A(P/A, 10\%, 5) = 5000 \times 3.7908 = 18954(元)$$

(3) 偿债基金计算(已知 F,求 A)。

若已知在第 n 年年末应还清的本利和为 F,年利率为 i,每年应等额偿还的偿还额(称为偿债基金)应如何计算?其现金流量图如图 2.4 所示。

图 2.4 偿债基金现金流量图

由式(2-15)得

$$A = F\frac{i}{(1+i)^n - 1} \tag{2-19}$$

式中:$\frac{i}{(1+i)^n - 1}$ 称为偿债基金系数,用符号 $(A/F, i, n)$ 表示。则式(2-19)又可写成

$$A = F(A/F, i, n) \tag{2-20}$$

【例 2-9】 小王 5 年后需要 200 万元的存款,年利率为 10%,问现在每年需要存入银行

多少?

【解】 已知 $F=200, i=10\%, n=5$,则有
$$A = F(A/F, 10\%, 5) = 200 \times 0.1638 = 32.76(万元)$$

(4) 资本回收计算(已知 P,求 A)。

资本回收计算指在第 1 年年初从银行借入一笔资金 P,年利率为 i,这笔资金在以后的 n 年内等额偿还,问每年应偿还多少?其现金流量图如图 2.5 所示。

图 2.5 资本回收现金流量图

由式(2-17)得
$$A = P\frac{i(1+i)^n}{(1+i)^n - 1} \tag{2-21}$$

式中:$\frac{i(1+i)^n}{(1+i)^n-1}$ 称为资金回收系数,用符号 $(A/P, i, n)$ 表示。则式(2-21)又可写成
$$A = P(A/P, i, n) \tag{2-22}$$

【例 2-10】 小林向银行贷款了 20 万元,年利率为 10%,贷款期限为 10 年,问每年需还银行多少?

【解】 已知 $P=20, i=10\%, n=10$,则有
$$A = P(A/P, 10\%, 10) = 20 \times 0.1627 = 3.254(万元)$$

等值计算公式在使用时应注意以下内容。

(1) 计息期数为时点或时标时,本期期末即等于下期期初。0 点就是第一期期初,也叫 0 期;第一期期末即等于第二期期初;余类推。

(2) P 是在第一个计息期开始时(0 期)发生。

(3) F 发生在 n 期期末。

(4) 各期的等额支付 A 发生在各期期末。

(5) 当问题包括 P 与 A 时,系列的第一个 A 与 P 隔一期,即 P 发生在系列 A 的前一期。

(6) 当问题包括 A 与 F 时,系列的最后一个 A 是与 F 同时发生的。不能把 A 定在每期期初,因为公式的建立与它是不相符的。

2.3 资金等值应用

2.3.1 即付年金系列

【例 2-11】 某项目年收益率为 10%,寿命周期为 5 年,每年年初可获得收益 5000 元,问现在需要投入多少?其现金流量图如图 2.6 所示。

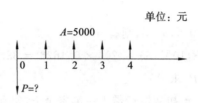

图 2.6　例 2-11 现金流量图

【解】　已知 $A=5000, i=10\%, n=5$，则有

$P = 5000 \times (P/A, 10\%, 5)(F/P, 10\%, 1) = 5000 \times 3.7908 \times 1.1 = 20849.40(元)$

【例 2-12】　某人购买一份保险，每年年初向保险公司缴纳保险费 2500 元，需连续缴纳 20 年，年收益率为 5%，问第 20 年年末可以获得多少？其现金流量图如图 2.7 所示。

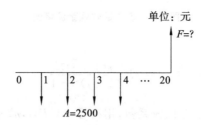

图 2.7　例 2-12 现金流量图

【解】　已知 $A=2500, i=5\%, n=20$，则有

$F = 2500 \times (F/A, 5\%, 20)(F/P, 5\%, 1) = 86798.13(元)$

2.3.2　计息期与支付期一致的计算

【例 2-13】　小李上大学申请助学贷款，年利率为 5%，每年年末贷款 6000 元，4 年毕业，毕业 1 年后开始还款，6 年内还清，问每年应该还多少？

【解】　先将前 4 年的贷款换算为第 4 年年末的本利和，然后将本利和换算为连续 6 年每年支付的年金，则每年应还金额计算如下。

$A = 6000 \times (F/A, 5\%, 4)(A/P, 5\%, 6) = 5095(元)$

2.3.3　计息期短于支付期的计算

当计息周期小于资金收付周期时，等值的计算方法有两种：一是按收付周期实际利率计算；二是按计息周期利率计算。

【例 2-14】　某企业 5 年内每年年末投资 1000 万元用于某项目，贷款利率 8%，若每年计息 4 次，问此项投资在第 5 年年末的本利和是多少？其现值又是多少？其现金流量图如图 2.8 所示。

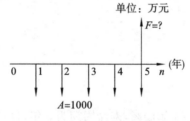

图 2.8　例 2-14 现金流量图

【解】 方法一:支付前向计息期靠拢

由公式 $A=F(A/F,i,n)$ 将每年年末的 1000 万元折算到当年的各季季末,如图 2.9 所示,即有

$$A = 1000 \times (A/F, 2\%, 4) = 1000 \times 0.2426 = 242.60(万元)$$

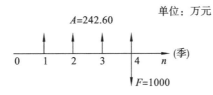

图 2.9 每年折算后的现金流量图

然后运用公式 $F=A(F/A,i,n)$ 将其折算到第 20 季季末(即第 5 年年末),即得此项投资在第 5 年年末的本利和为

$$F = A(F/A, 2\%, 20) = 242.60 \times 24.2974 = 5894.55(万元)$$

再运用等额支付现值公式 $P=A(P/A,i,n)$ 将其折算到第 1 年年初,即可得到此项投资现值如下。

$$P = 242.60 \times (P/A, 2\%, 20) = 3966.86(万元)$$

方法二:计息期向支付期靠拢

先求出年实际利率,再运用等额支付终值公式 $F=A(F/A,i,n)$ 将其折算到第 5 年年末,即得此项投资在第 5 年年末的本利和。

$$i_{\text{eff}} = (1+8\%/4)^4 - 1 = 8.24\%$$

$$F = 1000 \times \frac{(1+8.24\%)^5 - 1}{8.24\%} = 5894.74(万元)$$

再运用一次支付现值公式 $P=F(P/F,i,n)$ 将第 5 年年末的本利和折算到第 1 年年初,即得此项投资现值为

$$P = 5894.74 \div (1+8.24\%)^5 = 3967.58(万元)$$

2.3.4 计息期长于支付期的计算

【例 2-15】 某公司投资一个项目,项目寿命期内的现金流量图如图 2.10 所示,年利率为 10%,半年计息一次,求该项目的终值。

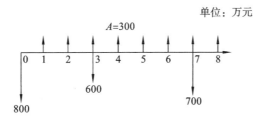

图 2.10 例 2-15 现金流量图

【解】 按照计息期所收(或付)的款项不计利息的规定,将现金流量如图所示整理为如图 2.11 所示之后进行计算。

$$F = (300-800)(F/P, 5\%, 4) + 600 \times (F/P, 5\%, 3)$$
$$+ 600 \times (F/P, 5\%, 1) - 400 = 316.82(元)$$

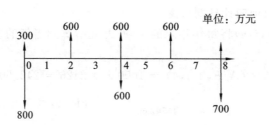

图 2.11 整理后的现金流量图

本章小结

本章对资金的时间价值进行了详细的阐述,资金的时间价值在工程经济分析中占有至关重要的地位。

利息的计算方式有单利法和复利法两种,在实际应用中,计息周期可以是一年、半年、一个季度、一旬或一周。当计息周期小于一年而给出的是年利率时,就出现了名义利率和有效利率的概念。

资金等值计算是项目进行财务评价和可行性研究的基础,6 个计算公式作为等值计算的基础,必须熟练掌握和正确应用。

复习思考训练

一、单项选择题

1. 下列是年金终值系数表示符号的是(　　)。
   A.$(A/F,i,n)$　　B.$(A/P,i,n)$　　C.$(F/A,i,n)$　　D.$(P/A,i,n)$

2. 下列关于现值 P、终值 F、年金 A、利率 i、计息期次数 n 之间关系的描述中,正确的是(　　)。
   A. F 一定、n 相同时,i 越高,P 越大
   B. P 一定、n 相同时,i 越高,F 越小
   C. i、n 相同时,F 与 P 呈同向变化
   D. i、n 相同时,F 与 P 呈反向变化

3. 资金等值计算时,i 和 n 为定值,下列等式中错误的是(　　)。
   A. $(F/P,i,n)=(A/P,i,n)(F/A,i,n)$
   B. $(F/A,i,n)=(F/P,i,n)(P/A,i,n)$
   C. $(A/P,i,n)(F/A,i,n)(P/F,i,n)=1$
   D. $(A/P,i,n)=(A/F,i,n)-i$

4. 现存款 10000 元,银行利率为 8%,按复利计,10 年内每年年末的等额提款额为(　　)。
   A. 1000 元　　B. 1380 元　　C. 1490 元　　D. 1600 元

5. 某人欲将剩余的资金存入银行,存款利率为 6%,按复利计。若 10 年内每年年末存款 2000 元,第 10 年年末本利和为(　　)。
   A. 20000 元　　B. 21200 元　　C. 26362 元　　D. 27943 元

6. 年利率为 12%,复利半年计息一次,第 5 年年末的本利和为 1000 元,现在存款为

( )。
A. 558 元 B. 567 元 C. 582 元 D. 625 元

7. 在以下各项中,满足年实际利率大于名义利率的是( )。
A. 计息周期小于 1 年
B. 计息周期等于 1 年
C. 计息周期大于 1 年
D. 计息周期小于等于 1 年

二、简答题
1. 什么是资金的时间价值?影响因素都有哪些?
2. 什么是名义利率?什么是实际利率?

三、计算题
1. 某人在每年年末存入银行 20000 元,存三次后,从第 4 年开始每年年末存款 30000 元,又存了 7 年,存款利率为 5%。问第 10 年年末可一次性取出多少钱?并作出现金流量图。

2. 某人从第 1 年年末开始,每年存款 5000 元,共存 5 年,利率为 6%,问第 5 年年末共可取出多少钱?取出的这笔钱相当于第 1 年年初的多少钱?并作出现金流量图。

3. 某企业向银行贷款 100 万,利率为 6%,还款期限为 5 年。现有 4 种不同的还款方式:(1)到 5 年后一次还清本息;(2)每年年末偿还所欠利息,本金到第 5 年年末一次还清;(3)每年年末等额偿付本息;(4)每年年末偿还 20 万元本金及所欠本金产生的利息。试分析各种还款方式每年的债务情况。

4. 某投资者 5 年前以 200 万元价格买入一房产,在过去的 5 年内每年获得年净现金收益 25 万元,现在该房产能以 250 万元出售。若投资者要求的年收益率为 20%,问此项投资是否合算?

5. 某人计划每年年末存 1000 元,年利率 12%,每季度计息一次,连续 3 年,问存款金额的现值是多少?

第3章　投资方案的比较和选择

3.1　静态与动态评价方法

3.1.1　静态评价方法

在经济效益评价中,不考虑资金时间价值的评价方法称为静态评价方法。静态评价方法主要有静态投资回收期法、投资收益率法、差额投资回收期法等。它们常用于可行性研究初始阶段的粗略分析和评价以及方案的初选阶段。

1. 静态投资回收期法

【案例引入】 某工程项目期初投资 1000 万元,两年建成投产。投产后每年的净收益为 150 万元。该项目的投资回收期计算如下。

投资回收期 P_t ＝总投资/年净收益＋建设期＝1000/150＋2＝8.67(年)

若项目建成投产后各年的净现金流量均相同,则有

$$P_t = \frac{K}{A}$$

式中:K——总投资额;
　　　A——年净收益。

投资回收期有静态和动态之分,若不考虑资金的时间价值,以项目各年的净收益将全部投资收回所需的时间,即是静态投资回收期。其中,年净收益包括利润和折旧,总投资包括固定资产投资和流动资金投资。投资回收期一般从项目投建年算起,也可以从投产年算起,但应予以注明。投资回收期一般是越短越好。其表达式为

$$\sum_{t=0}^{P_t}(CI-CO)_t = 0 \tag{3-1}$$

式中:CI——现金流入量;
　　　CO——现金流出量;
　　　$(CI-CO)_t$——第 t 年的净现金流量;
　　　P_t——静态投资回收期(年)。

静态投资回收期也可根据总投资的财务现金流量表中的累计净现金流量计算求得,其详细计算公式为

$$P_t = 累计净现金流量开始出现正值年份数 - 1$$
$$+ 上年累计净现金流量绝对值/当年净现金流量 \tag{3-2}$$

用静态投资回收期评价投资项目时,需要与根据同类项目的历史数据和投资者意愿确定的基准投资回收期相比较。设基准投资回收期为 P_c,则判别标准为:若 $P_t \leqslant P_c$,则项目可以考虑接受;若 $P_t > P_c$,则项目应予以拒绝。

【例 3-1】 某项目各年净现金流量如表 3-1 所示,则该项目的静态投资回收期为多少年?

表 3-1 各年净现金流量表　　　　　　　　　　　　单位:万元

年份	1	2	3	4	5	6	7~20	21
净现金流量	−400	−600	−500	900	400	600	14×600	400

【解】 将各年的净现金流量进行累计,见表 3-2。

表 3-2 各年累计净现金流量表　　　　　　　　　　单位:万元

年份	1	2	3	4	5	6	7	……	21
净现金流量	−400	−600	−500	900	400	600	600	600	400
累计净现金流量	−400	−1000	−1500	−600	−200	400	1000		

由此计算得 $P_t = 6 - 1 + 200/600 = 5.33$(年)

【例 3-2】 某项目各年的现金流量预计如表 3-3 所示,试根据静态投资回收期法判断该项目是否可行。($P_c = 6$ 年)

表 3-3 某项目各年现金流量表　　　　　　　　　　单位:万元

年份 \ 项目	0	1~3	4~8	9
投资	1800			
营业收入		300	380	400
经营成本		100	120	130

【解】 将表 3-3 中各年的净现金流量进行累计,见表 3-4。

表 3-4 某项目各年累计现金流量表　　　　　　　　单位:万元

年份	0	1	2	3	4	5	6	7	8	9
净现金流量	−1800	200	200	200	260	260	260	260	260	270
累计净现金流量	−1800	−1600	−1400	−1200	−940	−680	−420	−160	100	370

由此计算得 $P_t = 8 - 1 + \dfrac{|-160|}{260} = 7.615$(年) > 6(年)

由于 $P_t > P_c$,所以该项目不可行。

2. 投资收益率法

投资收益率(静态投资效果系数)是指项目在正常年份的净收益与期初的投资总额的比值。其表达式为

$$R = \frac{\text{NB}}{K} \tag{3-3}$$

式中:K——投资总额,即全部投资额或投资者的权益投资额;
NB——正常年份的净收益(年均净收益);
R——投资收益率(静态投资效果系数)。

投资回收期与投资收益率互为倒数,即 $R = 1/P_t$。判别准则中,将静态投资效果系数与

基准投资收益率 R_0 做比较,若 $R \geq R_0$,则项目可以考虑接受;若 $R < R_0$,则项目应予以拒绝。

【例3-3】 某项目期初投资2000万元,建设期为3年,投产前两年每年的收益为200万元,以后每年的收益为400万元。若基准投资收益率为18%,问该方案是否可行?

【解】 该方案正常年份的净收益为400万元,因此,投资收益率为

$$R = 400/2000 \times 100\% = 20\%$$

该方案的投资收益率为20%,大于基准投资收益率18%,因此,该方案可行。

静态评价指标的特点是计算简便、直观,因而广泛用来对投资效果进行粗略化估计,但这种方法没有考虑资金的时间价值,且不能反映项目整个寿命期间的全面情况。因此在对投资项目进行经济评价时,应以动态分析为主,必要时添加其他静态评价指标进行辅助分析。

3.1.2 动态评价方法

动态评价方法是一种考虑了资金时间价值的技术经济评价方法。它将项目研究期内不同时期的现金流量换算成同一时点的价值进行分析比较,这对投资者和决策者合理利用资金、不断提高经济效益具有很重要的意义。其指标主要有净现值、净年值、净现值率、内部收益率和动态投资回收期等。

基准收益率(也称基准折现率)指企业、行业或投资者以动态的观点所确定的、可接受的投资项目最低标准的收益水平。基准折现率定得太高,可能会使许多经济效益好的方案被拒绝;如果定得太低,则可能会使一些经济效益不好的方案被采纳。基准收益率一般是以行业的平均收益率为基础,同时综合考虑资金成本、投资风险、通货膨胀以及资金限制等影响因素来确定。对于政府投资项目,进行经济评价时使用的基准收益率是由国家组织测定并发布的行业基准收益率;非政府投资项目,由投资者自行确定,应考虑的因素有资金成本和机会成本、预期利润、投资风险、通货膨胀及资金限制。

1. 净现值(NPV)

净现值是指把项目计算期内各年的净现金流量按照基准收益率折算到投资起点的现值之和,其表达式为

$$\text{NPV} = \sum_{t=0}^{n} (\text{CI} - \text{CO})_t (1 + i_c)^{-t} \tag{3-4}$$

式中: i_c ——基准收益率。

注:首期投入计算时 $t=0$,投入后的第一年 $t=1$。

(1) 净现值(NPV)的经济意义。

如果净现值大于或等于零(即 NPV$\geq$0),说明该投资方案的经济效果高于基准收益率水平,该方案在经济上是可行的,净现值越大,投资方案就越优。反之,净现值小于零(即 NPV$<$0),说明该投资方案的收益率达不到基准投资收益率水平,但并不代表方案是亏损的,而是表示方案没有达到规定的基准收益率水平,说明该投资方案的经济性不好,故为不可行方案。NPV=0 表示项目实施后的投资收益率正好达到预期,而不是投资项目盈亏平衡。

【例3-4】 某新建项目的预期净现金流量见表3-5,试计算其净现值,并判断其经济可行性。($i_c=10\%$)

表 3-5 某新建项目的预期净现金流量表   单位:万元

年份	0	1	2	3	4
净现金流量	−100	50	60	50	70

【解】 $NPV = \sum_{t=0}^{n}(CI-CO)_t(1+i_c)^{-t}$

$= -100 + \dfrac{50}{1+0.1} + \dfrac{60}{(1+0.1)^2} + \dfrac{50}{(1+0.1)^3} + \dfrac{70}{(1+0.1)^4}$

$= 80.2(万元)$

NPV>0,项目可行。

【例 3-5】 某设备的购价为 40000 元,每年的运行收入为 15000 元,年运行费用为 3500 元,4 年后该设备可以按 5000 元转让,如果基准收益率 $i_c=20\%$,问此项设备投资是否值得? 若折现率为 5%,此项设备投资是否值得?

【解】 $NPV(i_c=20\%) = -40000 + (15000-3500)(P/A,20\%,4)$
$+ 5000 \times (P/F,20\%,4) = -7818.3(万元)$

$NPV(i_c=5\%) = -40000 + (15000-3500)(P/A,5\%,4) + 5000 \times (P/F,5\%,4)$
$= 4891.9(万元)$

折现率为 5% 时,NPV>0,方案可行,值得投资;折现率为 20% 时,NPV<0,方案不可行,不值得投资。

(2) 净现值函数:用来表示净现值与折现率之间变化关系的函数。其曲线图如图 3.1 所示。

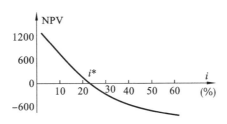

图 3.1 净现值函数曲线

通过净现值函数曲线我们发现,随着 i 的增加,NPV 逐渐变小,$NPV=f(i)$ 呈减函数变化趋势。

净现值指标的优点在于考虑了资金的时间价值,并全面考虑了项目在整个寿命期内的现金流量;经济意义明确,能够直接以货币额表示项目的赢利水平;评价标准容易确定,判断直观。其不足之处是必须首先确定一个符合经济现实的基准收益率,而基准收益率的确定往往比较复杂;在互斥方案评价时,净现值必须慎重考虑互斥方案的寿命,如果互斥方案寿命不等,必须构造一个相同的研究期才能进行各个方案之间的比选;净现值不能反映项目投资中单位投资的使用效率,不能直接说明在项目运营期间各年的经营成果。

2. 净现值率(NPVR)

净现值率是按基准收益率求得的方案寿命期内的净现值与其全部投资现值的比率,它反映了单位投资现值所获得的净现值,但无法直接反映资金的利用效率。因而常采用净现值率作为净现值的补充指标。其表达式为

$$\text{NPVR} = \frac{\text{NPV}}{K_P} = \frac{\text{NPV}}{\sum_{t=0}^{n} K_t (1+i_c)^{-t}} \tag{3-5}$$

式中:NPVR——净现值率;
K_P——项目总投资现值。

净现值率的判别标准是:单一项目方案中,若 NPVR≥0,投资方案应予以接受,若 NPVR<0,投资方案应予以拒绝;对于多方案比选,若 NPVR≥0,则最大者为优。

【例 3-6】 某新建项目的现金流量情况如表 3-6 所示,试用 NPV、NPVR 分别评价项目是否可行。(设 $i_c = 12\%$)

表 3-6 某新建项目的现金流量表　　　　　　　　　　　　　单位:万元

年份 项目	0	1	2	3	4
投资	500	600			
收入			1200	1200	1200
经营成本			500	500	500

【解】 $\text{NPV} = -500 - 600 \times (P/F, 12\%, 1) + 700 \times (P/A, 12\%, 3)(P/F, 12\%, 1)$
$= -500 - 600 \times 0.8929 + 700 \times 2.4018 \times 0.8929 = 465.46 (万元) > 0$

$\text{NPVR} = \frac{\text{NPV}}{K_P} = 465.46/(500 + 600 \times 0.8929) = 0.45 > 0$,项目可行。

【例 3-7】 某项目有 3 个方案,其具体数据见表 3-7,试用净现值率评价哪个方案最优。

表 3-7 某项目 3 个方案的投资数据　　　　　　　　　　　　单位:万元

方案类型	投资总额	净现值
大	1000	15
中	300	6
小	50	3

【解】 如表 3-7 所示,3 个方案的净现值率 NPVR 分别为

NPVR(大方案) = 15/1000 × 100% = 1.5%
NPVR(中方案) = 6/300 × 100% = 2.0%
NPVR(小方案) = 3/50 × 100% = 6.0%

因为 NPVR(小方案) > NPVR(中方案) > NPVR(大方案) > 0,所以小方案优。

【例 3-8】 某工程有 A、B 两种方案均可行,现金流量如表 3-8 所示,当基准收益率为 10%时,试用净现值法和净现值率法比较评价。

表 3-8 两种方案的现金流量表　　　　　　　　　　　　　　单位:万元

投资		现金流入		现金流出	
A	B	A	B	A	B
2000	3000				
		1000	1500	400	1000

续表

投资		现金流入		现金流出	
A	B	A	B	A	B
		1500	2500	500	1000
		1500	2500	500	1000
		1500	2500	500	1000
		1500	2500	500	1000

【解】 首先,通过表 3-8 计算 A、B 方案各年的净现金流量,结果见表 3-9。

表 3-9 两种方案各年的净现金流量表　　　　单位:万元

年份	投资		现金流入		现金流出		净现金流量	
	A	B	A	B	A	B	A	B
0	2000	3000					−2000	−3000
1			1000	1500	400	1000	600	500
2			1500	2500	500	1000	1000	1500
3			1500	2500	500	1000	1000	1500
4			1500	2500	500	1000	1000	1500
5			1500	2500	500	1000	1000	1500

净现值法:

$\text{NPV}_A = -2000 + (1000 - 400)(P/F, 10\%, 1) + (1500 - 500)(P/A, 10\%, 4)$
$(P/F, 10\%, 1) = 1427(万元)$

$\text{NPV}_B = -3000 + (1500 - 1000)(P/F, 10\%, 1) + (2500 - 1000)(P/A, 10\%, 4)$
$(P/F, 10\%, 1) = 1777(万元)$

由于 $\text{NPV}_A < \text{NPV}_B$,所以方案 B 为优化方案。

净现值率法:

$\text{NPVR}_A = 1427/2000 = 0.7135$　　$\text{NPVR}_B = 1777/3000 = 0.5923$

由于 $\text{NPVR}_A > \text{NPVR}_B$,所以方案 A 为优化方案,与用净现值法计算的结论相反。

3. 净年值(NAV)

净年值是将方案各个时点的净现金流量按基准收益率折算成与其等值的整个寿命期内的等额支付序列年值。其表达式为

$$\text{NAV} = \text{NPV} \times (A/P, i_c, n) = \left[\sum_{t=0}^{n}(\text{CI} - \text{CO})_t (P/F, i_c, t)\right](A/P, i_c, n) \quad (3-6)$$

净年值(NAV)与净现值(NPV)相同之处是两者都要在给出的基准收益率的基础上进行计算,不同之处是净现值把投资过程的现金流量折算为基准期的现值,而净年值则是把该现金流量折算为等额年值。在进行独立方案或单一方案评价时,NAV≥0,方案可行;反之方案应予以拒绝。在多方案比较时,净年值大的方案为优。

【例 3-9】 根据下面的现金流量图计算该项目的净年值,并判断项目可行性。(基准收益率 $i_c = 15\%$)

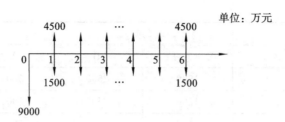

图 3.2 项目现金流量图

【解】 根据公式得

$NAV = -9000 \times (A/P, 15\%, 6) + 4500 - 1500 = -9000 \times 0.264 + 4500 - 1500$
$= 624(万元) > 0$,项目可行。

【例 3-10】 某企业拟购买一台设备,购置费为 35000 元,使用寿命为 4 年,第 4 年年末的残值为 3000 元,在使用期内,每年的收入为 19000 元,经营成本为 6500 元,若基准收益率为 10%,试计算该方案的净年值 NAV。

【解】 根据公式得

$NPV = -35000 + (19000 - 6500)(P/A, 10\%, 4) + 3000 \times (P/F, 10\%, 4)$
$= -35000 + 12500 \times 3.1699 + 3000 \times 0.6830 = 6672.75(元)$
$NAV = NPV \times (A/P, 10\%, 4) = 6672.75 \times 0.3155 = 2105.25(元)$

4. 费用现值(PC)和费用年值(AC)

在对多个方案比较选优时,为简便起见,可省略收入只计算支出,从而出现了经常使用的两个指标:费用现值和费用年值。费用现值,就是把不同方案计算期内的所有现金流出量按基准收益率换算为基准年现值的累加值。费用年值是将投资方案的投资及费用以预定的贴现率折算成等值的年成本。其表达式为

$$PC = \sum_{t=0}^{n} CO_t (1 + i_c)^{-t} \tag{3-7}$$

$$AC = \sum_{t=0}^{n} CO_t (1 + i_c)^{-t} (A/P, i_c, n) = PC \times (A/P, i_c, n) \tag{3-8}$$

式中:PC——费用现值(或现值成本);

CO_t——年现金流出量;

AC——费用现值(或现值成本)。

费用现值与费用年值的比较结果是统一的。在费用现值、费用年值的计算过程中,只计算费用的数值,一般采用最小化原则进行评价。

【例 3-11】 某项目有 3 个采暖方案 A、B、C,均能满足同样的取暖需要,其费用数据如表 3-10 所示。在基准收益率 $i_c = 10\%$ 的情况下,试用费用现值和费用年值确定最优方案。

表 3-10 3 个采暖方案的费用数据表　　　　　　单位:万元

方案	总投资(0 时点)	年运营费用(1~10 年)
A	200	60
B	240	50
C	300	35

【解】 各方案的费用现值为

$$PC_A = 200 + 60 \times (P/A, 10\%, 10) = 568.67(万元)$$
$$PC_B = 240 + 50 \times (P/A, 10\%, 10) = 547.23(万元)$$
$$PC_C = 300 + 35 \times (P/A, 10\%, 10) = 515.06(万元)$$

通过计算比较,C方案最优。

各方案的费用年值为

$$AC_A = 200 \times (A/P, 10\%, 10) + 60 = 92.55(万元)$$
$$AC_B = 240 \times (A/P, 10\%, 10) + 50 = 89.06(万元)$$
$$AC_C = 300 \times (A/P, 10\%, 10) + 35 = 83.82(万元)$$

通过计算比较,C方案最优。

5. 动态投资回收期(T_P^*)

动态投资回收期是在考虑资金时间价值的条件下,按设定的基准利率收回投资所需的时间,投资回收期一般是越短越好。其表达式为

$$\sum_{t=0}^{T_P^*}(CI-CO)_t(P/F, i_c, n) = 0 \qquad (3-9)$$

也可用全部投资的财务现金流量的累计净现值计算求得,其详细计算式如下。

T_P^* = 累计折现值出现正值的年数 - 1 + 上年累计折现值的绝对值/当年净现金流量的现值

经济分析中,常用动态投资回收期与基准动态投资回收期相比较来评价投资项目的可行性。设基准动态投资回收期为T_b,判别准则为:若$T_P^* \leq T_b$,项目可以被接受,否则应予以拒绝。

【例3-12】 某项目有关数据见表3-11,试计算该项目的动态投资回收期。(利率取10%)

表 3-11 某项目的投资数据　　　　　　　　　　　　　　　单位:万元

年序	0	1	2	3	4	5	6
投资	20	500	100				
净收入				150	250	250	250

【解】 根据上表计算的相关数据见表3-12。

表 3-12 动态投资回收期计算表　　　　　　　　　　　　　单位:万元

年序	0	1	2	3	4	5	6
投资	20	500	100				
收入				150	250	250	250
净现金流量	-20	-500	-100	150	250	250	250
净现金流量折现值	-20	-454.6	-82.6	112.7	170.8	155.2	141.1
累计净现值流量现值	-20	-474.6	-557.2	-444.5	-273.7	-118.5	22.6

根据表中计算数据求得:$T_p^* = 6 - 1 + 118.5/141.1 = 5.84$(年)。

【例3-13】 利用表3-13所列数据,试计算该项目的静、动态投资回收期。

表 3-13　项目各年的现金流量数据　　　　　　　　　　　　　　　　单位：万元

年份	0	1	2	3	4	5	6
现金流入			5000	6000	8000	8000	7500
现金流出	6000	4000	2000	2500	3000	3500	3500
净现金流量	−6000	−4000	3000	3500	5000	4500	4000

【解】根据表 3-13 相关数据计算的各项结果见表 3-14、表 3-15。

表 3-14　静态投资回收期计算表　　　　　　　　　　　　　　　　单位：万元

年份	0	1	2	3	4	5	6
1. 总投资	6000	4000					
2. 收入			5000	6000	8000	8000	7500
3. 支出			2000	2500	3000	3500	3500
4. 净现金收入(2−3)			3000	3500	5000	4500	4000
5. 累计净现金流量	−6000	−10000	−7000	−3500	1500	6000	10000

表 3-15　动态投资回收期计算表　　　　　　　　　　　　　　　　单位：万元

年份	0	1	2	3	4	5	6
1. 现金流入			5000	6000	8000	8000	7500
2. 现金流出	6000	4000	2000	2500	3000	3500	3500
3. 净现金流量(1−2)	−6000	−4000	3000	3500	5000	4500	4000
5. 折现系数($i_c=10\%$)		0.909	0.826	0.751	0.683	0.621	0.564
6. 净现金流量折现值	−6000	−3636	2479	2630	3415	2794	2258
7. 累计净现金流量折现值	−6000	−9636	−7157	−4527	−1112	1682	3940

由表中数据求得　　　$P_t = 4 − 1 + |−3500|/5000 = 3.7$(年)

$T_p^* = 5 − 1 + |−1112|/2794 = 4.4$(年)

投资回收期法的优缺点可概括如下。

优点：投资回收期指标直观、简单，直接表明投资需要多少年才能回收，便于为投资者衡量风险。

缺点：没有反映投资回收期以后的方案运行情况，因而不能全面反映项目在整个寿命期内真实的经济效果。所以投资回收期一般用于粗略评价，需要和其他指标结合起来使用。

6. 内部收益率(IRR)

内部收益率也称内含报酬率，它是计算技术项目方案在寿命期内的内部收益的指标，是指项目在计算期内各年净现金流量现值累计(净现值)等于零时的折现率，其表达式为

$$\sum_{t=0}^{n}(CI-CO)_t(1+IRR)^{-t}=0 \tag{3-10}$$

用线性插值法(图 3.3)近似求得的内部收益率 IRR 的表达式为

$$IRR = i_m + \frac{|NPV(i_m)|}{|NPV(i_m)|+|NPV(i_n)|} \times (i_n - i_m) \tag{3-11}$$

式中：i_m——插值法中使用的低折现率；
i_n——插值法中使用的高折现率；
$NPV(i_m)$——用 i_m 计算的净现值（正值）；
$NPV(i_n)$——用 i_n 计算的净现值（负值）。

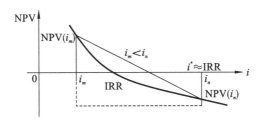

图 3.3　线性插值法图解示意图

求解步骤如下。
(1) 计算各年的净现金流量；
(2) 预先估计两个适当的折现率 i_m、i_n，并满足下列两个条件。

$$\begin{cases} i_m < i_n \\ (i_n - i_m) \leqslant 5\% \end{cases}$$

且

$$\begin{cases} NPV(i_m) > 0 \\ NPV(i_n) < 0 \end{cases}$$

方案判别中，将计算求得的内部收益率 IRR 与项目的基准收益率 i_c 相比较，当 $IRR \geqslant i_c$ 时，则表明项目的收益率已达到或超过基准收益率水平，项目可行；反之，当 $IRR < i_c$ 时，则表明项目不可行。

【例 3-14】　某项目净现金流量见表 3-16。当基准折现率 $i_c = 10\%$ 时，试用内部收益率指标判断该项目在经济效果上是否可行。

表 3-16　某项目的净现金流量表　　　　　　　　　　　　　　　　　　　单位：万元

时点	0	1	2	3	4	5
净现金流量	-2000	300	500	500	500	1200

【解】　第 1 步：绘制现金流量图，如图 3.4 所示。

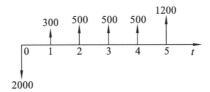

图 3.4　现金流量图

第 2 步：用内插法求 IRR。

$$NPV(i) = -2000 + 300 \times (1+i)^{-1} + 500 \times (1+i)^{-2} + 500 \times (1+i)^{-3}$$
$$+ 500 \times (1+i)^{-4} + 1200 \times (1+i)^{-5} = 0$$

即　$-2000 + 300 \times (1+i)^{-1} + 500 \times (P/A, i, 3)(P/F, i, 1) + 1200 \times (1+i)^{-5} = 0$

第 1 次试算，依经验先取一个收益率，取 $i_1 = 12\%$，代入方程，求得

$$NPV(i_1) = -2000 + 300 \times 0.8929 + 500 \times 2.4018 \times 0.8929 + 1200 \times 0.5674$$
$$= 21(万元) > 0$$

由净值函数曲线的特性可知,收益率的取值偏小,应再取大些。

第 2 次试算,取 $i_2=14\%$,代入方程求得 $NPV(i_2)=-95$(万元)<0。

可见,内部收益率必然在 $12\%\sim14\%$ 之间,代入内插法计算式可求得

$$IRR=12\%+21\times(14\%-12\%)\div(21+95)=12.4\%$$

第 3 步:分析判断方案可行性。

因为 $IRR=12.4\%>i_c=10\%$,所以,该方案是可行的。

内部收益率的经济含义可以这样理解:在项目的整个寿命期内按利率 $i=IRR$ 计算,始终存在未能收回的投资,而在寿命期结束时,投资恰好被完全收回。也就是说,在项目寿命期内,项目始终处于"偿付"未被收回的状态。可见,项目的"偿付"能力完全取决于项目内部,故存在"内部收益率"。

内部收益率的经济含义还有另一种表达方式,即它是项目寿命期内没有回收的投资的赢利率。它不是初始投资在整个寿命期内的赢利率,因此不仅受到项目初始投资规模的影响,而且受项目寿命期内各年净收益大小的影响。

3.2 方案评价

在实际工程中选择方案时,投资主体所面临的项目往往并不是单独一个项目,而是一个项目群,其追求的不是单一项目方案的局部最优,而是项目群的整体最优。系统理论认为,单独一个项目的经济性往往不能反映整个项目群的经济性。因此,投资主体在进行项目群选择时,除考虑每个项目方案的经济性之外,还必须分析各项目方案之间的相互关系。

通常,投资方案有三种不同类型,一是互斥(互不相容)的投资方案,即在一组投资方案中接受了某一方案便不能再接受其他的方案;二是相互独立的投资方案,即在一组方案中采纳了某一方案,并不影响再采纳其他方案,只要资金充裕,可以同时兴建几个项目,它们之间互不排斥;三是相关的投资方案,即在多个方案之间,如果接受(或拒绝)某一方案,会显著改变其他方案的现金流量,或者会影响对其他方案的接受(或拒绝)。

一般来说,工程技术人员遇到的问题多为互斥型方案的选择;高层计划部门遇到的问题多为独立型项目或层混型项目方案的选择。项目经济评价的唯一宗旨是:最有效地分配有限的资金,以获得最好的经济效益,即有限投资总额的总体净现值或净年值最大。

3.2.1 独立型方案的经济效果评价方法

当在一系列方案中接受某一方案并不影响其他方案的接受时,这种方案称为独立型方案。独立型方案之间的效果具有可加性,其选择可能会出现下列两种情况。

一种是企业可利用的资金充足,这时独立方案的采用与否只取决于方案自身的经济性,即只要 $NPV>0$,$IRR>i_c$,则方案可行。因此,它与单一方案的评价方法是相同的。

另一种是企业可利用的资金是有限制的,在不超出资金限额的条件下,选出最佳的方案组合。这类问题的处理是构造互斥型方案,即把不超过资金限额的所有可行组合方案进行排列,使得各组合方案之间是互斥的,这样就可以按照互斥型方案的选择方法来选出最佳的方案组合。

【例 3-15】 有三个相互独立的方案 A、B、C,其寿命期均为 10 年,现金流量见表 3-17。

设 $i_c=15\%$，当资金无限额时，试判断各方案的经济可行性。

表 3-17 各方案的现金流量表 单位：万元

方案	初始投资	年收入	年支出	年净收益
A	5000	2400	1000	1400
B	8000	3100	1200	1900
C	10000	4000	1500	2500

【解】 以 A 方案为例，NPV_A、IRR_A 的计算过程和结果如下。

$$NPV_A = -5000+(2400-1000)(P/A,15\%,10)=2026(万元)$$

由 $$-5000+1400\times(P/A,IRR_A,10)=0$$

解得 $$IRR_A = 25\%$$

同理，可求得 $NPV_B=1536$（万元），$IRR_B=20\%$；$NPV_C=2547$（万元），$IRR_C=22\%$。

由计算过程可知，A、B、C 三个方案的净现值都大于 0，且内部收益率都大于基准内部收益率 i_c，因此，A、B、C 三个方案均可接受。由此可见，对于独立方案，不论采用净现值还是内部收益率评价指标，评价结论都是一样的。

(1) 互斥组合法。

首先利用某种方法把独立型项目转化成若干个相互排斥的组合方案，然后求解互斥组合方案的选优问题。

【例 3-16】 某公司有 4 个相互独立的技术改造方案。基准收益率为 10%，其有关参数列于表 3-18 中，假定资金限额为 400 万元，应选择哪些方案？

表 3-18 某公司 4 个技术改造方案的参数比较 单位：万元

独立方案	初始投资	净现值 NPV
A	200	180
B	240	192
C	160	112
D	200	130

【解】 对于 m 个独立的方案，列出全部相互排斥的组合方案，共 (2^m-1) 个。本例原有 4 个项目方案，互斥组合方案共 15 个，见表 3-19。

表 3-19 各互斥组合方案的参数比较 单位：万元

组合号	组合方案	投资	可行与否	NPV
1	A	200	√	180
2	B	240	√	192
3	C	160	√	112
4	D	200	√	130
5	A+B	440	×	372
6	A+C	360	√	292
7	A+D	400	√	310 *
8	B+C	400	√	304

续表

组合号	组合方案	投资	可行与否	NPV
9	B+D	440	×	322
10	C+D	360	√	242
11	A+B+C	600	×	484
12	A+B+D	640	×	502
13	A+C+D	560	×	422
14	B+C+D	600	×	434
15	A+B+C+D	800	×	614

保留投资额不超过投资限额且净现值或净现值指数大于等于零的组合方案,淘汰其余组合方案。由表可知,A+B、B+D、A+B+C、A+B+D、A+C+D、B+C+D、A+B+C+D 的组合超过了投资限额,应该淘汰。根据净现值最大的原则,对保留的方案进行优选。A+D 组合的净现值为 310 万元,是资金限额内的最优方案。

(2) 净现值指数排序法。

净现值指数排序法是以各方案的净现值率 NPVR 为基准排序,在一定资金限制下,寻求能使总净现值率最大的项目组合方案。具体来讲,它是在计算各方案净现值指数的基础上,将净现值指数大于或等于零的方案按净现值指数大小排序,并依此顺序选取项目方案,直至所选取方案的投资总额最大限度地接近或等于投资限额为止。本方法所要达到的目标是在一定的投资限额的约束下使所选项目方案的净现值最大。

净现值指数排序法的主要优点是计算简便、容易理解。对资金有限的独立型方案进行评价和选择时,单位投资的净现值越大,在一定投资限额内所能获得的净现值总额就越大。然而,由于投资项目的不可分性,净现值指数排序法不能保证现有资金的充分利用,不能达到净现值最大的目标。只有在各方案投资占预算投资的比例很小,或各方案投资额相差无几,或各入选方案投资累加额与投资预算限额相差无几的情况下,它才可能达到或接近于净现值最大的目标。

【例 3-17】 某项目初拟定有 4 个独立型方案,各方案的投资额、净现值与净现值率见表 3-20。假定资金总额限制为 600 万元,试根据 NPV、NPVR 值选择最佳方案组合。

表 3-20　4 个独立型方案相关数据比较　　　　　　　　　　　　　　单位:万元

独立方案	初始投资	净现值 NPV	净现值率 NPVR
A	180	160	0.89
B	240	192	0.8
C	160	112	0.7
D	200	130	0.65

【解】 首先要计算出各方案的净现值率,其结果见表 3-20 的最后一列。由于每一方案的净现值率均大于零,所以每一方案均是可行的。其次,按净现值率的高低排列各方案。最后,在资金限额范围内,依次从内部收益率最大的方案开始选取,直到资金限额用完为止,则最后的选择结果是方案 A+B+C。该方案的投资现值为 $K_A+K_B+K_C=180+240+160=$

580(万元)<600(万元),故该方案可行,且净现值率 NPVR 最大。因此,方案 A+B+C 为最佳方案组合。

(3) 内部收益率排序法。

内部收益率排序法是在计算各方案内部收益率的基础上,将内部收益率大于或等于基准收益率的方案按内部收益率大小排序,并依此顺序选取项目方案,直至所选取方案的投资总额最大限度地接近或等于投资限额为止。

【例 3-18】 现有 6 个相互独立的投资方案,经济寿命均为 10 年,投资限额为 5 000 万元,其他数据资料可见表 3-21,试在基准收益率为 10% 的条件下进行投资方案的选择。

表 3-21　6 个相互独立的投资方案相关数据比较　　　　　　　　　　单位:万元

	A	B	C	D	E	F
初始投资	1000	1500	2000	2500	1600	2400
净现金流量	180	240	400	440	300	420
IRR	12.40%	9.60%	15.10%	11.90%	13.30%	11.70%

【解】 ①计算各独立方案的内部收益率。

②剔除未达到基准收益率水平的方案 B,其余方案按 IRR 从大到小排序,顺序为 C>E>A>D>F。

③从 IRR 最大的方案开始,依次进行方案投资的累计额计算,再依资金限制额进行方案的评选。资金限额为 5000 万元时,应取方案 C、E、A 投资。

3.2.2　互斥方案的比较和分析

在互斥方案类型中,经济效果评价包含了两部分内容:一是考察各个方案自身的经济效果,称为绝对效果检验;二是考察哪个方案相对最优,称为相对效果检验。通常两种检验缺一不可。互斥方案经济效果评价的特点是要进行方案比选。不论使用何种评价指标,都必须使各方案在使用功能、定额标准、计费范围及价格等方面满足可比性。本书这里将针对互斥方案寿命期相等、寿命期不等、无限寿命 3 种情况讨论其经济效果评价。

1. 寿命期相等的互斥方案的分析

寿命期相等的互斥方案是以寿命期作为计算期进行评价,符合时间可比性原则。前面所介绍的所有评价方法、指标都可以直接使用。对于计算期相等的互斥方案,通常将方案的计算期设定为共同的分析期,以便在利用资金等值原理进行经济效果评价时,不同方案在时间上具有可比性。在进行计算期相同方案的比选时,若采用价值性指标,则选用价值指标最大者为相对最优方案;若采用比率性指标,则需要考察不同方案之间追加投资的经济效益。

(1) 净现值法与净年值法(费用年值与费用现值法同)。

净现值法是指通过比较所有已具备财务可行性投资方案的净现值指标的大小来选择最优方案的方法,该法适用于原始投资相同且项目计算期相等的多方案比较决策,判别准则是选择净现值最大的方案为最优方案。

【例 3-19】 某固定资产投资项目需要原始投资 2500 万元,基准折现率为 10%,有 A、B、C 3 个互斥的备选方案可供选择,现金流量情况如表 3-22 所示,试用净现值法与净年值法选择最佳方案。

表 3-22 3个互斥方案的现金流量情况　　　　　　　　　　　　单位：万元

年份	技术方案及其现金流量		
	A	B	C
0	−2500	−2500	−2500
1	1500	1300	0
2	1000	1300	500
3	700	1300	1500
4	500	0	2800
NPV(i_c=10%)	556.7	733.1	951.9
NAV	175.639	231.293	300.325

①净现值法。分别计算 A、B、C 3个方案的净现值并进行对比，A 方案＜B 方案＜C 方案，则 C 方案最优。

②净年值法。分别计算 A、B、C 3个方案的净年值并进行对比，A 方案＜B 方案＜C 方案，则 C 方案最优。结论一致。

(2) 净现值率法。

净现值率法是指通过比较所有已具备财务可行性投资方案的净现值率指标的大小来选择最优方案的方法，净现值率最大的方案为优。在投资额相同的互斥方案比较决策中，采用净现值率法会与净现值法得到完全相同的结论，但投资额不相同时，情况就不同了。投资额大的项目往往净现值要高于投资额低的项目，但是净现值率却不一定高。

【例 3-20】 A 项目与 B 项目为互斥方案，它们的项目计算期相同。A 项目原始投资的现值为 150 万元，净现值为 29.97 万元；B 项目原始投资的现值为 100 万元，净现值为 24 万元。求：①分别计算两个项目的净现值率指标(结果保留两位小数)；②讨论能否运用净现值法或净现值率法在 A 项目和 B 项目之间作出比较决策。

【解】 ①计算净现值率。

A 项目的净现值率=29.97/150≈0.20，B 项目的净现值率=24/100=0.24。

②净现值法：29.97＞24，所以 A 项目优于 B 项目。

净现值率法：0.24＞0.20，所以 B 项目优于 A 项目。

由于两个项目的原始投资额不相同，导致两种方法的决策结论相互矛盾，因而无法据此作出相应的比较决策。但前者再投资报酬率的基点是相对合理的资金成本，而后者再投资报酬率是基于一个相对较高的内含报酬(高于净现值法的资金成本)。考虑到两者在再投资报酬假设上的区别，净现值率法将更具合理性。

(3) 差额投资内部收益率法。

差额投资内部收益率法是指在两个原始投资额不同方案的差量净现金流量(记做 NCF)的基础上，计算出差额内部收益率(记做 ΔIRR)，并与行业基准收益率进行比较，进而判断方案孰优孰劣的方法。该法适用于两个原始投资额不相同，但项目计算期相同的多方案比较。当差额内部收益率指标大于或等于基准收益率或设定折现率时，原始投资额大的方案较优；反之，则投资少的方案为优。

差额投资内部收益率法经常被用于更新改造项目的投资决策中，当该项目的差额内部收益率指标大于或等于基准折现率或设定折现率时,应当进行更新改造;反之,就不应当进行此项更新改造。

【例 3-21】 有三个等寿命的互斥方案,寿命期均为 10 年,现金流量如表 3-23 所示。设 $i_c=15\%$,当资金无限额时,试判断各方案的经济可行性。

表 3-23 各方案的现金流量　　　　　　　　　　　　　　　　　　　　单位:万元

方案	初始投资	年收入	年支出	年净收益
A	5000	2400	1000	1400
B	8000	3100	1200	1900
C	10000	4000	1500	2500

【解】 ①以 A 方案为例,NPV_A、IRR_A 的计算过程和结果为

$$NPV_A=-5000+(2400-1000)(P/A,15\%,10)=2026(万元)$$

由 $$-5000+1400\times(P/A,IRR_A,10)=0$$

解得 $$IRR_A=25\%$$

同理,可求得 $NPV_B=1536(万元)$,$IRR_B=20\%$;$NPV_C=2547(万元)$,$IRR_C=22\%$。

由以上计算过程可知,$\Delta IRR_{(B-A)}=10.59\%<i_c$,$\Delta IRR_{(C-A)}=17.86\%>i_c$,因此应选择方案 C。

【例 3-22】 现有 A、B 两个互斥方案,寿命相同,其各年的现金流量如表 3-24 所示,试对方案进行评价选择($i_c=10\%$)。

表 3-24 互斥方案 A、B 的净现金流及评价指标($i_c=10\%$)　　　　　　单位:万元

年份	0	1～10	NPV	IRR(%)
方案 A 的净现金流	−2500	800	2415.2	29.64
方案 B 的净现金流	−1800	650	2193.6	34.28
增量净现金流(A−B)	−700	150	221.6	17.72

【解】 首先计算两个方案的绝对经济效果指标 NPV 和 IRR,计算结果示于表 3-24。

$$NPV_A=-2500+800\times(P/A,10\%,10)=2415.65(万元)$$
$$NPV_B=-1800+650\times(P/A,10\%,10)=2193.97(万元)$$

由方程式 $-2500+800\times(P/A,IRR_A,10)=0$ 和 $-1800+650\times(P/A,IRR_B,10)=0$

可求得 $$IRR_A=29.64\%\quad IRR_B=34.28\%$$

NPV_A、NPV_B 均大于零,IRR_A、IRR_B 均大于基准收益率,所以方案 A 与方案 B 都能通过绝对经济效果检验,且使用 NPV 指标和使用 IRR 指标进行绝对经济效果检验结论是一致的。

由于 $NPV_A>NPV_B$,故按净现值最大准则,方案 A 优于方案 B。但计算结果还表明 $IRR_B>IRR_A$,若以内部收益率最大为比选准则,方案 B 优于方案 A,这与按净现值最大准则比选的结论相矛盾。

到底按哪种准则进行互斥方案比选更合理呢?解决这个问题需要分析投资方案比选的实质。投资额不等的互斥方案比选的实质是判断增量投资(或差额投资)的经济合理性,即投资大的方案相对投资小的方案多投入的资金能否带来满意的增量收益。显然,若增量投资能够带来满意的增量收益,则投资额大的方案优于投资额小的方案;若增量投资不能带来满意的增量收益,则投资额小的方案优于投资额大的方案。上表也给出了方案 A 相对于方

案 B 各年的增量净现金流,同时计算了相应的差额净现值(也称为增量净现值,记做 ΔNPV)与差额内部收益率(也称为增量投资内部收益率,记做 ΔIRR)。

$$\Delta NPV = -700 + 150 \times (P/A, 10\%, 10) = 221.69(万元)$$

由方程式 $-700 + 150 \times (P/A, \Delta IRR, 10) = 0$ 可解得 $\Delta IRR = 17.72\%$

计算结果表明:$\Delta NPV > 0$,$\Delta IRR > i_c(10\%)$,增量投资有满意的经济效果,因此投资大的方案 A 优于投资小的方案 B。

【例 3-23】 A 项目原始投资的现值为 150 万元,1~10 年的净现金流量为 29.29 万元;B 项目原始投资额为 100 万元,1~10 年的净现金流量为 20.18 万元。行业基准收益率为 10%。求:(1)计算差量净现金流量 ΔNCF;(2)计算差额内部收益率 ΔIRR;(3)用差额投资内部收益率法对投资决策作出比较。

【解】 (1)计算差量净现金流量。

$\Delta NCF_0 = -150 - (-100) = -50(万元)$ $\Delta NCF_{1\sim10} = 29.29 - 20.18 = 9.11(万元)$

(2)计算差额内部收益率。

$$9.11 \times (P/A, \Delta IRR, 10) = 50 \text{ 即 } (P/A, \Delta IRR, 10) = 5.4885$$

因为 $(P/A, 12\%, 10) = 5.6502 > 5.4885$

$(P/A, 14\%, 10) = 5.2161 < 5.4885$

所以 $12\% < \Delta IRR < 14\%$,应用线性内插法可得

$$\Delta IRR = 12\% + (5.6502 - 5.4885)/(5.6502 - 5.2161) \times (14\% - 12\%) \approx 12.74\%$$

(3)用差额投资内部收益率法决策。

因为 $\Delta IRR = 12.74\% > i_c = 10\%$,所以应当投资 A 项目。

2. 寿命期不相等的互斥方案的分析

(1)净现值法。

当互斥方案寿命不等时,通常各方案在各自寿命期内的净现值不具有可比性,这时必须设定一个共同的分析期,分析期的设定一般有以下两种方法。

①最小公倍数法:最小公倍数法又称方案重复法,是以各方案寿命期的最小公倍数作为方案比选的共同的计算期,并假设它们均在这个计算期内重复进行,重复计算各方案计算期内各年的净现金流量,得出在共同的计算期内各个方案的净现值,以净现值较大的方案为最佳方案。

【例 3-24】 试对表中三项寿命不等的互斥投资方案作出取舍决策,基准收益率 $i_c = 15\%$,各方案的现金流量如表 3-25 所示。

表 3-25 寿命不等的互斥方案的现金流量表

方案	初始投资(万元)	残值(万元)	年度支出(万元)	年度收入(万元)	寿命(年)
A	6000	0	1000	3000	3
B	7000	200	1000	4000	4
C	9000	300	1500	4500	6

【解】 用最小公倍数法按净现值法对方案进行评价,计算期为 12 年。

$$NPV_A = -6000 - 6000 \times (P/F, 15\%, 3) - 6000 \times (P/F, 15\%, 6)$$
$$- 6000 \times (P/F, 15\%, 9) + (3000 - 1000)(P/A, 15\%, 12)$$
$$= -3403.40(万元)$$

$$\begin{aligned}
NPV_B &= -7000 - 7000 \times (P/F, 15\%, 4) - 7000 \times (P/F, 15\%, 8) \\
&\quad + (4000 - 1000)(P/A, 15\%, 12) + 200 \times (P/F, 15\%, 4) \\
&\quad + 200 \times (P/F, 15\%, 8) + 200 \times (P/F, 15\%, 12) \\
&= -3188.38 (万元) \\
NPV_C &= -9000 \times (P/F, 15\%, 6) - 9000 + (4500 - 1500)(P/A, 15\%, 12) \\
&\quad + 300 \times (P/F, 15\%, 6) + 300 \times (P/F, 15\%, 12) \\
&= 3556.68 (万元)
\end{aligned}$$

由于 $NPV_C > NPV_B > NPV_A$，故选取 C 方案。

【例 3-25】 A、B 两个方案各年的净现金流量如表 3-26 所示，设 $i_c = 10\%$，试用最小公倍数法对方案进行比选。

表 3-26 两个方案的净现金流量情况

方案	期初投资(万元)	每年年末净收益(万元)	寿命(年)
A	10	4	4
B	20	5	6

【解】 A 方案寿命期 4 年，B 方案寿命期 6 年，则其最小公倍数为 12 年。在这期间，A 方案重复实施 2 次，B 方案重复实施 1 次，现金流量如图 3.5 所示。

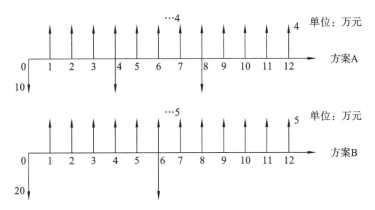

图 3.5 A、B 方案寿命期均为 12 年时的现金流量图

计算在共同的计算期 12 年的情况下，A、B 两方案的净现值。

$$\begin{aligned}
NPV_A &= -10 + 4 \times (P/A, 10\%, 12) - 10 \times (P/F, 10\%, 4) - 10 \times (P/F, 10\%, 8) \\
&= -10 + 4 \times 6.814 - 10 \times 0.683 - 10 \times 0.4665 = 5.761 (万元)
\end{aligned}$$

$$\begin{aligned}
NPV_B &= -20 + 5 \times (P/A, 10\%, 12) - 20 \times (P/F, 10\%, 6) \\
&= -20 + 5 \times 6.814 - 20 \times 0.5645 = 2.78 (万元)
\end{aligned}$$

因为 $NPV_A > NPV_B$，所以选择 A 方案更为有利。

②研究期法(最小计算期法)：针对寿命期不相等的互斥方案，直接选取一个适当的分析期作为各个方案共同的计算期(一般选取诸方案中最短的计算期)，通过比较各个方案在该计算期内的净现值来对方案进行比选。以净现值最大的方案为最佳方案。其计算步骤、判别准则与净现值法一致。

【例 3-26】 有 A、B 两个方案，其净现金流量见表 3-27，若已知 $i_c = 10\%$，试用研究期法对方案进行比选。

表 3-27 两个方案的净现金流量 单位:万元

方案\年序	1	2	3~7	8	9	10
A	−600	−450	480	540		
B	−1300	−950	850	850	850	1000

【解】 取 A、B 两方案中较短的寿命期为共同的研究期,即 $n=8$ 年,分别计算当计算期为 8 年时 A、B 两方案的净现值。

$$NPV_A = -600 \times (P/F, 10\%, 1) - 450 \times (P/F, 10\%, 2)$$
$$+ 480 \times (P/A, 10\%, 5)(P/F, 10\%, 2) + 540 \times (P/F, 10\%, 8)$$
$$= 838.34(万元)$$

$$NPV_B = [-1300 \times (P/F, 10\%, 1) - 950 \times (P/F, 10\%, 2)$$
$$+ 850 \times (P/A, 10\%, 7)(P/F, 10\%, 2) + 1000 \times (P/F, 10\%, 10)]$$
$$(A/P, 10\%, 10)(P/A, 10\%, 8)$$
$$= 1725.28(万元)$$

由于 $NPV_B > NPV_A$,所以方案 B 为最佳方案。

【例 3-27】 已知两方案 A、B 的具体情况如表 3-28 所示,试用净现值指标进行方案比较。

表 3-28 两方案的投资数据

方案	A	B
投资(万元)	3500	5000
年收益(万元)	1900	2500
年支出值(万元)	645	1383
估计寿命(年)	4	8

【解】 采用研究期法。取年限最短的方案计算期作为共同的分析期。

$$NPV_A = -3500 + 1255 \times (P/A, 10\%, 4) = 478.18(万元)$$
$$NPV_B = [-5000(A/P, 10\%, 8) + 1117](P/A, 10\%, 4) = 569.88(万元)$$

因为 $NPV_A < NPV_B$,所以应选择 B 方案。

(2) 净年值法。

年值法是进行寿命期不相等的互斥方案分析的最适宜的方法,由于寿命不等的互斥方案在时间上不具备可比性,因此为使方案有可比性,通常宜采用年值法。年值法分为净年值法和费用年值法。净年值法的判别准则为净年值大于或等于零且净年值最大的方案是最优可行方案。费用年值法的判别准则为费用年值最小的方案是最优可行方案。

【例 3-28】 设互斥方案 A、B 的寿命期分别为 5 年和 3 年,设 $i_c = 10\%$,各自寿命期内的净现金流量见表 3-29,试用净年值法评价选择方案。

表 3-29　两方案的净现金流量　　　　　　　　　　　　　　　　单位:万元

方案\年序	0	1	2	3	4	5
A	−400	120	120	120	120	120
B	−200	100	100	100		

【解】 两方案的净现值为
$$\mathrm{NPV_A} = -400 + 120 \times (P/A, 10\%, 5) = 54.89(万元)$$
$$\mathrm{NPV_B} = -200 + 100 \times (P/A, 10\%, 3) = 48.69(万元)$$

两方案的净年值为
$$\mathrm{NAV_A} = 54.89 \times (A/P, 10\%, 5) = 14.48(万元)$$
$$\mathrm{NAV_B} = 48.69 \times (A/P, 10\%, 3) = 19.58(万元)$$

由于 $\mathrm{NAV_B} > \mathrm{NAV_A}$,且 $\mathrm{NAV_A}$ 和 $\mathrm{NAV_B}$ 均大于零,故方案 B 为最佳方案。

3. 寿命期无限长的互斥方案

对于寿命期大于或等于 50 年的方案,均可认为是寿命期无限长的方案。寿命期无限长的方案中,现值和年金的计算方法为 $P = A/i$ 或 $A = P \times i$,推导过程如下。

$$P = A(P/A, i, n) = A \cdot \left[\frac{(1+i)^n - 1}{i(1+i)^n}\right]$$

因为
$$(A/P, i, n) = \frac{i(1+i)^n}{(1+i)^n - 1}$$

当 $n \to \infty$ 时
$$\lim_{n \to \infty} \frac{i(1+i)^n}{(1+i)^n - 1} = \lim_{n \to \infty} \frac{i}{1 - \frac{1}{(1+i)^n}} = i$$

所以
$$(A/P, i, n) = i$$

即
$$(P/A, i, n) = \frac{1}{i}$$

所以
$$P = \frac{A}{i}$$

利用净现值法对无限寿命的互斥方案进行经济效果评价时,其判别准则为 $\mathrm{NPV}_i \geqslant 0$ 且 $\max(\mathrm{NPV}_i)$ 所对应的方案为最优方案。

【例 3-29】 某河不同支流上建 3 座水坝,拟使用寿命 100 年,基准收益率 10%,未建时年度洪水损失 200 万元,其他数据见表 3-30,试选择最佳方案。

表 3-30　某河 3 个方案相关数据比较　　　　　　　　　　　　　　单位:万元

方案\项目	建造投资	年维护费用	建坝后年度洪水损失	建坝后年效益
A	100	1.5	130	70
B	120	2	120	80
C	200	2.5	100	100

【解】 采用净年值法,其计算过程为
$$\mathrm{NAV_A} = 70 - (100 \times 10\% + 1.5) = 58.5(万元)$$

$$NAV_B = 80 - (120 \times 10\% + 2.0) = 66(万元)$$
$$NAV_C = 100 - (200 \times 10\% + 2.5) = 77.5(万元)$$

结论：C 为最佳方案。

【例 3-30】 某河上建大桥，有 A，B 两处选点方案，如表 3-31 所示，若基准收益率 $i_c = 10\%$，试比较两个方案的优劣。

表 3-31 某大桥选点方案相关数据比较　　　　　　　　　　　单位：万元

方案	A	B
一次投资	3080	2230
年收入	500	350
大修	300（每 10 年 1 次）	100（每 5 年 1 次）

【解】 $PC_A = 3080 + \dfrac{1.5 + 5 \times (A/F, 10\%, 10)}{10\%} = 3098.14(万元)$

$PC_B = 2230 + \dfrac{0.8 + 4.5 \times (A/F, 10\%, 5)}{10\%} = 2245.37(万元)$

由于 $PC_B < PC_A$，故方案 B 为优。

【例 3-31】 现有两种疏导灌溉渠道的技术方案，一种是用挖泥机清除渠底淤泥，另一种是在渠底铺设永久性混凝土板，数据见表 3-32。利率为 5%，试比较两种方案的优劣。

表 3-32 两种疏导灌溉渠道的技术方案的数据比较　　　　　　单位：万元

方案 A	费用	方案 B	费用
购买挖泥设备（寿命 10 年）	65000	河底混凝土板（无寿命期限）	650000
挖泥设备残值	7000	年维护费用	1000
年经营费	34000	混凝土板维修（5 年一次）	10000

【解】 采用费用年金法比较，其计算过程为

$AC_A = 65000 \times (A/P, 5\%, 10) - 7000 \times (A/F, 5\%, 10) + 34000 = 41861.27(元)$

$AC_B = 650000 \times 5\% + 10000 \times (A/F, 5\%, 5) + 1000 = 35309.75(元)$

由于 $AC_B < AC_A$，故方案 B 优于方案 A。

本章小结

投资方案比选是寻求合理的经济和技术决策的必要手段，也是项目评估工作的重要组成部分。投资方案比选包括静态评价法和动态评价法。静态评价法包括：静态投资回收期、静态投资效果系数。动态评价法包括：净现值法、内部收益率法、净现值率法、年值法、差额投资内部收益率法、总费用现值比较法和年费用比较法等。

在进行方案比选时，内部收益率比较直观，能直接反映项目投资的盈利能力，但当项目在生产期有大量追加投资时，可能有多个内部收益率，从而使其失去实际意义。净现值指标虽然没有内部收益率的缺点，但只能表明项目投资的盈利能力超过、等于或达不到要求的水平，而该项目的盈利能力究竟比要求的水平高多少或低多少，则无法表示。净现值率是在净现值基础上发展起来的，可作为净现值的一个补充指标，它反映净现值与投资现值的关系。

投资方案比选包含的内容十分广泛，既包括技术条件、建设条件、生产条件、投资时间和

生产规模等的比选,同时也包括经济效益和社会效益的比选。投资方案有独立方案、互斥方案和混合方案三种类型。独立方案是指一组互相独立、互不排斥的方案,即选择某一方案并不排斥选择另一方案。互斥方案是指互相关联、互相排斥的方案,即采纳方案组中的某一方案,就会自动排斥这组方案中的其他方案。因此,互斥方案具有排他性。

在独立项目的经济评价中,用净现值、净现值率和内部收益率指标来判断项目的可行性,所得出的结论是一致的。

复习思考训练

一、单项选择题

1. 某企业有四个独立的投资方案 A、B、C、D,可以构成( )个互斥方案。
A. 8　　　　　　 B. 12　　　　　　 C. 16　　　　　　 D. 32

2. 在对多个寿命期不等的互斥方案进行比选时,( )是最为简便的方法。
A. 净现值法　　　 B. 最小公倍数法　 C. 研究期法　　　 D. 净年值法

3. ( )的基本思想是:在资源限制的条件下,列出独立方案的所有可能组合,所有组合方案是互斥的,然后根据互斥方案的比选方法选择最优组合方案。
A. 互斥组合法　　　　　　　　　　 B. 内部收益率排序法
C. 研究期法　　　　　　　　　　　 D. 净现值率法

4. 当项目的净现值等于零时,则( )。
A. 说明项目没有收益,故不可行　　 B. 此时的贴现率即为其内部收益率
C. 动态投资还本期等于其寿命期　　 D. 增大贴现率即可使净现值为正

5. 某项目有 4 种方案,各方案的现金流量及有关评价指标见表 3-33,若已知基准收益率为 18%,则经过比较后的最优方案为( )。
A. 方案 A　　　　 B. 方案 B　　　　 C. 方案 C　　　　 D. 方案 D

表 3-33　4 种方案的相关评价指标

方案	投资额(万元)	IRR(%)	ΔIRR(%)
A	250	20	—
B	350	24	ΔIRR(B-A)=20
C	400	18	ΔIRR(C-B)=5.3
D	500	26	ΔIRR(D-B)=31

6. 已知有 A、B、C 三个独立投资方案,寿命期相同,各方案的投资额及评价指标见表 3-34。若资金受到限制,只能筹措到 6000 万元资金,则最佳的组合方案是( )。
A. A+B　　　　　 B. A+C　　　　　 C. B+C　　　　　 D. A+B+C

表 3-34　3 个独立投资方案的相关评价指标

项目	投资额(万元)	内部收益率(%)
甲	350	13.8
乙	200	18
丙	400	16

7. 现有 A、B 两个互斥并可行的方案,两个方案寿命期相同,A 方案的投资额小于 B 方案的投资额,则 A 方案优于 B 方案的条件是(   )。
   A. $\Delta IRR_{(B-A)} > i_c$ B. $\Delta IRR_{(B-A)} < i_c$
   C. $\Delta IRR_{(B-A)} > 0$ D. $\Delta IRR_{(B-A)} < 0$

8. 同一净现金流量系列的净现值随折现率 i 的增大而(   )。
   A. 增大   B. 减少   C. 不变   D. 在一定范围内波动

9. 某建设项目的现金流量为常规现金流量,当基准收益率为 8% 时,净现值为 400 万元。若基准收益率变为 10%,该项目的 NPV(   )。
   A. 不确定   B. 等于 400 万元   C. 小于 400 万元   D. 大于 400 万元

10. 某建设项目固定资产投资为 5000 万元,流动资金为 450 万元,项目投产期年利润总额为 900 万元,达到设计生产能力的正常年份的年利润总额为 1200 万元,则该项目正常年份的投资利润率为(   )。
    A. 24%   B. 22%   C. 18%   D. 17%

二、多项选择题

1. 一般来说,方案之间存在的关系包括(   )。
   A. 互斥关系   B. 独立关系
   C. 相关关系   D. 包括关系
   E. 总分关系

2. 关于方案间存在的关系,下列描述正确的是(   )。
   A. 互斥关系是指各方案间具有排他性
   B. 独立型备选方案的特点是各方案间没有排他性
   C. 企业可利用的资金有限制时,独立关系转化为互斥关系
   D. 企业可利用的资金足够多时,独立关系转化为一定程度上的互斥关系
   E. 在相关关系中,某些方案的接受是以另一些方案的接受作为前提条件

3. 在资金约束条件下,独立方案常用的比选方法有(   )。
   A. 互斥组合法   B. 最小费用法
   C. 费用现值法   D. 差额内部收益率法
   E. 净现值率排序法

4. 净现值率排序法的缺点是(   )。
   A. 计算简便,选择方法简明扼要   B. 经常出现资金没有被充分利用的情况
   C. 不一定能保证获得最佳组合方案   D. 一般能得到投资经济效果较大的方案组合
   E. 能保证获得最佳组合方案

5. 对寿命期相同的互斥方案,比选方法正确的有(   )。
   A. 各备选方案的净现值大于或等于零,并且净现值越大,方案越优
   B. 各备选方案的内部收益率大于或等于零,并且内部收益率越大,方案越优
   C. 各备选方案的内部收益率大于等于基准收益率,并且内部收益率越大,方案越优
   D. 各备选方案产出效果相同或基本相同,可用最小费用法比选,费用越小,方案越优
   E. 各备选方案的净年值大于等于零,并且净年值越大,方案越优

三、计算题

1. 某方案的建设期为 2 年,建设期内每年年初投资为 400 万元,运营期每年年末净收益

为 150 万元。若基准收益率为 12%，运营期为 18 年，残值为 0，则该方案的净现值和静态投资回收期分别为多少？

2. 有 A、B 两个方案，其费用和计算期见表 3-35，基准收益率为 10%。

表 3-35 方案 A、B 的已知数据

方案	A	B
投资(万元)	150	100
年经营成本(万元)	15	20
计算期(年)	15	10

试用以下两种方法比选方案：(1)最小公倍数法；(2)年成本法。

3. 有三个方案 A、B、C(各不相关)，各方案的投资、年净收益和寿命期见表 3-36，经计算可知，各方案的内部收益率均大于基准收益率的 15%。已知总投资限额是 30000 元，因此，这三个方案不能同时都选上，问应当怎样选择方案？

表 3-36 A、B、C 方案的有关数据

方案	投资(元)	年净收益(元)	寿命期(年)
A	12000	4300	5
B	10000	4200	5
C	17000	5800	10

第4章 项目不确定性分析及风险决策

不确定性分析是决策方案受到各种事前无法控制的外部因素变化与影响时,对其进行的研究与分析,是研究技术方案中主要不确定性因素对经济效益影响的一种方法。

由于主观和客观的原因,技术经济分析中各因素的实际情况很难测定准确,如技术进步和革新指标、价格浮动指标、生产能力指标等,加之政治、社会、道德、文化和风俗习惯等变化因素的共同作用,因此技术经济分析的结论并非是绝对的,即存在不确定性。

进行不确定性分析是为了分析不确定因素,尽量弄清楚并减少不确定因素对经济效果评价的影响,以预测项目可能承担的风险,确定项目在财务上和经济上的可靠性,避免项目投产后不能获得预期的利润和收益,以致投资不能如期收回或给企业带来亏损。在项目评价中,不确定性就意味着项目风险性。风险性大的工程项目,必须具有较大的潜在获利能力。也就是说,风险越大,则项目的内部收益率也越大。

不确定性分析包括盈亏平衡分析(收支平衡分析)、敏感性分析(灵敏度分析)和概率分析(风险分析)。其中,盈亏平衡分析一般只用于财务评价,敏感性分析和概率分析可同时用于财务评价和国民经济评价。三者的选择使用,要根据项目性质,决策者的需要和相应的财力、人力等来选择。

4.1 盈亏平衡分析

各种不确定因素(如投资、成本、销售量、产品价格和项目寿命期等)的变化会影响投资方案的经济效果,当这些因素的变化达到某一界限值时,就会影响方案的取舍。盈亏平衡分析的目的就是找出这个临界值,判断投资方案对不确定因素变化的承受能力,为决策提供依据。通过对项目投产获得盈亏平衡点(或称保本点)的预测分析,可以观察该项目可承受多大的风险而不至于发生亏损。

在投资分析中,最常见的盈亏平衡分析是研究产量、成本和利润之间的关系。但盈亏平衡分析的实际用途远比这些广泛,不仅可对单个方案进行分析,而且还可对多个方案进行比较。

4.1.1 线性盈亏平衡分析

独立方案盈亏平衡分析的目的是通过分析产品产量、成本与方案赢利能力之间的关系,在产量、产品价格和单位产品成本等方面找出投资方赢利与亏损的界限,以判断在各种不确定因素作用下方案的风险情况。平衡点是指项目方案既不赢利又不亏损,销售收入等于生产经营成本的临界点。

进行分析的前提是按销售量组织生产,产品销售量等于产品产量。在这里,假定市场条件不变,产品价格为常数。此时,销售收入与销售量呈线性关系,即

$$R = PQ \tag{4-1}$$

式中:R——销售收入;

P——单位产品价格(不含销售税);
Q——产品销售量。

项目投产后,其总成本费用可分为固定成本和变动成本两部分。固定成本指在一定的生产规模限度内不随产量的变动而变动的费用,变动成本指随产品产量的变动而变动的费用。在经济分析中一般可以近似认为变动成本与产品产量成正比例关系。

总成本费用是固定成本与变动成本之和,它与产品产量的关系也可以近似地认为是线性关系,如图 4.1 所示。图中,C 表示总成本费用;F 表示总固定成本;C_V 表示单位产品变动成本。

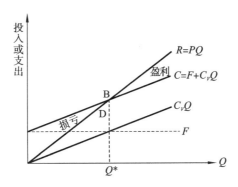

图 4.1 线性盈亏平衡分析图

1. 盈亏平衡点的确定

(1) 用代数法确定盈亏平衡点。

①用产量表示盈亏平衡点。根据盈亏平衡点的定义,当达到盈亏平衡状态时,总成本等于总收入,即

$$R = C$$
$$PQ^* = F + C_V Q^*$$
$$Q^* = \frac{F}{P - C_V} \tag{4-2}$$

式中:Q^*——盈亏平衡点的产量。

若用含税价格 p 计算,则计算公式如下。

$$Q^* = \frac{F}{(1-r)p - C_V} \tag{4-3}$$

式中:r——产品销售税率。

【例 4-1】 某项目设计总量为 3 万吨,产品单价为 630.24 元/吨,年生产成本为 1352.18 万元,其中固定成本为 112.94 万元,单位可变成本为 413.08 元/吨,销售税率为 3%,求项目投产后的盈亏平衡产量。

【解】 $p=630.24$ 元,$F=112.94$ 万元,$r=3\%$,$C_V=413.08$ 元/吨

$$Q^* = \frac{F}{(1-r)p - C_V} = \frac{1.1294 \times 10^6}{(1-3\%) \times 630.24 - 413.08} = 0.5691(万吨)$$

计算表明,项目投产后只要有 0.569 1 万吨的订货量,就可以保本。

②以销售收入表示盈亏平衡点。即当项目不发生亏损时至少应达到的生产能力利用率,可表示为

$$R^* = PQ^* = \frac{FP}{P - C_V} \tag{4-4}$$

式中：R^*——盈亏平衡时的销售收入。

③生产能力利用率的盈亏平衡点。即当项目不发生亏损时至少应达到的生产能力利用率，可表示为

$$q^* = \frac{Q^*}{Q_C} \times 100\% = \frac{F}{Q_C(P - C_V)} \times 100\% \tag{4-5}$$

式中：Q_C——设计年产量；

q^*——盈亏平衡时的生产能力利用率。

q^* 值越低，项目的投资风险就越小。

④以销售价格表示的盈亏平衡点，公式为

$$p^* = \frac{R}{Q_C} = \frac{F + C_V Q_C}{Q_C} \tag{4-6}$$

⑤若按设计能力进行生产和销售，且销售价格已定，则盈亏平衡点的单位产品变动成本为

$$C_V^* = P - \frac{F}{Q_C} \tag{4-7}$$

(2) 用图解法确定盈亏平衡点。

根据图 4-1 线性盈亏平衡分析图可知，当产量在 $0 < Q < Q^*$ 范围时，线 TC 位于线 TR 之上，此时企业处于亏损状态；而当产量在 $Q > Q^*$ 范围时，线 TR 位于线 TC 之上，此时企业处于赢利状态。因此，线 TR 与线 TC 的交点所对应的产量 Q^* 就是盈亏平衡点产量。

2. 盈亏平衡分析与经营风险的衡量

盈亏平衡点越低，表明企业适应市场变化的能力越大，抗风险的能力就越强。如何衡量企业经营风险的大小及抗风险能力呢？这里引入经营安全度这一指标来反映抗风险能力的大小。

$$A = \frac{Q - Q^*}{Q^*} \times 100\% = \frac{R - R^*}{R^*} \times 100\% \tag{4-8}$$

式中：A——经营安全度。

A 越大，表明生产经营的安全性越大，抗风险能力越强。

【例 4-2】 某项目生产某种产品年设计生产能力为 3 万件，单位产品价格为 3000 元，总成本费用为 7800 万元，其中固定成本为 3000 万元，总变动成本与产品生产量成正比，销售税率为 5%，求以产量、生产能力利用率、销售价格、销售收入、单位产品变动成本表示的盈亏平衡点，并计算满负荷生产时的经营安全度。

【解】 (1) 盈亏平衡点产量。

计算盈亏平衡点产量首先应计算单位产品变动成本。

$$C_V = \frac{C - F}{Q} = \frac{(7.8 - 3) \times 10^7}{3 \times 10^4} = 1600(元/件)$$

$$Q^* = \frac{F}{p(1-r) - C_V} = \frac{3 \times 10^7}{3000(1 - 5\%) - 1600} = 2.4 \times 10^4(件)$$

(2) 盈亏平衡点生产能力利用率。

$$q^* = \frac{Q^*}{Q_C} \times 100\% = \frac{2.4 \times 10^4}{3 \times 10^4} \times 100\% = 80\%$$

(3) 盈亏平衡点销售价格。
$$p^* = \frac{F + C_V Q_C}{Q_C(1-r)} = \frac{3 \times 10^7 + 1.6 \times 3 \times 10^7}{3 \times 10^4 \times (1-5\%)} = 2736.84(元/件)$$

(4) 盈亏平衡点销售收入(税前)。
$$R^* = \frac{FP}{P - C_V} = \frac{9 \times 10^{10}}{3000 - 1600} = 6429.57(万元)$$

(5) 盈亏平衡点单位产品变动成本。
$$C_V^* = p(1-r) - \frac{F}{Q_C} = 3000 \times (1-5\%) - \frac{3 \times 10^7}{3 \times 10^4} = 1850(元/件)$$

(6) 满负荷生产时的经营安全度。
$$A = \frac{Q - Q^*}{Q^*} \times 100\% = \frac{3 \times 10^4 - 2.4 \times 10^4}{2.4 \times 10^4} \times 100\% = 25\%$$

4.1.2 优劣盈亏平衡分析

盈亏平衡分析不但可用于对单个投资方案进行分析，还可以用于对多个方案进行比较和选优。在对若干个互斥方案进行比选时，如果是某一个共同的不确定因素影响这些方案的取舍，可以采用下面介绍的盈亏平衡分析法帮助决策。

设两个互斥方案的经济效果都受到某不确定因素 x 的影响，把 x 看作为一个变量，把两个方案的经济效果指标表示为 x 的函数，即
$$E_1 = f_1(x)$$
$$E_2 = f_2(x)$$

式中 E_1 和 E_2 分别为方案 1 与方案 2 的经济效果指标，当两个方案的经济效果相同时，有
$$f_1(x) = f_2(x)$$

从方程中解出 x 的值，即为方案 1 与方案 2 的优劣盈亏平衡点，也就是决定着两个方案优劣的临界点。结合对不确定因素 x 未来取值范围的预测，就可以做出相应的决策。同样，根据分析中是否考虑资金的时间价值，可分为静态平衡分析和动态平衡分析，本书只讨论静态平衡分析。

【例 4-3】 生产某产品有三种方案可选择：方案 A，从国外引进成套生产线，年固定成本为 800 万元，单位产品变动成本为 10 元；方案 B，从国外引进关键设备，年固定成本为 500 万元，单位产品变动成本为 20 元；方案 C，全部采用国产设备，年固定成本为 300 万元，单位产品变动成本为 30 元。试分析各种方案适用的生产规模和经济性。

【解】 三种方案年总成本均可表示为产量 Q 的函数，其函数曲线如图 4.2 所示，即有
$$C_A = 800 + 10Q \quad C_B = 500 + 20Q \quad C_C = 300 + 30Q$$

由图 4.2 可以看出，三条成本曲线分别相交于 l、m、n 三点，各个交点所对应的产量就是相应的两个方案的盈亏平衡点。Q_m 是方案 B 与方案 C 的盈亏平衡点；Q_n 是方案 A 与方案 B 的盈亏平衡点。显然，当 $Q < Q_m$ 时，方案 C 的总成本最低；当 $Q_m < Q < Q_n$ 时，方案 B 的总成本最低；当 $Q > Q_n$ 时，方案 A 的总成本最低。

当 $Q = Q_m$ 时，$C_B = C_C$

即
$$500 + 20Q_m = 300 + 30Q_m$$
$$Q_m = 20(万件)$$

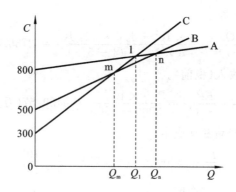

图 4.2 各方案的年总成本函数曲线

当 $Q = Q_n$ 时,$C_A = C_B$

即
$$800 + 10Q_n = 500 + 20Q_n$$
$$Q_n = 30(万件)$$

由此可知,当预期产量低于 20 万件时,应采用方案 C;当预期产量在 20 万件至 30 万件之间时,应采用方案 B;当预期产量高于 30 万件时,应采用方案 A。

上例是将产量作为盈亏平衡分析的共有变量,再根据年总成本费用的高低判断方案的优劣。在各种不同的情况下,根据实际需要,也可以用投资额、产品价格、经营成本、贷款利率、项目寿命期、期末固定资产残值等作为盈亏平衡分析的共有变量,以净现值、净年值和内部收益率等作为衡量方案经济效果的评价指标。

4.2 敏感性分析

敏感性分析是投资项目评价中最常见的一种不确定性分析方法。敏感性是指参数的变化对投资项目经济效果的影响程度。若参数的小幅度变化能导致经济效果的较大变化,则称投资项目经济效果对参数的敏感性大,或称这类参数为敏感性因素;反之,则称之为非敏感性因素。敏感性分析的目的就是通过分析及预测项目主要变量因素(投资、成本、价格和建设工期等)发生变化时,对经济评价指标(如净现值、内部收益率、折现率和回收期等)的影响,从中找出敏感因素,并确定其敏感程度,从而对外部条件发生不利变化时投资方案的承受能力做出判断。

4.2.1 敏感性分析的一般步骤

(1) 投资效果的确定可用多种指标来表示,在进行敏感性分析时,首先必须确定分析指标。一般而言,前面所讨论过的经济评价指标体系中的一系列评价指标,都可以成为敏感性分析指标。在选择时,应根据经济评价深度和项目的特点选择一种或两种评价指标进行分析。需要注意的是,选定的分析指标必须与确定性分析的评价指标相一致,这样便于进行对比和说明问题。在技术经济分析实践中,最常用的敏感性分析指标主要有投资回收期、方案净现值和内部收益率。

(2) 选定不确定性因素,并设定它们的变化范围。影响技术项目方案经济效果的因素众多,不可能也没有必要对全部不确定因素逐个进行分析。在选定需要分析的不确定因素时,可从两个方面考虑:第一,这些因素在可能的变化范围内对投资效果影响较大;第二,这些因素发生变化的可能性较大。通常设定的不确定性因素有产品价格、产品销量、项目总投资、年经营成本、项目寿命期、建设工期及达产期、基准折现率、主要原材料和动力的价格等。

(3) 计算因素变动对分析指标影响的数量结果。假定其他设定的不确定因素不变,一次仅变动一个不确定因素,重复计算各种可能的不确定因素的变化对分析指标影响的具体数值。然后采用敏感性分析计算表或分析图的形式,把不确定因素的变动与分析指标的对应数量关系反映出来,以便于测定敏感因素。

(4) 确定敏感因素。测定某特定因素敏感与否,可采用两种方式进行:第一种是相对测定法,即设定要分析的因素均从基准开始变动,且各因素每次变动幅度相同,比较在同一幅度下各因素的变动对经济效果指标的影响,就可以判别出各因素的敏感程度;第二种方式是绝对测定法,即设定因素均向降低投资效果的方向变动,并设该因素达到可能的"最坏"值,然后计算在此条件下的经济效果指标,看其是否已达到使项目在经济上不可取的程度,如果项目已不能接受,则该因素就是敏感因素。绝对测定法的一个变通方式是先设定有关经济效果指标为其临界值,如令净现值等于零、令内部收益率为基准折现率,然后求待分析因素的最大允许变动幅度,并与其可能出现的最大变动幅度相比较。如果某因素可能出现的变动幅度超过最大允许变动幅度,则表明该因素是方案的敏感因素。

(5) 结合确定性分析进行综合评价,选择可行的比选方案。根据敏感因素对技术项目方案评价指标的影响程度,结合确定性分析的结果作进一步的综合评价,寻求对主要不确定因素变化不敏感的比选方案。

在技术项目方案的分析比较中,对主要不确定因素变化不敏感的方案,其抵抗风险的能力比较强,获得满意经济效益的潜力比较大,应优先考虑接受。有时,还可以根据敏感性分析的结果,采取必要的对策。

4.2.2 敏感性分析的方法

(1) 单因素敏感性分析。

单因素敏感性分析是指每次只变动某一个不确定因素而假定其他的因素都不发生变化,分别计算其对确定性分析指标的敏感性。

【例 4-4】 某投资方案预计总投资为 1200 万元,年产量为 10 万台,产品价格为 35 元/台,年经营成本为 120 万元,方案经济寿命期为 10 年,设备残值为 80 万元,基准收益率为 10%,试就投资额、产品价格及方案寿命期进行敏感性分析。

【解】 以净现值作为经济评价的分析指标,则预期净现值为

$NPV_0 = -1200 + (10 \times 35 - 120)(P/A, 10\%, 10) + 80 \times (P/F, 10\%, 10)$
$= 244.09(万元)$

下面用净现值指标分别就投资额、产品价格和寿命期等三个不确定因素作敏感性分析。
设投资额变动的百分比为 x,则方案净现值的计算式为

$NPV = -1200 \times (1+x) + (10 \times 35 - 120)(P/A, 10\%, 10) + 80 \times (P/F, 10\%, 10)$

设投资价格变动的百分比为 y,则方案净现值的计算式为

$NPV = -1200 + [10 \times 35 \times (1+y) - 120](P/A, 10\%, 10) + 80 \times (P/F, 10\%, 10)$

设寿命期变动的百分比为 z,则方案净现值的计算式为

$NPV = -1200 + (10 \times 35 - 120)[P/A, 10\%, 10 \times (1+z)]$
$\quad + 80 \times [P/F, 10\%, 10 \times (1+z)]$

设投资额、产品价格及方案寿命期在其预期值的基础上分别按±10%、±15%、±20%变化,相应地,方案的净现值将随之变化,其变化的结果见表4-1和图4.3。

表4-1 单因素的敏感性计算　　　　　　　　　　　　　　　　单位:万元

方案 净现值 分析指标 变动率	−20%	−15%	−10%	0	10%	15%	20%
投资额	484.09	424.09	364.09	244.09	124.09	64.09	4.09
价格	−186.02	−78.50	29.03	244.09	459.15	566.68	647.21
寿命期	64.35	112.55	158.50	244.09	321.90	358.11	392.64

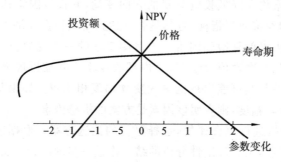

图4.3 敏感性分析图

可以看出,在同样的变动率下,产品价格的变动对方案的净现值影响最大,其次是投资额的变动,寿命期的变动对方案的净现值影响最小。

如果以NPV=0作为方案是否被接受的临界条件,那么从上面的公式可以算出,当实际投资额超出预计投资额的20.3%,或者当产品价格比预计价格低11.3%,或者当寿命期比预计寿命期短26.5%时,方案就不可接受。

根据上面的分析可知,对于本方案来说,产品价格是敏感因素,应对产品价格进行更准确的测算。如果未来产品价格变化的可能性较大,则意味着这一方案的风险亦较大。

(2)多因素敏感性分析。

单因素敏感性分析方法适合分析项目方案的最敏感因素,但它忽略了各个变动因素综合作用的可能性。无论是哪种类型的技术项目方案,各种不确定因素对项目方案经济效益的影响都是相互交叉综合发生的,而且各个因素的变化率及其发生的概率是随机的。因此,研究和分析经济评价指标受多个因素同时变化的综合影响,更具有实用价值。

多因素敏感性分析要考虑可能发生的各种因素的不同变动幅度的多种组合,计算起来要比单因素敏感性分析复杂得多。在此不做具体介绍。

敏感性分析具有分析指标具体、能与项目方案经济评价指标紧密结合、方法容易掌握、便于分析和决策等优点,有助于找出影响项目方案经济效益的敏感因素及其影响程度,对于提高项目方案经济评价的可靠性具有重大意义。但是,敏感性分析没有考虑各种不确定因素在未来发生变动的概率,这可能会影响分析结论的准确性。实际上,各种不确定因素在未来某一幅度变动的概率一般是不同的。可能通过敏感性分析找出的某一敏感因素未来发生不利变动的概率很小,因而实际上所带来的风险并不大,以至于可以忽略不计,而另一不太敏感的因素未来发生不利变动的概率很大,实际上带来的风险比前者更大。这种问题是敏感性分析所无法解决的,必须借助于概率分析方法。

4.3 概率分析

概率分析是研究各种不确定因素按一定概率值变动时,对项目方案经济评价指标的影响的一种定量分析方法。其目的是在不确定情况下为决策项目或方案提供科学依据。

概率分析的关键是确定各种不确定因素变动的概率。其内容应根据经济评价的要求和项目方案的特点确定。一般是计算项目方案某个确定分析指标(如净现值)的期望值,或计算使方案可行时指标取值的累计概率及通过模拟法测算分析指标的概率分布等。在进行概率分析时,所选定的分析指标应与确定分析的评价指标一致。

4.3.1 投资方案经济效果的概率描述

严格地说,影响方案经济效果的大多数因素都是随机变量。我们可以预测其未来可能的取值范围,估计各种取值或值域发生的概率,但不可能预知它们取什么值。由于投资方案的现金流量序列是由这些因素的取值所决定的,所以,实际上方案的现金流量序列也是随机变量。

要完整地描述一个随机变量,需要确定其概率分布的类型和参数。在经济分析与决策中使用最普遍的是均匀分布与正态分布。

(1) 经济效果的期望值。

投资方案经济效果的期望值是指在一定概率分布下,投资效果所能达到的概率平均值。其一般表达式为

$$E(x) = \sum_{i=1}^{n} x_i p_i \tag{4-9}$$

式中:$E(x)$——变量的期望值,变量可以是各分析指标;

p_i——变量 x_i 的取值概率。

【例 4-5】 已知某方案的净现值及其概率见表 4-2,试计算该方案净现值的期望值。

表 4-2 方案的净现值及其概率

净现值(万元)	23.5	26.2	32.4	38.7	42	46.8
概率	0.1	0.2	0.3	0.2	0.1	0.1

【解】 $E(\text{NPV}) = 23.5 \times 0.1 + 26.2 \times 0.2 + 32.4 \times 0.3 + 38.7 \times 0.2 + 42 \times 0.1$
$\qquad + 46.8 \times 0.1$
$\qquad = 33.93 (万元)$

即这一方案净现值的期望值为 33.93 万元。

(2) 经济效果的标准差。

标准差反映了一个随机变量(如经济效果)实际值与其期望值偏离的程度。这种偏离在一定意义上反映了投资方案风险的大小。标准差的一般计算公式为

$$\sigma = \sqrt{\sum_{i=1}^{n} p_i [x_i - E(x)]^2} \tag{4-10}$$

式中:σ——变量 x 的标准差。

【例 4-6】 利用上例中的数据,试计算投资方案净现值的标准差。

【解】 $\sum_{i=1}^{n} p_i[x_i - E(x)]^2 = 0.1 \times (23.5 - 33.93)^2 + 0.2 \times (26.2 - 33.93)^2$
$+ 0.3 \times (32.4 - 33.93)^2 + 0.2 \times (38.7 - 33.93)^2$
$+ 0.1 \times (42 - 33.93)^2 + 0.1 \times (46.8 - 33.93)^2$
$= 51.16$

$$\sigma = \sqrt{\sum_{i=1}^{n} p_i[x_i - E(x)]^2} = \sqrt{51.16} = 7.15(万元)$$

(3) 经济效果的离散系数。

标准差虽然可以反映随机变量的离散程度,但它是一个绝对量,其大小与变量的数值及其期望值的大小有关。一般而言,变量的期望值越大,其标准差也越大。在需要对不同方案的风险程度进行比较时,标准差往往不能够准确反映风险程度的差异。因此要引入另一个指标——离散系数,它是标准差与期望值之比,即

$$C = \frac{\sigma(x)}{E(x)} \tag{4-11}$$

由于离散系数是一个相对量,不会受变量和期望值绝对值大小的影响,因此能更好地反映投资方案的风险程度。当对两个投资方案进行比较时,如果期望值相同,则标准差较小的方案风险较低;如果两个方案的期望值与标准值均不相同,则离散系数较小的方案风险较低。

4.3.2 投资方案的概率分析

概率分析的基本原理是在对参数值进行概率估计的基础上,通过投资效果指标的期望值、累计概率、标准差及离散系数来反映方案的风险程度。

在对投资方案进行不确定性分析时,有时需要估算方案经济效果指标发生在某一范围的可能性。例如,当净现值大于或等于零的累计概率越大,表明方案的风险越小;反之,则风险越大。

【例 4-7】 已知某投资方案经济参数及其概率分布见表 4-3,假设市场特征已定,试解决以下问题。

(1) 净现值大于或等于 0 的概率。
(2) 净现值大于 50 万元的概率。
(3) 净现值大于 80 万元的概率。

表 4-3 方案经济参数值及其概率分布

投资方案(万元)		年净收入(万元)		折现率		寿命期(年)	
数值	概率	数值	概率	数值	概率	数值	概率
120	0.3	20	0.25	10%	1.00	10	1.00
150	0.5	28	0.40				
175	0.2	33	0.20				
		36	0.15				

【解】 不同参数共有 12 种可能的组合状态,每种状态的组合概率及所对应的净现值的计算结果见表 4-4。

表 4-4 方案所有组合状态的概率及净现值

组合	投资(万元)	175				150			
	年净收入(万元)	20	28	33	36	20	28	33	36
	组合概率	0.05	0.08	0.04	0.03	0.125	0.20	0.10	0.075
	净现值(万元)	−52.11	−2.95	27.77	46.20	−27.11	22.05	52.77	71.20
组合	投资(万元)	120							
	年净收入(万元)	20		28		33		36	
	组合概率	0.075		0.12		0.06		0.045	
	净现值(万元)	2.89		50.05		82.77		101.20	

以投资 175 万元为例计算。

年净收入为 20 万元的组合概率为两者概率之积,即 $0.2\times 0.25=0.05$,则净现值为 $-175+20\times (P/A,10\%,10)=-52.11$(万元)。

年净收入为 28 万元的组合概率为 $0.2\times 0.40=0.08$,则净现值为 $-175+28\times (P/A,10\%,10)=-2.95$(万元)。

依此类推可以得出表中的其他数据。

将表中数据按净现值大小重新排列,可以进行累计概率分析,见表 4-5。

表 4-5 排序后的概率和累计概率

净现值(万元)	−52.11	−27.11	−2.95	2.89	22.05	27.77	46.20	50.05	52.77	71.20	82.77	101.20
概率	0.05	0.125	0.08	0.075	0.20	0.04	0.03	0.12	0.10	0.075	0.06	0.045
累计概率	0.05	0.175	0.255	0.33	0.53	0.57	0.60	0.72	0.82	0.895	0.955	1.00

根据表 4-5 可以得出以下结果。

(1) 净现值大于或等于 0 的概率为: $P(NPV\geqslant 0)=1-0.255=0.745$。
(2) 净现值大于 50 万元的概率为: $P(NPV>50)=1-0.60=0.40$。
(3) 净现值大于 80 万元的概率为: $P(NPV>80)=1-0.895=0.105$。

上述分析是在已知参数的概率分布条件下进行的。然而,在实际投资评价中,往往会遇到缺少足够的信息来判断参数的概率分布或者概率分布无法用典型分布来描述的情况。在这种情况下,可采用蒙特卡罗模拟方法来对方案进行风险分析,对此内容本书不作讨论,请参考有关资料。

4.4 风险决策

4.4.1 决策的概念

决策是决策者根据所面临的风险和风险程度在不确定的环境中选择最佳方案的过程。

在工程技术经济分析中,重点是项目决策阶段进行的投资决策,如对投资时机和方向的抉择、投资项目的比选、确定项目的投资规模和总体实施方案等。在项目的决策阶段,决策的质量对总投资的影响为 70% 左右,对投资效益的影响为 80% 左右。同时由于项目的投资巨大,其活动过程具有不可逆性,因此,决策质量的好坏关系到项目的成功与否。

决策可以分为程序化决策和非程序化决策。其中,程序化决策用以解决结构性或者日常问题;非程序化决策用于非重复性的、非结构性的、新奇的和没有明确定义的情况。而投资项目本身就是一种独特的、创造性的一次性活动,需要对投资机会进行识别、分析、选择、决断和构思运筹,其决策属于非程序化、非结构化决策,具有高度的创造性、智力化和综合性的特点。

决策是实际的管理活动,其价值在于结果的准确性,即预想的和现实的一致性。这就要求决策者对决策的假设条件、现实标准和决策方法的适应性和局限性进行认真的分析,以提高决策的价值和有效程度。

4.4.2 决策的总体目标——适当满足标准

现代决策是相对古典决策而言的。古典决策的目标是最大化,所作出的决策是根据数学计算,进行定量分析的结果。如考虑资金受益,按最大值标准来选择方案;考虑费用支出,以最小值标准来选择方案。而现代决策的目标是适当满足标准,把定量分析和定性分析结合起来,把数值计算与决策者的主观判断结合起来,依据计算结果较好、能满足决策者要求以及决策者认为合适的标准对方案进行选择。其原因有以下五个方面。

(1) 项目的投资决策大都有多个决策目标,而这些决策目标不完全是相容的,部分是相斥的、矛盾的。对某一目标来说某一方案是最优方案,但对另一目标却不一定理想。在这种情况下,就不存在对所有目标来说都是最优的方案,而只能选择对若干目标来说是较优的方案。

(2) 要想做到以最大值或最小值来选择方案,就必须采用穷举法把所有的可能方案都找出来,并分别计算出它们的结果。但由于实际工作中所能获得的信息不完备和决策人员的经验、知识的局限性等原因,要做到这一点是很困难的,甚至是不可能的。

(3) 从经济角度来讲,把所有可能的方案都计算出来,可能带来时间、人力、物力的浪费,甚至可能贻误时机,反而得不偿失。科学的决策要讲求决策的时机,所以在现有的资料、认识和技术水平条件下,求得对决策目标的适当满足就可以了。

(4) 决策目标往往包括定量的目标和非定量的目标,定量目标很重要,非定量目标也很重要。如反应政治、社会因素的目标,只能定性描述,而难以用数值去定量,因此,也就不能简单地根据定量目标数值的大小来选择方案。

(5) 决策的方案要许多人去贯彻执行,对于决策目标数值最大或最小的方案,执行者不一定都乐于接受。而如果执行人员不乐于接受,不管主观愿望多好,也会影响执行的效果。因此决策时不能单纯以数值最大或最小为标准来选择方案,还要考虑执行人员的社会心理因素,根据人们能够接受的程度来选择方案。

需要指出的是,现代决策并不排除最优化,它只是不把它作为方案选择的唯一标准。现代决策既可以选计算结果较好且满足决策目标的、决策者认为适合的方案,也可以选择目标数值的计算结果为最大或最小的方案。

4.4.3 决策程序

决策程序帮助我们减少依靠直觉而作出的草率的判断。程序所需要的数据由人来提供,但对输入数据的处理是由一套系统来完成的。程序的运用弥补了直觉的不可靠。

程序通常具有两大作用:一是能够提供一个答案;二是作为一种沟通工具,提醒我们注意可能会被忽视的因素。因为不确定性是很模糊的,程序为我们提供了将各种风险联系起来的一种机制,也为我们进行风险识别、分类、分析以及处理提供了一套方法。

决策程序主要由以下五部分组成。

(1) 定位。确定并准确表述决策所要针对的工程技术经济问题或追求的目标。

(2) 设计备选方案。可以用专家会议法等方法设计能够实现项目目标的各种可能的和可行的备选方案。

(3) 按以下步骤进行建模和概率分析。

①选择和建立评价模型。

②分析未来的可能状态和概率。

③确定决策者的偏好和态度。通过了解决策者对风险的偏好等方法来确定决策者的决策态度和偏好,决策者的这些态度将决定决策的结论及其价值。

(4) 评价。通过对数据和信息的处理,进行方案的排序并进行评价。

(5) 检验。对各方案的敏感性进行检验,确定风险对方案优先顺序的影响。

4.4.4 决策的四项准则

决策的四项准则就是决策者对风险的四种态度,现举例加以说明。

【例 4-8】 某建筑制品厂欲生产一种新产品,由于没有资料,只能设想出三种方案以及各种方案在市场销路好、一般、差三种情况下的损益值,见表 4-6。每种情况出现的概率未知,试进行方案决策。

表 4-6 三种情况的损益表

	销路好	销路一般	销路差	决策准则			
				冒险准则	保守准则	等概率准则	后悔值准则
A	36	23	−5	36	−5	18	14
B	40	22	−8	40	−8	18	17
C	21	17	9	21	9	15.67	19
应选取方案				B	C	A 或 B	A

1. 冒险准则

冒险准则又称最大收益值最大准则或大中取大准则。先从各种情况中选出每个方案的最大收益值,然后对各方案进行比较,以收益值最大的方案为选择方案。如例 4-8 中选择了收益值为 40 万元的方案 B。这种追求利益最大的决策方法,具有一定的冒险性,只有资金、物资雄厚,即使出现损失对其影响也不大的企业才敢采用。

2. 保守准则

保守准则又称最小收益值最大准则或小中取大准则。它是将各种情况中最小收益值为最大的方案作为选定方案。这种准则对未来持保守或悲观的估计,以避免出现较大的损失。如例 4-8 中选取收益值为 9 万元的方案 C。

3. 等概率准则

由于无法预知每种情况出现的概率,就假定各种情况出现的概率都相等,计算出每一方案收益值的平均数,选取平均收益值最大的方案。如例 4-8 中三种情况出现的概率均为 1/3,选取平均收益值为 18 万元的方案 A 或 B。这是一种不存侥幸心理的中间型决策准则。

4. 后悔值准则

后悔值准则又称为最小机会损失准则。后悔值是指每种情况中的最大收益值与其他各方案收益值之差。简单而言,即是因选错方案而未得到的收益或遭受的损失,也称遗憾值。决策者应事先计算出各方案的最大后悔值,进行比较,将最大后悔值最小的方案作为最佳方案。例 4-8 中选取后悔值为 14 万元的方案 A。后悔值的计算过程见表 4-7。

表 4-7 后悔值的计算

产品销售情况		销路好	销路一般	销路差	各方案最大后悔值
最理想收益(万元)		40	23	9	
后悔值(万元)	A	40−36=4	23−23=0	9−(−5)=14	14
	B	40−40=0	23−22=1	9−(−8)=17	17
	C	40−21=19	23−17=6	9−9=0	19
选取方案		A			

4.4.5 决策技术

1. 期望值法

期望值法是通过计算备选方案在各种自然状态概率下的收益值之比,选取其中最大收益值对应的方案或最小损失值对应的方案为最优方案。期望值法是决策的理论基础,计算期望值的公式为

$$E(X) = \sum_{i=1}^{n} X_i P_i$$

式中：$E(X)$——方案 X 的数学期望值;

X_i——方案 X 在 i 状态(不确定性因素)下的收益值或损失值;

P_i——i 状态(不确定因素)可能出现的概率。

【例 4-9】 有一项工程要决定下月是否开工,根据历史资料,下月出现好天气的概率为 0.2,坏天气的概率为 0.8,如遇好天气,开工可得利润 5 万元,遇到坏天气则要损失 1 万元,如不开工,不论什么天气都要付窝工费 1000 元,应如何解决?

【解】 按最大期望损益值法求解。

开工方案：$E(A)=0.2\times50000+0.8\times(-10000)=2000(元)$

不开工的方案：$E(B)=0.2\times(-1000)+0.8\times(-1000)=-1000(元)$

计算结果列入表 4-8。

表 4-8　某项工程的期望收益值

方案收益值	好天气 $P_1=0.2$	坏天气 $P_2=0.8$	期望收益值 $E(X)$
开工收益(元)	50000	−10000	2000
不开工收益(元)	−1000	−1000	−1000

因此应选择开工。

2. 决策树法

决策树法在决策中被广泛应用。它是将决策过程中各种可供选择的方案、可能出现的自然状态及其概率和产生的结果，用一个树枝状的图形表达出来，把一个复杂多层次的决策问题形象化，以便决策的分析、对比和选择。其突出的特点是迫使决策者构建出问题的结构，然后再以一种连贯和客观的方式加以分析。

(1) 决策树的绘制方法。

①先画一个方框作为出发点，称为决策点。

②从决策点引出若干直线，表示该决策点有若干可供选择的方案，在每条直线上标明方案名称，称为方案分枝。

③在方案分枝的末端画一个圆圈，称为自然状态点或机会点。

④从自然状态点再引出若干直线，表示可能发生的各种自然状态，并表示出现的概率，称为状态分枝或概率分枝。

⑤在概率分枝的末端画一个小三角形，写上各方案在每种自然状态下的收益值或损失值，称为结果点。

以上绘制的图形称为决策树。它以方框、圆圈为结点，并用直线把它们连接起来构成树枝状图形，把决策方案、自然状态及其概率、损益期望值系统地在图上反映出来，供决策者选择。

(2) 利用决策树方法的解题步骤。

①列出方案。通过资料的整理和分析，提出决策中要解决的问题，针对具体问题列出方案，并绘制成表格。

②根据方案绘制决策树。绘制决策树的过程，实质上是拟订各种选择方案的过程，是对未来可能发生的各种事情进行周密思考、预测和估计的过程，是对决策问题一步步深入探索的过程。决策树按从左到右的顺序进行绘制。

③计算各方案的期望值。它是按事件出现的概率计算出来的可能得到的损益值，并不是肯定能够得到的损益值，所以称为期望值。计算时从决策树最右端的结果点开始。

$$期望值 = \sum(各种自然状态的概率 \times 收益值或损益值)$$

④方案的选择。在各决策点上比较各方案的损益期望值，以其中最大者为最佳方案。在被舍弃的方案分枝上画两平行斜线表示剪枝。

【例 4-10】　某建筑公司拟建一预制构件厂，一个方案是建大厂，需投资 300 万元，建成后如销路好，每年可获利 100 万元，如销路差，每年要亏损 20 万元；另一方案是建小厂，需投资 170 万元，建成后如销路好，每年可获利 40 万元，如销路差，每年可获利 30 万元。两方案的使用期均为 10 年，销路好的概率是 0.7，销路差的概率是 0.3，试用决策树法选择方案(为简化计算，本题不考虑资金的时间价值)。

【解】 (1) 按题意列方案,见表4-9。

表4-9 方案在不同状态下的损益表

自然状态	概率	方案每年获利情况(万元)	
		建大厂	建小厂
销路好	0.7	100	40
销路差	0.3	−20	30

(2) 绘制决策树,如图4.4所示。

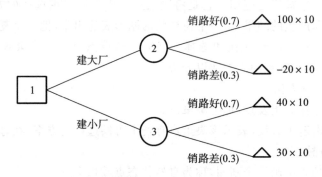

图 4.4 决策树图示

(3) 计算损益期望值。

点②:净收益=[100×0.7+(−20)×0.3]×10−300=340(万元)

点③:净收益=(40×0.7+30×0.3)×10−170=200(万元)

(4) 方案决策。由于点①的损益期望值大于点②的损益期望值,故选用建大厂的方案。以上这种决策树法是一种单级决策问题的方法。

【例4-11】 如果将表4-9分成前3年、后7年考虑,根据市场预测,前3年销路好的概率为0.7;而如果前3年销路好,则后7年销路好的概率为0.9;如果前3年销路差,则后7年的销路一定差。在这种情况下,请问建大厂和建小厂哪个方案好?

【解】 这个问题可以分前3年和后7年考虑,属于多层次决策类型,如图4-5所示。

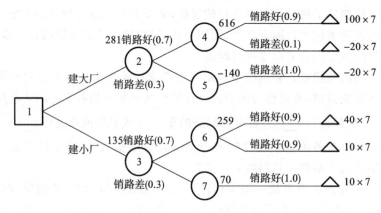

图 4.5 决策树图示

各点的损益期望值计算如下。

点④:净收益=[100×0.9+(−20)×0.1]×7=616(万元)

点⑤:净收益=(−20)×1.0×7=−140(万元)
点⑥:净收益=(40×0.9+10×0.1)×7=259(万元)
点⑦:净收益=10×1.0×7=70(万元)
点②:净收益=616×0.7+100×0.7×3+(−140)×0.3+(−20)×0.3×3−300
    =281(万元)
点③:净收益=259×0.7+40×0.7×3+70×0.3+10×0.3×3−160=135(万元)
由上可知,最合理的方案仍是建大厂。

【例 4-12】 某项目需投资 20 万元,建设期 1 年。根据预测,项目生产期的年收入(各年相同)为 5 万元、10 万元和 12.5 万元的概率分别为 0.3、0.5 和 0.2。在每一收入水平下生产期 2 年、3 年、4 年和 5 年的概率分别为 0.2、0.2、0.5 和 0.1(见表 4-10)。按基准收益率 10% 计算,试对项目净现值的期望值进行累计概率分析。

表 4-10 参数发生概率表

年收入(万元)	生产期(年)	2	3	4	5	合计
	概率	0.2	0.2	0.5	0.1	
5	0.3	0.06	0.06	0.15	0.03	0.3
10	0.5	0.1	0.1	0.25	0.05	0.5
12.5	0.2	0.04	0.04	0.1	0.02	0.2
合计	1	0.2	0.2	0.5	0.1	1

【解】 投资费用发生在第一年,而不是零期,年金从第二期开始,套用年金现值公式求得 P 在第一期,再用现值公式转换到零期。

以年收入为 5 万元为例,不同的生产期对应不同的 NPV 值,其计算过程如下。

生产期为 2 年:NPV=[−20+5×(P/A,10%,2)](P/F,10%,1)=−10.2930(万元)
生产期为 3 年:NPV=[−20+5×(P/A,10%,3)](P/F,10%,1)=−6.8779(万元)
生产期为 4 年:NPV=[−20+5×(P/A,10%,4)](P/F,10%,1)=−3.7733(万元)
生产期为 5 年:NPV=[−20+5×(P/A,10%,5)](P/F,10%,1)=−0.9510(万元)

按上述办法将不同情况分别计算,结果见表 4-11,再将表中的加权净现值从小到大排列,并计算出累计概率,计算结果详见表 4-12。

表 4-11 各生产期的 NPV 计算值

年收入(万元)	生产期(年) 概率	2		3		4		5	
		NPV(万元)	概率	NPV(万元)	概率	NPV(万元)	概率	NPV(万元)	概率
5	0.3	−10.2930	0.06	−6.8779	0.06	−3.7733	0.15	−0.9510	0.03
10	0.5	−2.4042	0.1	4.4259	0.1	10.6351	0.25	16.2799	0.05
12.5	0.2	1.5402	0.04	10.0779	0.04	17.8394	0.1	24.8953	0.02
合计			0.2		0.2		0.5		0.1

表 4-12 加权净现值计算排序表

净现值(万元) ①	概率 ②	加权净现值(万元) ③=①×②	累计概率
−10.2930	0.06	−0.6176	0.06
−3.7733	0.15	−0.5660	0.21
−6.8779	0.06	−0.4127	0.27
−2.4042	0.1	−0.2404	0.37
−0.9510	0.03	−0.0285	0.40
1.5402	0.04	0.0616	0.44
10.0779	0.04	0.4031	0.48
4.4259	0.1	0.4426	0.58
24.8953	0.02	0.4979	0.60
16.2799	0.05	0.8140	0.65
17.8394	0.1	1.7839	0.75
10.6351	0.25	2.6588	1
合计	1	4.7967	

$$P(\text{NPV} \geqslant 0) = 1 - P(\text{NPV} < 0) = 1 - 0.4 = 0.6$$

所以,该项目的净现值的期望值为 47967 元,净现值大于或等于零的概率为 0.6。

本章小结

不确定性分析是对决策方案受到各种事前无法控制的外部因素变化影响所进行的研究与估计,是研究技术方案中主要不确定性因素对经济效益影响的一种方法。

不确定性分析包括盈亏平衡分析(收支平衡分析)、敏感性分析(灵敏度分析)和概率分析(风险分析)。盈亏平衡分析一般只用于财务评价,敏感性分析和概率分析可同时用于财务评价和国民经济评价。三者的选择和使用,要看项目性质,决策者的需要和相应的财力、人力等。

在投资分析中,最常见的盈亏平衡分析是研究产量、成本和利润之间的关系。但盈亏平衡分析法的实际用途远比这些广泛,不仅可对单个方案进行分析,而且还可对多个方案进行比较。

敏感性分析是投资项目评价中最常见的一种不确定性分析方法。所谓敏感性是指参数的变化对投资项目经济效果的影响程度。若参数的小幅度变化能导致经济效果的较大变化,则称投资项目经济效果对参数的敏感性大,或称这类参数为敏感性因素;反之,则称之为非敏感性因素。敏感性分析的目的就是通过分析及预测项目主要变量因素(投资、成本、价格和建设工期等)发生变化时,对经济评价指标(如净现值、内部收益率、折现率和偿还期等)的影响,从中找出敏感因素,并确定其敏感程度,从而对外部条件发生不利变化时投资方案的承受能力做出判断。

概率分析是研究各种不确定因素按一定概率值变动时,对项目方案经济评价指标影响的一种定量分析方法。其目的是在不确定情况下为项目或方案的决策提供科学依据。

复习思考训练

1. 假定某家具制造厂生产一种书桌,售价为每台 50 元,年固定费用为 66000 元,每台书桌的材料费为 18 元,工资为 6 元,其他变动费用为 4 元,请回答以下问题。

(1) 要使工厂不亏本,每年至少生产多少台书桌?

(2) 如果该厂每年只能生产 2000 台书桌,按这一产量进行生产,该厂能赢利吗?如果国家考虑到为了满足社会需要,允许该厂亏损额在 30000 元以下进行生产,否则应停产或改产。试问该厂是继续生产书桌还是改产或停产?

(3) 要获得 22000 元的利润,该厂应决定生产多少台书桌?

(4) 假如该厂生产能力为年产 4500 台,那么应确定该厂最高年赢利为多少?

2. 某项目基本方案的基本数据估算值见表 4-13,试就年销售收入 B、年经营成本 C 和建设投资 I 对内部收益率进行单因素敏感性分析。(建设期为 1 年,基准收益率 $i_c = 8\%$)

表 4-13　基本方案的基本数据估算值

因素	建设投资 I(万元)	年销售收入 B(万元)	年经营成本 C(万元)	期末残值 L(万元)	寿命 n(年)
估算值	1500	600	250	200	6

3. 某中型钢厂年产钢为 12 万吨,每吨钢售价为 500 元,单位产品可变费用为 250 元,单位产品税金为 64 元,年固定总成本为 1500 万元,试对产量、售价、单位可变费用、生产能力利用率进行盈亏平衡分析。

4. 某钢厂投资项目,设计年产量 10 万吨,每吨钢售价为 900 元,每吨钢总成本费用为 650 元,其中可变费用占 70%,固定费用占 30%,销售税金占销售收入的 8%,固定资产投资为 4872 万元,流动资金占销售收入的 25%,试计算投资利润率,并列表反映价格、成本、固定资产投资、产量各因素变化(±10%)时,对投资利润率的影响,画出敏感性分析图,并按因素敏感强弱排序。

第 5 章　设备更新分析

设备更新是工程项目经营与管理过程中不可避免的一个工作内容。设备更新决策就是本着技术上先进、功能上满足、经济上合理的原则对各个备选更新方案进行经济分析和综合比较。设备的使用状况千差万别,但更新方案主要有以下六种情况:一是继续使用原有设备;二是设备大修后继续使用;三是以原型新设备更换旧有设备;四是设备现代化改装;五是用新型、高效的设备更新旧设备;六是设备租赁。本章主要介绍设备的各种寿命的含义、设备更新的概念、新添设备的优劣比较和设备更新方案的经济分析方法等内容。其中,重点要求掌握设备更新的经济分析方法。

5.1　设备更新的原因及特点

5.1.1　设备更新的概念

设备更新是指设备在使用过程中,由于有形磨损和无形磨损的作用,致使其功能受到一定的影响,因而需要用新的、功能类似的资产进行替代,即用新的设备或技术先进的设备,去替换在技术上或经济上不宜继续使用的设备。从广义上讲,设备更新包括设备大修、设备更换、设备更新和设备的现代化改装。其中,设备大修是指通过对零件的更换与修复,全部或大部分恢复设备的原有性能;设备更换是指以与原有设备性能相同的设备更换旧设备;设备更新是指以结构更先进、功能更完善、性能更可靠、生产效率更高、产品质量更好及能降低产品成本的新设备代替原有的不能继续使用或继续使用,但在经济上和环境上已不合理的设备;设备的现代化改装是指通过对设备的现代化改造,改善其原有性能,提高设备的生产能力和劳动生产率,降低使用费等。从狭义上讲,设备更新仅指的是设备更换。

5.1.2　设备更新的原因分析

设备更新源于设备的磨损。磨损分为有形磨损、无形磨损及综合磨损,设备磨损是有形磨损和无形磨损共同作用的结果。

1. 设备的有形磨损(物质磨损)

设备的有形磨损指设备在使用(或闲置)过程中所发生的实体磨损。分为以下两种。

(1) 第 Ⅰ 类有形磨损。第 Ⅰ 类有形磨损指在外力作用下(如摩擦、冲击、超负荷或交变应力作用和受热不均匀等)造成的实体磨损、变形或损坏。

(2) 第 Ⅱ 类有形磨损。第 Ⅱ 类有形磨损指在自然力作用下(生锈、腐蚀和老化等)造成的磨损。

2. 设备的无形磨损(精神损耗)

设备的无形磨损是指由于劳动生产率的提高而引起固定资本的价值损失,又称精神损耗。根据劳动生产率提高所造成的不同影响,固定资本的无形磨损分为两种。

(1) 第Ⅰ类无形磨损。第Ⅰ类无形磨损指由于生产完全相同的劳动资料而使劳动生产率提高,从而造成了原有的固定资本价值的下降。

(2) 第Ⅱ类无形磨损。第Ⅱ类无形磨损指由于出现了更为低廉的替代品,从而引起了原有固定资本价值的降低。

3. 设备的综合磨损

设备的综合磨损是指同时存在有形磨损和无形磨损的综合情况。对任何特定的设备来说,这两种磨损必然同时发生和互相影响。某些方面的技术要求可能会加快设备有形磨损的速度,如高强度、高速度、大负荷技术的发展,必然使设备的物质磨损加剧。同时,某些方面的技术进步又可提供耐热、耐磨、耐腐蚀、耐振动、耐冲击的新材料,使设备的有形磨损减缓,但是其无形磨损将加快。

5.1.3 设备更新分析的特点

1. 设备更新的中心内容是确定设备的经济寿命

经济寿命是指从经济角度来看设备最合理的使用期限。经济寿命的长短是由有形磨损和无形磨损共同决定的。具体来说,它是指能使投入使用的设备等额年总成本(包括购置成本和运营成本)最低或等额年净收益最高的期限。在设备更新分析中,经济寿命是确定设备最优更新期的主要依据。

2. 设备更新分析应以咨询师的立场来分析问题

设备更新问题的要点是站在咨询师的立场上而不是站在旧资产所有者的立场上考虑问题。咨询师并不拥有任何资产,故若要保留旧资产,首先要付出相当于旧资产当前市场价值的现金,才能取得旧资产的使用权。这是设备更新分析的重要概念。

3. 设备更新分析只考虑未来发生的现金流量

在分析中只考虑今后所发生的现金流量,以前发生的现金流量及沉入成本都属于不可恢复的费用,与更新决策无关,故不用再参与经济计算。

4. 设备更新分析只比较设备的费用

通常在比较更新方案时,假定设备产生的收益是相同的,所以只对它们的费用进行比较。

5. 设备更新分析以费用年值法为主

由于不同设备方案的服务寿命不同,因此通常都采用年值法进行比较。

5.1.4 设备的寿命形态

设备寿命从不同角度可划分为自然寿命、经济寿命、折旧寿命和技术寿命。

1. 自然寿命

自然寿命又称为物理寿命或物质寿命,是设备从全新状态投入使用,直到不能保持正常使用状态而予以报废的全部时间。自然寿命的长短主要取决于设备的质量、使用和维修的质量。一般来说,设备的质量越高,日常使用和维修工作做得越好,设备的自然寿命会越长。

2. 经济寿命

经济寿命是指给定的设备具有最低等值年成本或最高的等值年净收益的时期,即一台设备从开始使用到在经济前景的分析中不如另一台设备更有效益而被替代所经历的时期。

设备随着使用时间的延长,一方面其磨损逐渐加大,效率下降;另一方面,为了维持其原有的生产效率,必须增加维修次数,消耗更多的燃料和动力,而使每年的使用费用呈递增趋势。当设备年使用费的增长超过了一次性投资分摊费的降低额时,继续使用该设备就不经济了。根据设备使用费的变化规律确定的设备最佳经济使用年限,称为设备的经济寿命。

3. 折旧寿命

折旧寿命是从折旧制度的角度考察设备使用期限的一项时间指标。折旧寿命也称为设备的折旧年限,是指设备从投入使用到提满折旧为止的时间。一般情况下,设备的折旧寿命及折旧的计提方法及原则由我国的《企业财务通则》或财务制度及相关法规规定,如我国财务制度规定固定资产折旧期不低于10年,即是指设备的折旧寿命不低于10年。折旧寿命一般小于物理寿命。相应设备的折旧寿命可以用折旧计算的逆运算求得。

4. 技术寿命

技术寿命是指设备从投产起至由于新技术的出现,使原有设备在物质寿命尚未结束前就丧失其使用价值而被淘汰所经历的时间。它是从技术的角度看设备最合理的使用期限,其长短由设备的无形磨损来决定。科学技术发展越快,设备的技术寿命越短。

5.2 设备经济寿命的确定

在进行设备经济寿命的计算时,首先要明确两个概念:一是设备的购置费,包括在设备的购置中实际支付的买价、税金(如增值税)、运杂费、包装费和安装成本等;二是设备的运营成本,即设备在使用过程中发生的费用,包括能源费、保养费、修理费(包括大修费)、停工损失及废次品损失等。在一般情况下,设备的运营成本是逐年递增的,这种递增称为设备的劣化。设备的经济寿命是由设备的年均费用决定的,年均费用包括两个部分,即年资金费用和年经营费用(年运营费用),年资金费用就是固定资产价值的年减少额,实质上就是固定资产的年折旧额加上未回收资金的利息;年经营费用就是设备的运行成本。设备的经济寿命就是设备年均费用最小的使用年份,如图5.1所示。

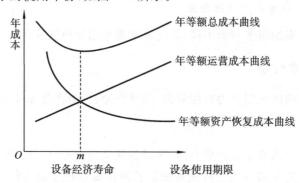

图 5.1 年成本与设备使用期限的关系

设备经济寿命的确定方法可以分为静态模式和动态模式两种。

5.2.1 静态模式下的经济寿命

静态模式下设备经济寿命的确定方法就是在不考虑资金时间价值的基础上计算设备年平均成本,使设备年平均成本为最小。

静态分析法如下。

假设机器设备的年运营成本的劣化是线性增长的,每年运营成本增加额为 λ,若设备使用了 T 年,则第 T 年时的运营成本 C_T 为

$$C_T = C_1 + (T-1)\lambda \tag{5-1}$$

式中:C_1——运营成本的初始值,即第 1 年的运营成本;
T——设备的使用年数。

则 T 年内设备的运营成本的平均值为:$C' = C_1 + \dfrac{T-1}{2}\lambda$。

除运营成本外,在设备的年均总费用中还有每年分摊的设备购置费用,称为资金恢复费用或年资金费用。其值为

$$Z = \frac{K_0 - V_L}{T} \tag{5-2}$$

式中:K_0——设备的原始价值;
V_L——设备的净残值;
Z——年资金费用。

则设备的年等额总成本为

$$AC = C_1 + \frac{T-1}{2}\lambda + \frac{K_0 - V_L}{T} \tag{5-3}$$

设备的经济寿命为其年均费用最小的年数,也就是求 AC 最小时的年数 T 值,即

$$\frac{d(AC)}{dT} = \frac{\lambda}{2} - \frac{K_0 - V_L}{T^2} = 0$$

得

$$T_{opt} = \sqrt{\frac{2(K_0 - V_L)}{\lambda}} \tag{5-4}$$

式中:T_{opt}——设备的经济寿命。

通过计算不同使用年限的年等额总成本 AC_n 来确定设备的经济寿命,若设备的经济寿命为 m 年,则应满足下列条件:$AC_m \leqslant AC_{m-1}$,$AC_m \leqslant AC_{m+1}$。

【例 5-1】 某设备的原始值为 7200 元,第 1 年的使用成本费为 800 元,以后每年递增 650 元,预计残值为 0,试用静态分析法确定其经济寿命期。

【解】 $T_{opt} = \sqrt{\dfrac{2 \times (7200 - 0)}{650}} = 5$(年)

即其经济寿命期为 5 年。

对应的最小成本 $C_0 = \dfrac{7200 - 0}{5} + 800 + \dfrac{650 \times (5-1)}{2} = 3540$(元)

【例 5-2】 某型号轿车购置费为 3 万元,使用中的统计资料见表 5-1,如果不考虑资金的时间价值,试计算其经济寿命。

表 5-1 某型号轿车的统计资料　　　　　　　　　　　　　　　　　　　　　　单位：元

使用年度 j	1	2	3	4	5	6	7
j 年度运营成本	5000	6000	7000	9000	11500	14000	17000
第 n 年年末残值	15000	7500	3750	1875	1000	1000	1000

【解】 该型号轿车在不同使用期限的年等额总成本 AC_n 见表 5-2。

表 5-2 某型号轿车年等额总成本计算表　　　　　　　　　　　　　　　　　　单位：元

使用期限 n	资产恢复成本 $P-L_n$	年等额资产恢复成本 $\dfrac{P-L_n}{n}$	年度运营成本 C_j	使用期限内运营成本累计 $\sum_{j=1}^{n} C_j$	年等额运营成本 $\dfrac{1}{n}\sum_{j=1}^{n} C_j$	年等额总成本 AC_n
①	②	③	④	⑤	⑥	⑦＝③＋⑥
1	15000	15000	5000	5000	5000	20000
2	22500	11250	6000	11000	5500	16750
3	26250	8750	7000	18000	6000	14750
4	28125	7031	9000	27000	6750	13781
5 *	29000	5800	11500	38500	7700	13500 *
6	29000	4833	14000	52500	8750	13583
7	29000	4143	17000	69500	9929	14072

注：* 表示年等额总成本最低。

由表格结果来看，该型号轿车使用 5 年时，其年等额总成本最低（$AC_5=13500$ 元），使用期限大于或小于 5 年时，其年等额总成本均大于 13500 元，故该汽车的经济寿命为 5 年。

5.2.2 动态模式下的经济寿命

在国际上的项目分析与评价中，通常要考虑资金的时间价值，这样评价才能更准确，更符合客观实际。

动态模式下设备经济寿命的确定方法就是在考虑资金时间价值的情况下计算设备的净年值 NAV 或年等额总成本 AC，通过比较年平均效益或年平均费用来确定设备的经济寿命。

（1）计算单利时设备经济寿命的确定。

假若设备的年运营成本的劣化是线性增长的，第一年的运营成本为 C_1，每年运营成本增加额为 λ，若设备使用了 T 年，则第 T 年时的运营成本 C_T 为

$$C_T = C_1 + (T-1)\lambda \tag{5-5}$$

显然，T 年内设备运营成本的平均值为

$$C' = C_1 + \frac{T-1}{2}\lambda$$

除运营成本外，在设备的年均费用中还有每年分摊的年资金费用。其金额为

$$Z = \frac{K_0 - V_L}{T}$$

此外，考虑单利情况下设备占有资金的利息为

$$I = \frac{K_0 - V_L}{2}i \tag{5-6}$$

式中：i——银行利率。

设备的年总费用为

$$AC = C_1 + \frac{T-1}{2}\lambda + \frac{K_0 - V_L}{T} + \frac{K_0 - V_L}{2}i \tag{5-7}$$

求 AC 的最小值，利用导数的知识，将式(5-7)对 T 求导，并令其等于零，有

$$\frac{d(AC)}{dT} = \frac{\lambda}{2} - \frac{K_0 - V_L}{T^2} = 0$$

得

$$T_{opt} = \sqrt{\frac{2(K_0 - V_L)}{\lambda}}$$

其最小年均费用为

$$AC_{min} = C_1 + \frac{\sqrt{2\lambda(K_0 - V_L)} - \lambda}{2} + \sqrt{\frac{(K_0 - V_L)\lambda}{2}} + \frac{K_0 - V_L}{2}i \tag{5-8}$$

若不考虑设备的残值，其经济寿命和最小年均费用为

$$T_{opt} = \sqrt{\frac{2K_0}{\lambda}} \tag{5-9}$$

$$AC_{min} = C_1 + \sqrt{2K_0\lambda} + \frac{K_0 i - \lambda}{2} \tag{5-10}$$

【例 5-3】 有一台设备其初始投资为 18000 元，残值为 0，第 1 年运营费用为 2000 元，以后每年递增 1000 元，利率为 8%，试计算该设备的经济寿命及最小年均费用。

【解】 经济寿命为

$$T_{opt} = \sqrt{\frac{2K_0}{\lambda}} = \sqrt{\frac{2 \times 18000}{1000}} = 6(年)$$

其最小年均费用为

$$AC_{min} = 2000 + \sqrt{2 \times 18000 \times 1000} + \frac{18000 \times 8\% - 1000}{2}$$
$$= 8000 + 220 = 8220(元)$$

(2) 计算复利时设备经济寿命的确定。

$$AC = K_0(A/P, i, n) - V_L(A/F, i, n) + C_1 + \left[\sum_{j=2}^{n}\lambda(P/F, i, j)\right](A/P, i, n) \tag{5-11}$$

通过计算不同使用年限的年等额总成本 AC_n 来确定设备的经济寿命，若设备的经济寿命为 m 年，则应满足下列条件：$AC_m \leqslant AC_{m-1}$，$AC_m \leqslant AC_{m+1}$。

在实际中，设备劣化值的变化是比较复杂的，故设备的年均总费用计算的一般公式为

$$AC = (K_0 - V_L)(A/P, i, n) + V_L i + \left[\sum_{j=1}^{n}W_j(P/F, i, n)\right](A/P, i, n) \tag{5-12}$$

式中：W_j——第 j 年的运营费用。

【例 5-4】 某设备的购置费为 24000 元，第 1 年的设备运营费为 8000 元，以后每年增加 5600 元，设备逐年减少的残值见表 5-3。设利率为 12%，求该设备的经济寿命。

【解】 设备在使用年限内的等额年总成本计算过程为

$n=1$ 时，$AC_1 = (24000 - 12000)(A/P, 12\%, 1) + 12000 \times 0.12 + 8000 + 5600(A/G, 12\%, 1)$

$$= 12000 \times 1.12 + 12000 \times 0.12 + 8000 = 22880(元)$$

$n=2$ 时，$AC_2 = (24000-8000)(A/P,12\%,2) + 8000 \times 0.12 + 8000 + 5600(A/G,12\%,2)$
$$= 16000 \times 0.5917 + 8000 \times 0.12 + 8000 + 5600 \times 0.4717 = 21069(元)$$

$n=3$ 时，$AC_3 = (24000-4000)(A/P,12\%,3) + 4000 \times 0.12 + 8000 + 5600(A/G,12\%,3)$
$$= 20000 \times 0.4163 + 4000 \times 0.12 + 8000 + 5600 \times 0.9246 = 21984(元)$$

$n=4$ 时，$AC_4 = (24000-0)(A/P,12\%,4) + 8000 + 5600(A/G,12\%,4)$
$$= 24000 \times 0.3292 + 8000 + 5600 \times 1.3589 = 23511(元)$$

表 5-3 设备经济寿命动态计算结果表

第 j 年年末	设备使用到第 n 年年末的残值	年度运营成本	年等额资产恢复成本	年等额运营成本	年等额总成本
1	12000	8000	14880	8000	22880
2	8000	13600	10427	10641	21068
3	4000	19200	8806	13179	21984
4	0	24800	7901	15610	23511

根据计算结果，可知设备的经济寿命为 2 年。

在实际工作中，一定要遵循资金时间价值计算的原理，对设备的年均总费用进行计算，上述的计算原理实际是将不同时期的费用流折算为年金，即设备的年均费用，年均费用最低的年份即为设备的经济寿命。

5.3 设备更新的分析方法及其应用

5.3.1 设备更新

(1) 设备更新的意义。显而易见，设备更新促使生产经营活动的延续，它具有以下意义：

①促进企业技术进步；
②降低能耗，提高企业效益；
③提高劳动生产率；
④促进国家经济的发展。

(2) 设备更新的核心问题是选择最优更新时机及相应的更新方式和更新机型。

(3) 设备更新的原则。

①设备更新应当结合企业的经济条件有计划、有重点、有步骤地进行。

②要做好调查摸底工作，根据企业的实际需要和可能，安排设备的更新工作。同时注意克服生产薄弱环节，提高企业的综合生产能力。

③有利于提高生产的安全程度，有利于减轻工人的劳动强度，防止环境污染。

④设备更新要同加强原有设备的维修和改造结合起来，改造后能达到生产要求的可暂不更新。

⑤讲求经济效益,做好设备更新的技术经济分析工作,主要包括确定设备的最佳更新周期、计算设备投资回收期等。

(4) 设备更新分析的特点。

①假定设备产生的效益相同,只作费用比较,常采用年度费用进行比较。

②不考虑沉没成本,原设备价值按目前实际价值计算,不考虑其原值及折旧余额。

③逐年滚动比较。在确定最佳更新时机时,应首先计算和比较现有设备的剩余经济寿命,然后利用逐年滚动计算法进行比较。

5.3.2 设备更新的分析方法

设备更新分析的结论取决于所采用的分析方法,而设备更新分析的假定条件和设备的研究期是选用设备更新分析方法时应考虑的重要因素。

1. 原型设备的更新分析

原型设备的更新分析就是假定企业的生产经营期较长,并且设备均采用原型设备重复更新,这相当于研究期为各设备自然寿命的最小公倍数。

原型设备更新分析主要有三个步骤:

(1) 确定各方案共同的研究期;

(2) 用费用年值法确定各方案设备的经济寿命;

(3) 通过比较每个方案中设备的经济寿命确定最佳方案,即旧设备是否更新以及新设备未来的更新周期。

2. 新型设备的更新分析

新型设备的更新分析就是假定企业现有设备可被其经济寿命内年等额总成本最低的新设备所取代。

5.3.3 设备更新分析方法的应用

1. 技术创新引起的设备更新

通过技术创新不断改善设备的生产效率,能提高设备的使用功能,但会使旧设备产生精神磨损,从而有可能导致企业对旧设备进行更新。

【例 5-5】 某公司用旧设备 A 加工某产品的关键零件,设备 A 是 8 年前买的,当时的购置及安装费为 8 万元,设备 A 目前的市场价为 18000 元,估计设备 A 可再使用 2 年,残值为 2750 元。目前市场上出现了一种新的设备 B,设备 B 的购置及安装费为 12 万元,使用寿命为 10 年,残值为原值的 10%。旧设备 A 和新设备 B 加工 100 个零件所需时间分别为 5.24 小时和 4.2 小时,该公司预计今后每年平均能销售 44000 件该产品。该公司人工费为 18.7 元/时,旧设备动力费为 4.7 元/时,新设备动力费为 4.9 元/时。基准收益率为 10%,试分析是否应采用新设备 B 更新旧设备 A。

【解】 选择旧设备 A 的剩余使用寿命 2 年为研究期,采用年值法计算新旧设备的等额年总成本。

$$AC_A = (18000-2750)(A/P,10\%,2)+2750\times10\%+5.24\times44000\times(18.7+4.7)\div100$$
$$= 63012.94(元)$$

$AC_B = (120000-12000)(A/P,10\%,10)+12000\times10\%+4.22\times44000\times(18.7+4.9)\div100$
$= 62596.98(元)$

从以上计算结果可以看出,使用新设备 B 比使用旧设备 A 每年节约 415.96 元,故应立即用设备 B 更新设备 A。

2. 由于能力不足而发生的设备更新

在实际工程中,有时尽管旧有设备完好,功能正常,但由于原有设备的能力不能满足工程需要,因此需要购置新的高效设备来替换原有设备,或者增加原型设备的数量,以保证生产能力满足工程项目建设的需要。所以,在设备更新方案的决策中,常通过新型高效设备的年均总费用与原有设备和增加的原型设备的年均总费用和进行方案比较来决策。

【例 5-6】 由于市场需求量的增加,某钢铁集团公司高速线材生产线面临两种选择,第一种方案是在保留现有生产线 A 的基础上,3 年后再上一条生产线 B,使生产能力增加一倍;第二种方案是放弃现在的生产线 A,直接上一条新的生产线 C,使生产能力增加一倍。

生产线 A 是 10 年前建造的,其剩余寿命估计为 10 年,到期残值为 100 万元,目前市场上有厂家愿以 700 万元的价格收购 A 生产线。生产线今后第 1 年的运营成本为 20 万元,以后每年等额增加 5 万元。

生产线 B 3 年后建设,总投资为 6000 万元,寿命期为 20 年,到期残值为 1000 万元,每年运营成本为 10 万元。

生产线 C 目前在建设,总投资为 8000 万元,寿命期为 30 年,到期残值为 1200 万元,年运营成本为 8 万元。

基准收益率为 10%,试比较方案一和方案二的优劣,设研究期为 10 年。

【解】 方案一和方案二的现金流量图如图 5.2 所示。

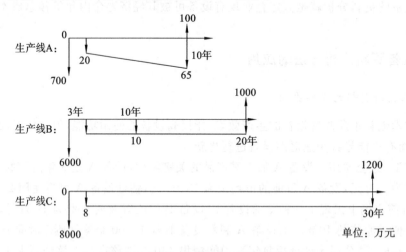

图 5.2 方案一和方案二的现金流量图

设定研究期为 10 年,各方案的等额年总成本计算如下。

方案一:
$AC_A = 700\times(A/P,10\%,10)-100\times(A/F,10\%,10)+20+5\times(A/G,10\%,10)$
$= 700\times0.1627-100\times0.0627+20+5\times3.725=146.25(万元)$
$AC_B = [6000\times(A/P,10\%,20)-1000\times(A/F,10\%,20)+10](F/A,10\%,7)(A/F,10\%,10)$

$$= [6000 \times 0.1175 - 1000 \times 0.0175 + 10] \times 9.4872 \times 0.0627$$
$$= 414.91(万元)$$
$$AC_1 = 146.25 + 414.91 = 561.16(万元)$$

方案二：
$$AC_C = 8000 \times (A/P, 10\%, 30) - 1200 \times (A/F, 10\%, 30) + 8 = 849.34(万元)$$
$$AC_2 = 849.34(万元)$$

从以上结果比较来看，应采用方案一。

3. 由于性能降低而发生的设备更新

机器设备的性能随着磨损不断下降，从而导致维修费用和运行费用增加、废品率上升及附加设备增加等。性能下降后可以通过维修或更换零件、大修来部分或全部恢复。但由于维修费用是递增的，为了提高经济效益，在一定时期须考虑用新设备来代替旧设备。由此产生两个更新方案，一是新设备更新；二是大修。因此，在更新方案决策时要考察在修理后设备年均总费用、更新设备的年均总费用和继续使用原有设备的年均总费用的大小。但还须注意，即使计算表明使用新设备比继续使用旧设备要优，也不一定需要立即进行更新，还要计算旧设备继续使用时以后年度的年均总费用，正确的更新时间应该是旧设备继续使用时年均总费用大于新设备当年的年均总费用的年份。

4. 继续使用年限为未知的设备更新

设备的继续使用年限未知，并非指设备的使用年限没有极限，而是指由于现实中的客观因素，不能确定现有的设备究竟还能使用多长时间，这时就要对设备使用年限的多种可能情况进行更新分析。在此情况下进行设备更新决策的方法就是通过比较不同年限不同方案的年总费用来进行决策，选择相应使用年限年总费用最小的方案作为更新方案，也可以通过比较不同使用年限年均总费用，选取其数值最小者作为相应年份的最佳方案。

对以上更新方案进行综合比较，宜采用"最低总费用现值法"，即通过计算各方案在不同使用年限内的总费用现值，根据计划使用年限，按照总费用现值最低的原则进行方案选优。

【例 5-7】 某设备经济寿命期还剩 3 年，现在欲对其进行更新，共有 4 种方案，即原型更新、高效新型更新、现代化改装和大修，各方案资料值见表 5-4，设备使用年限未定，试确定不同使用年限的设备更新方案，已知基准收益率为 10%。

表 5-4 各更新方案的数据资料　　　　　　　　　　　　　　　　　　单位：元

备选方案	继续使用旧设备		原型更新		高效新型更新		现代化改装		大修	
初始费用	2000		15000		21000		12000		5000	
使用年限	运营费	残值	运营费	残值	运营费	残值	运营费	残值	运营费	残值
1	4000	1200	1000	12200	600	18000	1600	9000	2700	3000
2	5200	600	1200	9500	800	15200	1800	6700	3300	1800
3	6400	300	1600	7000	1100	13200	2000	4700	3900	600
4			2000	5000	1400	11200	2300	3000	5000	300
5			2400	3500	1700	10000	2600	1700	6000	100

续表

备选方案	继续使用旧设备		原型更新		高效新型更新		现代化改装		大修	
6			2800	2000	2000	9000	3100	1000	7000	100
7			3400	1000	2300	8000	3800	700		
8			4600	500	2600	7000	4700	200		
9			5600	300	2900	6500	5700	200		
10			6800	100	3300	6000	6800	200		

【解】 因不能确定具体使用年限,所以,首先计算出各方案的年均总费用或总费用现值,然后比较相同年份的年均总费用或年总费用的现值,选取最小值即为对应年份应选择的方案。不同方案的计算结果见表 5-5。

表 5-5 各方案年均总费用计算表　　　　　单位:元

使用年限	继续使用旧设备	原型更新	高效新型更新	现代化改装	大修
1	5000	5300	5700	5800	5200
2	5438	5214	5557	5419	5010
3	5837	5165	5274	5193	5091
4	0	5065	5155	5037	5149
5	0	4965	4969	4900	5326
6	0	4916	4843	4779	5544
7	0	4883	4775	4718	0
8	0	4910	4743	4767	0
9	0	4980	4695	7837	0
10	0	5108	4680	4961	0

由表中可以看出,第 1 年继续使用旧设备的年均总费用最低;第 2、3 年大修的年均总费用最低;第 4~7 年现代化改装方案的年均总费用最低;而 8 年以上高效新型设备的年均总费用最低。因此,在对方案进行决策时,可以参考表 5-5 的方法,根据使用年限来选择方案,这样不仅在技术上和功能上满足生产需要,而且能提高企业的经济效益。

5.4 设备更新方案的综合比较

设备超过最佳期限之后就存在更新的问题。但直接更换陈旧设备是否必要或是否为最佳的选择,是需要进一步研究的问题。一般而言,对超过最佳期限的设备可以采用五种处理办法:继续使用旧设备;对旧设备进行大修理;用原型设备更新;对旧设备进行现代化技术改造;用新型设备更新。

设备的更新时机一般取决于设备的技术寿命和经济寿命。技术寿命是从技术的角度看设备最合理的使用期限,它是由无形磨损决定的,与技术进步无关;而经济寿命是从经济角度看设备最合理的使用期限,它是由无形磨损和有形磨损共同决定的。适时地更换设备既能促进技术进步,加速经济增长,又能节约资源,提高经济效益。

5.4.1 新购设备的优劣比较

新购设备的优劣比较是项目经济效益的必然要求,为了保证项目良好的经济效果,就必须适时更新设备,更新方案需满足在技术性能和生产功能上有保证、经济上效益好的前提。

1. 年费用比较法(年均总费用比较法)

年费用比较法是通过分别计算和比较几个备选新添设备方案对应于各自的经济寿命期内的年均总费用,选择年均总费用最小的购置设备方案作为最佳方案。

(1) 年费用比较法应遵循的原则。在假定设备产生的收益是相同的条件下,不考虑沉没成本,即在方案比较时,原有设备的价值按目前实际上能实现的价值来计算。

在按方案的直接现金流量进行比较时,由于涉及原有设备的利用问题,服务年限必须一致,否则不能按方案的直接现金流量进行比较。

(2) 年均费用法的计算模型。设备的年度使用费包括两部分,即资金恢复费用(年资金费用)和年经营费用或运营成本。具体还可细分为运行的劣化损失、设备价值耗损和利息损失。根据设备更新的情况,年均费用法可分为以下几个模型。

① 不计算设备的残值,也不计算资金的时间价值。其计算公式如下。

$$\mathrm{AC} = \frac{K_0}{n} + \frac{1}{n}\sum_{m=1}^{n}C_m \tag{5-13}$$

式中:C_m——第 m 年设备的运营成本或费用。

② 假设设备的劣化是线性的且逐年按同等数额增加,只以单利计算占有资金的利息并计算设备的残值。为了简化计算,设劣化值为 λ,如果设备的使用年限为 T,则 T 年的劣化值的平均值为 $\frac{\lambda(T-1)}{2}$,式中 λ 指设备年劣化值的增加额。

在实际中新设备的劣化损失是难以预知的,一般可以采用耐用年数相同的类似设备的劣化值的增量来代替。假定设备的残值为 V_L,则设备在 T 年内年均价值的损耗为 $(K_0-V_L)/T$。

设备的利息损失等于新设备在使用期内平均资金占用额乘以相应的利率,即 $(K_0+V_L)i/2$。

所以,新设备的年均费用为

$$\mathrm{AC} = \frac{T-1}{2}\lambda + \frac{K_0-V_L}{T} + \frac{K_0+V_L}{2}i \tag{5-14}$$

③ 以复利计息时,设备的年均总费用计算公式为

$$\mathrm{AC} = (K_0-V_L)(A/P,i,n) + V_L i + \left[\sum_{j=1}^{n}W_j(P/F,i,n)\right](A/P,i,n) \tag{5-15}$$

【例 5-8】 某项目需购买某种设备以满足生产需要,已知有甲、乙两种方案,甲方案估计投资需 200000 元,年运营成本为 6400 元;乙方案估计投资为 65000 元,年运营成本为 8500 元,两设备的折旧率均为 12%,其技术性能、生产能力和使用年限相同。试进行方案决策。

【解】 甲方案的年均总费用为 200000×12%+6400=30400(元)

乙方案的年均总费用为 65000×12%+8500=16300(元)

显然，甲方案的年均总费用大于乙方案的年均总费用，应选择乙方案。

某些设备在其整个使用期内并不会过时，即在一定时期内还没有更先进的设备出现。在这种情况下，设备在使用过程中的有形磨损将产生设备的维修费用，特别是大修费用以及其他运营费用的不断增加，这时立即进行原型设备替换能保证在经济上合算，这就是原型更新问题。原型设备的更新通常由设备的经济寿命决定，即当设备运行到设备的经济寿命时进行更新。

【例 5-9】 某企业的一台旧设备，目前可以转让，价格为 25000 元，下一年将贬值 10000 元，以后每年贬值 5000 元。由于性能退化，该设备今年的使用费为 80000 元，预计今后每年将增加 10000 元。该设备将在 4 年后报废，残值为 0。现有一台新型的同类设备，它可以完成现有设备的工作，购置费为 160000 元，年平均使用费为 60000 元，经济寿命为 7 年，期末残值为 15000 元，并预计该设备在 7 年内不会有大的改进。设 $i=12\%$，问是否需要更新现有设备？如果需要，应该在什么时间更新？

【分析】

设备要不要更换，方法是比较年平均费用，年平均费用高的方案淘汰。平均费用取决于既定使用年限，但使用中每年的费用也不相同，正确的方法是分别计算第 $1,2,3,\cdots,n$ 年各年度使用年限的费用，与另一方案年平均费用比较，只要旧设备的年平均费用小，旧设备就可继续使用。

【解】确定新设备的年平均费用为

$$AC_{新}=(160000-15000)(A/P,12\%,7)+15000\times12\%+60000=93572(元)$$

确定旧设备的年平均费用为

$$AC_{旧}=25000\times(A/P,12\%,4)+80000+10000\times(A/G,12\%,4)=101819(元)$$

显然，旧设备的年平均费用高于新设备的年平均费用，那么旧设备需要更新，但需要对设备更新时机作进一步的分析。

如果旧设备再保留使用一年，则第一年的年平均费用为

$$AC_{旧1}=(25000-15000)(A/P,12\%,1)+15000\times12\%+80000=93000(元)$$

93000＜93572，所以旧设备在第一年应该继续保留使用。

如果旧设备再保留使用到第二年，则第二年的年平均费用为

$$AC_{旧2}=(15000-10000)(A/P,12\%,1)+10000\times12\%+90000=96800(元)$$

显然，如果保留使用到第二年，第二年的年平均费用高于新设备的年平均费用，则旧设备在第二年使用之前就应该更新。因此，现有设备应该再保留使用一年，一年之后更新为新设备。

2. 研究期法

研究期法是针对使用期限不同的设备更新方案，直接选取一个适当的分析期作为各个更新方案共同的计算期，通过比较各个方案在该计算期内的费用的限值，对设备的更新方案进行比较。研究期的选择视具体情况而定，主要有以下三类。

(1) 以寿命期最短方案的寿命期为各方案的共同服务年限，令寿命期较长的方案在共同服务期限末保留一定的残值。

(2) 以寿命期最长方案的寿命期为各个方案的共同服务年限，令寿命期较短的方案在寿命结束时，被同种设备或其他新型设备所替代，直至达到共同服务年限为止，期末可能存

在一定的残值。

（3）统一规定方案的计划服务年限，其数值不一定等于各个方案的寿命期，在达到计划服务年限前，有的方案或许要进行更替，服务期满时，有的方案可能存在一定的残值。

【例 5-10】 某工程正使用设备 A，其目前的残值为 2000 元，尚可使用 5 年，每年使用费为 1200 元，无残值。为了满足生产的需要，现提出两个设备更新方案。

方案甲：5 年后用设备 B 来替代 A，B 的购置费为 10000 元，使用寿命为 15 年，残值为 0，每年使用费为 600 元；

方案乙：现在即用设备 C 来替代 A，C 设备的购置费为 8000 元，使用寿命为 15 年，到期无残值，每年使用费为 900 元。

已知利率为 10%，试比较上述两方案的优劣。

【解】 分三种情形对设备更新的方案进行分析和比较。

第一种情况，选定研究期为 15 年，考虑设备的未使用价值。

对于方案甲，研究期为 15 年，包括设备 A 使用 5 年，设备 B 使用 10 年，费用的现值为

$$PC_甲 = 2000 + 1200 \times (P/A, 10\%, 5) + [10000 \times (A/P, 10\%, 15)]$$
$$+ 600 \times (P/F, 10\%, 10) = 13856(元)$$

对于方案乙，设备 C 在 15 年中的费用现值为 14845 元。

显然，$PC_甲 < PC_乙$，故方案甲优于方案乙。

第二种情况，选定研究期为 15 年，不考虑设备的未使用价值。

$$PC_甲 = 2000 + 1200 \times (P/A, 10\%, 5) + [10000 \times (A/P, 10\%, 15) + 600](P/F, 10\%, 5)$$
$$= 15050(元)$$

$$PC_乙 = 14845(元)$$

$PC_甲 > PC_乙$，结论和第一种情况恰恰相反，原因在于第一种情况把设备 B 的未使用价值考虑进去了，而第二种情况以 10 年来分摊购置成本，不考虑未使用价值，事实上，设备 B 只使用了 10 年，以 15 年分摊必存在未使用的价值，第一、二种情况计算所得的方案甲的费用现值的差额即为未使用价值。因为未使用价值是客观存在的，所以应该将其考虑进去，这样才能得到比较准确的结论。

由于资料及估算不准确，因此采用 5 年作为研究期。此时，可比较两方案前 5 年的年均使用费。

$$AC_甲 = 2000 \times (A/P, 10\%, 5) + 1200 = 1728(元)$$
$$AC_乙 = 1952(元)$$

即在前 5 年继续使用设备 A 较设备 C 要经济，每年可节约费用 224 元。

由上例可知，对于不同使用年限的设备，采用不同的研究期，结论会不一样。因此，在实际中，应根据掌握的资料和具体的情况来确定，以期真实反映客观实际，做出正确决策。

3. 最低总费用法

设备更新的决策方案包含六种情况：一是继续使用原有设备；二是原有设备在大修后继续使用；三是以同一类型的新设备更换旧有设备；四是设备的现代化改装；五是用新型、高效的设备更新旧设备；六是设备租赁。最低总费用法是通过分别计算和比较不同设备更新方案在不同服务年限内的总费用现值，根据所需要的服务年限，按照总费用现值最低的原则进

行设备更新方案选择的一种方法。下面分别介绍各种方案的费用现值的计算公式。

(1) 继续使用旧设备的费用现值公式为

$$PC_0 = \sum_{i=1}^{n}[C_i(P/F,i,t) - V(P/F,i,n)] \qquad (5\text{-}16)$$

式中：PC_0——继续使用原设备的费用现值；

C_i——原设备的年运营成本。

(2) 大修一次后继续使用旧设备的费用现值计算公式为

$$PC_r = K_r + \sum_{i=1}^{n}C_{rt}(P/F,i,t) \qquad (5\text{-}17)$$

式中：PC_r——大修后设备使用的费用现值；

C_{rt}——大修后设备第 t 年的运营成本。

(3) 以同类设备更新旧设备的方案费用现值计算公式为

$$PC_n = K_n - V_L + \sum_{i=1}^{n}C_{nt}(P/F,i,t) - V_n(P/F,i,n) \qquad (5\text{-}18)$$

式中：V_L、V_n——原设备和新设备的残值；

PC_n——同类新型设备的费用现值；

K_n——新设备的购置费用；

C_{nt}——新设备第 t 年的运营成本。

(4) 设备的现代化改装计算公式为

$$PC_m = \frac{K_m}{\beta_m} + \sum_{i=1}^{n}C_{mt}(P/F,i,t) - V_n(P/F,i,n) \qquad (5\text{-}19)$$

式中：K_m——设备现代化改装的费用现值；

β_m——经过现代化改装后设备的生产效率系数；

C_{mt}——经过现代化改装后第 t 年的运营成本；

V_n——新型高效设备的残值。

(5) 以高效新型设备更换旧设备的费用现值计算公式为

$$PC_h = \frac{K_h}{\beta_h} - V_L + \sum_{i=1}^{n}C_{ht}(P/F,i,t) - V_h(P/F,i,n) \qquad (5\text{-}20)$$

式中：V_L、V_h——原设备和新型高效设备的残值；

PC_h——高效新型设备的费用现值；

K_h——新型高效设备的购置费用；

β_h——新型高效设备的生产率提高系数；

C_{ht}——新型高效设备第 t 年的运营成本。

选择哪个设备更新方案往往取决于其使用年限的长短。当使用年限很长时，比如使用年限为 8~10 年时，采用高效新型设备可能是最优的；如果使用年限为 3~5 年时，可能继续使用旧设备是比较经济的。

5.4.2 购置设备与租赁设备的优劣比较

1. 设备租赁

设备租赁是指设备使用者（承租人）按照合同规定，按期向设备所有者（出租人）支付一定费用而取得设备使用权的一种经济活动。

2. 设备租赁的形式

设备租赁一般有以下两种方式。

(1) 融资租赁。它又称财务租赁,是指出租方和承租方共同承担确定时期的租让和付费义务,不得随意终止和取消租赁合同。融资租赁是一种融资和融物相结合的方式,主要用于企业的大型贵重设备和长期资产的需要,如车皮、重型机械设备等宜采用这种方式。

融资租赁的主要特点有以下几点。

①一般由承租人向出租人提出正式申请,由出租人融通资金引进租户所需设备,然后租给用户使用。

②租期较长。融资租赁的租期一般为租赁财产寿命的一半以上。

③租赁合同比较稳定。在融资租赁期内,承租人必须连续支付租金,非经双方同意,中途不得退租,这样既能保证承租人长期使用资产,又能保证出租人在基本租期内收回投资并获得一定利润。

④租赁期满后,可选择将设备低价转让给承租人、出租人回收、延长租期和续租四种方式处理租赁财产。

⑤在租赁期间,出租人一般不提供维修和保养设备方面的服务。

融资租赁的形式有以下三种。

①售后租回。售后租回是指企业将某资产卖给出租人,再将其租回使用。资产的售价大致等同于市价。其好处是企业出售资产可得到一笔资金,同时仍可使用设备,利于项目建设及资金筹集。

②直接租赁。直接租赁是指承租人直接向出租人租入所需要的资产,并付租金,其出租人主要是制造厂商、租赁公司等。

③杠杆租赁。杠杆租赁涉及三方,即承租人、出租人和资金出借者三方。和其他租赁不同的是,杠杆租赁中,出租人只出购买资产所需的部分资金作为投资,其他不足部分以该资产作为担保向资金出借方借入。融资租赁租入的设备属于固定资产,可以计提折旧并计入企业的成本,但租赁费不直接计入企业的成本,而由企业在税后支付,租赁费中的利息和手续费可在支付时计入企业的成本,作为纳税所得额中准予扣除的项目。

(2) 经营租赁。经营租赁双方的任何一方可以随时以一定方式在通知对方后的规定期限内取消或中止租约。临时使用设备(如车辆、仪器)通常采用这种方式。

经营租赁的特点有以下几点。

①承租企业可随时向出租人提出租赁资产的要求。

②租赁期短,不涉及长期而固定的义务且租赁费可计入企业的成本,可减少企业的所得税。

③租赁合同比较灵活,在合理限制条件范围内,可以解除租赁合同。

④租赁期满,租赁资产一般归还出租人。

⑤出租人提供专门服务,如设备的保养、维修和保险等。

3. 设备租赁与设备购买相比的优越性

(1) 在资金短缺的情况下,设备租赁可用较少资金获得生产急需设备,也可以引进先进设备,加快技术进步的步伐。

(2) 设备租赁可享受设备试用的优惠,加快设备更新,减少或避免设备陈旧、技术落后的风险,可以保持资金流动状态,防止呆滞,避免企业资产负债恶化。

(3) 设备租赁可以保值,它既不受通货膨胀也不受利率波动的影响。

(4) 设备租赁手续简便,设备进货速度快。

(5) 设备租金可在所得税前扣除,能享受税上的利益。

4. 对承租人而言,设备租赁相比设备购买的不足之处

(1) 在租赁期间承租人对租用设备无所有权,只有使用权,故承租人无权随意对设备进行改造,不能处置设备,也不能用于担保、抵押贷款。

(2) 承租人在租赁期间所交的租金总额一般比直接购置设备的费用要高,即资金成本较高。

(3) 承租人要长年支付租金,形成长期负债。

(4) 租赁合同规定严格,毁约要赔偿损失,罚款较多等。

5. 设备租赁与购置分析

(1) 设备租赁与购置分析的步骤如下。

①根据企业生产经营目标和技术状况,提出设备更新的投资建议。
②拟定若干设备投资和更新方案,包括购置和租赁。
③定性分析筛选方案,包括分析企业财务能力,分析设备技术风险、使用及维修的特点。
④定量分析并优选方案。

(2) 设备租赁与购置的经济比较方法。对于设备的使用者来讲,是采用购置设备还是租赁设备取决于这两个方案在经济上的比较。其比较原则和方法与一般的互斥投资方案比选的方法并无实质上的差别。对于设备租赁来说,由于租金可在税前扣除,因此和购置设备方案比较,其在现金流量上的主要区别在于所得税和租赁费以及设备购置费的不同。当设备寿命相同时,一般采用净现值法;当设备寿命不同时,可以采用年值法。无论是采用净现值法还是年值法,均以收益效果较大或成本较少的方案为宜。

①设备租赁的净现金流量。采用设备租赁的方案没有资金恢复费用,租赁费可以直接进入成本,其净现金流量计算公式为

净现金流量＝销售收入－经营成本－租赁费用－所得税税率
×(销售收入－经营成本－租赁费用)

其中租赁费用主要包括租赁保证金、租金和担保费。

②购买设备的净现金流量。与租赁相同条件下购买设备方案的净现金流量为

净现金流量＝销售收入－经营成本－设备购置费－所得税税率
×(销售收入－经营成本－折旧)

【例 5-11】 某建筑公司的某设备损坏,现有两种方案:一是购置,购置费为 8000 元,预计使用 10 年,残值为 0;二是租赁,年租金为 1600 元,设备每年的运行费为 1200 元,所得税为 30%,利率为 12%,以直线法计折旧,企业应采用哪种方案?

【解】 可以用年值法进行比较。

企业采用购置方案,年折旧费为 8000÷10＝800(元),将其计入总成本。而租赁方案以

每年1600元计入总成本,因此后者每年的税金少付金额为(1600－800)×30%＝240(元)。

设备购置的年均费用为 $8000×(A/P,12\%,10)+1200=2616$(元)

设备租赁的年均费用为 $2800-240=2560$(元)

显然,租赁方案的年均费用小于购置方案,在设备经济效益相同的情况下,选择设备租赁方案作为更新设备的最佳方案。

本章小结

本章主要阐述了设备更新的概念、原因、特点及设备更新的各种分析方法。

设备更新是指在设备的使用过程中,由于有形磨损和无形磨损的作用,致使其功能受到一定的影响而有所降低,因此需要用新的、功能类似的资产去进行替代。

设备更新源于设备的磨损。磨损分为有形磨损和无形磨损,设备磨损是有形磨损和无形磨损共同作用的结果。

设备寿命从不同角度可划分为自然寿命、技术寿命、折旧寿命和经济寿命。经济寿命的确定方法主要有静态分析法和动态模型分析法。

设备更新方案往往取决于其使用年限的长短。当使用年限很长时,比如,使用年限为8～10年时,采用高效新型设备可能是最优的;如果使用年限为3～5年时,继续使用旧设备可能是比较经济的。

复习思考训练

1. 联系实际,举例说明什么是设备的有形磨损和无形磨损,各有何特点?
2. 设备更新分析有何特点?
3. 什么是设备的自然寿命、折旧寿命、经济寿命和技术寿命?
4. 试简述设备租赁的好处和不足。
5. 某企业3年前出40万元购置了设备A,目前设备A的剩余寿命为4年,寿命终了时的残值为10000元。目前,有一个设备制造厂出售与设备A具有相同功效的设备B,设备B售价为35万元,寿命为6年,残值为15000元。设基准折现率为15%,问是否需要更新设备?新旧设备资料见表5-6。

表 5-6 新旧设备的运行状况　　　　　　　　　　　　　　　　单位:元

年数	旧设备 A		新设备 B	
	运营费	残值	运营费	残值
0		120000		350000
1	34000	70000	2000	300000
2	39000	40000	10000	270000
3	46000	25000	12000	240000
4	56000	10000	15000	200000
5			20000	170000
6			26000	150000

6. 某企业需要使用计算机，根据目前的市场情况，有两种方案可供选择。一种方案是投资 29000 元购置一台计算机，估计计算机的服务寿命为 6 年，寿命期期末残值为 5800 元，运行费为 50 元/天，另一种方案是租用计算机，租赁费用 20 元/天，如果公司一年中用计算机的天数为 200 天，政府规定的所得税率为 25%，采用直线折旧法计提折旧，基准收益率为 12%，问该企业应采用购置方案还是租赁方案？

第6章 建设项目经济评价

6.1 建设项目经济评价概述

建设项目的经济评价是项目可行性研究的有机组成部分和核心内容,是项目决策科学化的重要手段。项目经济评价包括财务评价和国民经济评价。

建设项目经济评价是项目可行性研究中,对拟建项目方案计算期内各种有关技术经济因素和项目投入与产出的有关财务、经济资料数据进行调查、分析和预测,对项目的财务、经济、社会效益进行计算、评价和分析,比较各项目方案的优劣,从而确定最佳项目方案。

6.2 财务评价

财务评价是在财务效益与费用的估算以及编制财务辅助报表的基础上,编制财务报表,计算财务分析指标,考察和分析项目的盈利能力、偿债能力和财务生存能力,判断项目的财务可行性,明确项目对财务主体的价值以及对投资者的贡献,为投资决策、融资决策以及银行审贷提供依据。

6.2.1 财务评价的目的

财务评价的目的主要有以下几点:
(1) 衡量竞争性建设项目的盈利能力和清偿能力;
(2) 权衡非盈利性项目或微利项目的经济优惠措施;
(3) 作为合营项目谈判签约的重要依据;
(4) 作为项目资金规划的重要依据。

6.2.2 财务评价的内容

1. 盈利能力分析

盈利能力分析是通过计算项目投资财务内部收益率和财务净现值、项目资本金财务内部收益率、投资回收期、总投资收益率、项目资本金净利润率等指标,考察项目财务上的盈利能力。

(1) 财务内部收益率。

财务内部收益率(FIRR)是指项目计算期内净现金流量现值累计等于零时的折现率,即

$$\sum_{t=1}^{n}(CI-CO)_t(1+FIRR)^{-t}=0 \qquad (6-1)$$

式中:CI——现金流入量;
　　　CO——现金流出量;

$(CI-CO)_t$——第 t 期净现金流量；

n——项目计算期。

项目投资财务内部收益率、项目资本金财务内部收益率和投资各方财务内部收益率都依据上式计算，但所用的现金流入和现金流出不同。当财务内部收益率大于或等于基准收益率时，项目方案在财务上可考虑接受。

(2) 财务净现值。

财务净现值(FNPV)是指按基准收益率计算的项目计算期内净现金流量的现值之和。计算公式为

$$\text{FNPV} = \sum_{t=1}^{n}(CI-CO)_t(1+i_c)^{-t} \tag{6-2}$$

式中：i_c——基准收益率。

按照基准收益率计算的财务净现值大于或等于零时，项目方案在财务上可考虑接受。

(3) 项目投资回收期。

项目投资回收期(P_t)是指以项目的净收益回收项目投资所需要的时间，一般以年为单位。项目投资回收期宜从项目建设开始年算起，若从项目投产开始年计算，应予以特别注明。理论公式为

$$\sum_{t=0}^{P_t}(CI-CO)_t = 0 \tag{6-3}$$

式中：P_t——项目投资回收期。

投资回收期短，表明项目投资回收快，抗风险能力强。

(4) 总投资收益率。

总投资收益率(ROI)表示总投资的盈利水平，是指项目达到设计能力后正常年份的年息税前利润或运营期内年平均息税前利润与项目总投资的比率。计算公式为

$$\text{ROI} = \frac{\text{EBIT}}{\text{TI}} \times 100\% \tag{6-4}$$

式中：EBIT——项目正常年份的年息税前利润或运营期内年平均息税前利润；

TI——项目总投资。

总投资收益率高于同行业的收益率参考值，表明用总投资收益率表示的盈利能力满足要求。

2. 偿债能力分析

(1) 借款偿还期。

借款偿还期(P_d)是指在国家财政规定及项目具体财务条件下，项目投产后以可用作还款的利润、折旧及其他收益偿还建设投资借款本金以及未付建设期利息所需要的时间，一般以年为单位表示。计算公式为

$$P_d = 借款偿还后开始出现盈余的年份 - 开始借款年份 + \frac{当年借款额}{当年可用于还款的资金额} \tag{6-5}$$

该指标适用于没有约定偿还期限而希望尽快还款的项目，计算的数据越小，说明偿债能力越强。

(2) 利息备付率。

利息备付率(ICR)是指在借款偿还期内的息税前利润与应付利息的比值。计算公式为

$$\text{ICR} = \frac{\text{EBIT}}{\text{PI}} \tag{6-6}$$

式中：EBIT——息税前利润；

　　PI——计入总成本费用的应付利息。

利息备付率应分年计算，利息备付率高，表明利息偿付的保障程度高。

（3）偿债备付率。

偿债备付率（DSCR）是指在借款偿还期内，用于计算还本付息的资金与应还本付息金额的比值。计算公式为

$$\text{DSCR} = \frac{\text{EBITAD} - T_{\text{AX}}}{\text{PD}} \tag{6-7}$$

式中：EBITAD——息税前利润加折旧和摊销；

　　T_{AX}——企业所得税；

　　PD——应还本付息金额。

偿债备付率应分年计算，偿债备付率高，表明可用于还本付息的资金保障程度高。

（4）资产负债率。

资产负债率（LOAR）是指各期期末负债总额同资产总额的比率。计算公式如下。

$$\text{LOAR} = \frac{\text{TL}}{\text{TA}} \times 100\% \tag{6-8}$$

式中：TL——期末负债总额；

　　TA——期末资产总额。

适度的资产负债率表明企业经营安全、稳健，具有较强的筹资能力，也表明企业和债权人的风险较小。

6.2.3　财务评价的基本步骤

（1）收集、整理和计算有关基础财务数据资料。

财务基础数据的估算是指在项目市场、资源、技术条件分析的基础上，从项目角度出发，依据现行的财税制度和价格政策，对一系列有关的财务数据进行调查、收集、整理和测算，并编制有关财务数据估算表的工作。财务数据主要有：

①项目投入物和产出物的价格；

②项目建设期间分年度投资和总投资；

③项目资金来源方式、数额、利息率、偿还时间以及分年还本付息数额；

④项目生产期的分年产品成本，包括总成本、经营成本、单位产品成本、固定成本；

⑤项目生产期的分年产品销售数量、销售收入、销售税金和销售利润及其分配数额。

（2）根据基础财务数据资料编制财务报表。

财务报表分为基本报表和辅助报表，它是根据上一步骤估算的基础数据填列的，是计算反映项目盈利能力、清偿能力和外汇平衡的技术经济指标的基础。因而在分析和估算财务数据之后，需要编制财务报表。具体步骤如下：

①在对已取得的财务数据进行分析、审核和评估的基础上，编制辅助报表（总成本费用估算表、销售收入和销售税金及附加估算表、固定资产折旧费估算表、流动资金估算表等）；

②将辅助报表中的基础数据进行汇总，编制财务基本报表，主要是编制现金流量表、利

润与利润分配表、财务计划现金流量表、资产负债表和借款还本付息估算表。

(3) 计算财务指标。

用财务报表的数据计算项目的各种财务经济评价指标值,并进行财务可行性分析,得出财务经济评价的结论。利用财务基本报表可直接计算出一系列财务经济评价指标,包括反映项目盈利能力、清偿能力及外汇平衡状况等的静态指标和动态指标。

(4) 进行财务数据分析。

将计算出的有关指标与国家有关部门公布的基准值或经验标准、历史标准、目标标准等加以比较,主要分析项目适应市场变化的能力和抵抗风险能力,并从财务的角度提出项目是否可行的评价结论。

6.2.4 财务报表

1. 现金流量表

现金流量表应正确反映计算期内的现金流入和流出,具体可分为下列三种类型。

(1) 项目投资现金流量表(见表 6-1),用于计算项目投资内部收益率及净现值等财务分析指标。

表 6-1 项目投资现金流量表

序 号	项 目	合 计	计算期				
			0	1	2	…	n
1	现金流入						
1.1	营业收入						
1.2	补贴收入						
1.3	回收固定资产余值						
1.4	回收流动资金						
2	现金流出						
2.1	建设投资						
2.2	流动资金						
2.3	经营成本						
2.4	营业税金及附加						
2.5	维持运营投资						
3	所得税前净现金流量						
4	累计所得税前净现金流量						
5	调整所得税						
6	所得税后净现金流量(3-5)						
7	累计所得税后净现金流量						

计算指标:税前 FIRR、税后 FIRR、税前 FNPV、税后 FNPV、税前投资回收期、税后投资回收期

(2) 项目资本金现金流量表(见表 6-2),用于计算项目资本金财务内部收益率。

表 6-2 项目资本金现金流量表

序 号	项 目	合 计	计 算 期			
			0	1	2	…	n
1	现金流入					
1.1	营业收入					
1.2	补贴收入					
1.3	回收固定资产余值					
1.4	回收流动资金					
2	现金流出					
2.1	项目资本金					
2.2	借款本金偿还					
2.3	借款利息支付					
2.4	经营成本					
2.5	营业税金及附加					
2.6	维持运营投资					
2.7	所得税					
3	净现金流量(1-2)					

计算指标(资本金的):税前 IRR、税后 IRR、税前 NPV、税后 NPV、税前投资回收期、税后投资回收期

(3) 投资各方现金流量表(见表 6-3),用于计算投资各方内部收益率。

表 6-3 投资各方现金流量表

序 号	项 目	合 计	计 算 期			
			0	1	2	…	n
1	现金流入					
1.1	应得利润					
1.2	资产清理分配					
1.2.1	回收固定资产余值					
1.2.2	回收流动资金					
1.2.3	净转收入					
1.2.4	其他收入					
2	现金流出					
2.1	建设投资额					

续表

序 号	项 目	合 计	计算期			
			0	1	2	…	n
2.2	经营出资额					
3	净现金流量(1-2)					
4	累计净现金流量					

计算指标：税前 IRR、税后 IRR、税前 NPV、税后 NPV、税前投资回收期、税后投资回收期

2．利润与利润分配表

利润与利润分配表(见表 6-4)反映项目计算期内各年营业收入、总成本费用和利润总额以及所得税后利润的分配，用于计算总投资收益率、项目资本金净利润率等指标。

表 6-4　利润与利润分配表

序 号	项 目	合 计	计算期				
			0	1	2	…	n
1	营业收入						
2	营业税金及附加						
3	总成本费用						
4	补贴收入						
5	利润总额						
6	弥补以前年度亏损						
7	应纳税所得额						
8	所得税						
9	净利润						
10	期初未分配利润						
11	可供分配的利润						
12	提取法定盈余公积金						
13	可供投资者分配的利润						
14	应付优先股股利						
15	提取任意盈余公积金						
16	应付普通股股利						
17	各投资方利润分配						
18	未分配利润						

续表

序 号	项 目	合 计	计算期			
			0	1	2	...	n
19	息税前利润						
20	息税折旧摊销前利润						

3. 财务计划现金流量表

财务计划现金流量表(见表6-5)反映项目计算期各年的投资、融资及经营活动的现金流入和流出,用于计算累计盈余资金,分析项目的财务生存能力。

表6-5 财务计划现金流量表

序 号	项 目	建设期		运营期		
		0	1	2	3	4	...	n
1	经营活动净现金流量							
1.1	现金流入							
1.1.1	营业收入							
1.1.2	增值税销项税额							
1.1.3	补贴收入							
1.1.4	其他收入							
1.2	现金流出							
1.2.1	经营成本							
1.2.2	增值税进项税额							
1.2.3	营业税金及附加							
1.2.4	增值税							
1.2.5	所得税							
1.2.6	其他流出							
2	投资活动净现金流量							
2.1	现金流入							
2.2	现金流出							
2.2.1	建设投资							
2.2.2	设备更新投资							
2.2.3	流动资产投资							
2.2.4	其他流出							

续表

序 号	项 目	建 设 期			运 营 期			
		0	1	2	3	4	…	n
3	筹资活动净现金流量							
3.1	现金流入							
3.1.1	权益资金投入							
3.1.2	建设资金借款							
3.1.3	流动资金借款							
3.1.4	债券							
3.1.5	应付账款							
3.1.6	短期借款							
3.1.7	其他流入							
3.2	现金流出							
3.2.1	债券债务利息							
3.2.2	债券债务本金							
3.2.3	应付利润							
3.2.4	其他流出							
4	净现金流量							
5	累计盈余资金							

4. 资产负债表

资产负债表(见表6-6)用于综合反映项目计算期内各年年末资产、负债和所有者权益的增减变化及对应关系,计算资产负债率。

表6-6 资产负债表

序 号	项 目	建 设 期			运 营 期			
		0	1	2	3	4	…	n
1	资产							
1.1	流动资产总额							
1.1.1	应收账款							
1.1.2	存货							
1.1.3	现金							
1.1.4	其他							

续表

序　号	项　目	建　设　期			运　营　期			
		0	1	2	3	4	…	n
1.2	在建工程							
1.3	固定资产净值							
1.4	无形及递延资产净值							
2	负债及所有者权益							
2.1	流动负债总额							
2.1.1	应付账款							
2.1.2	流动资金借款							
2.1.3	其他短期借款							
2.2	长期借款							
2.3	负债小计							
2.4.1	所有者权益							
2.4.2	资本金							
2.4.3	资本公积金							
2.4.4	累计盈余公积金							
2.4.5	累计未分配利润							

计算指标：资产负债率、流动比率、速动比率

5. 借款还本付息计划表

借款还本付息计划表（见表6-7）反映项目计算期内各年借款本金偿还和利息支付情况，用于计算偿债备付率和利息备付率指标。

表6-7　借款还本付息计划表

序　号	项　目	利率	建　设　期			运　营　期			
			0	1	2	3	4	…	n
1	借款及还本付息								
1.1	年初借款本息累计								
1.1.1	本金								
1.1.2	建设期利息								
1.2	本年借款								

续表

序号	项目	利率	建设期			运营期			
			0	1	2	3	4	...	n
1.3	本年应计利息								
1.4	本年还本								
1.5	本年付息								
2	偿还借款本金资金来源								
2.1	利润								
2.2	折旧								
2.3	摊销								
2.4	其他资金								

6.3 国民经济评价

6.3.1 国民经济评价的概念

国民经济评价是按照资源合理配置的原则,从国家整体角度考察项目的效益和费用,用货物影子价格、影子工资、影子汇率和社会折现率等经济参数分析和计算项目对国民经济的净贡献,并评价项目的经济合理性。项目的国民经济评价是将建设项目置于整个国民经济系统之中,站在国家的角度,考察和研究项目的建设与投产给国民经济带来的净贡献和净消耗,评价其宏观经济效果,以决定其取舍。

6.3.2 国民经济评价的范围

需要进行国民经济评价的项目及其主要内容有以下几方面。

(1)基础设施项目和公益性项目。财务评价通过市场价格度量项目的收支情况,考察项目的盈利能力和偿债能力。在市场经济条件下,企业财务评价可以反映出项目给企业带来的直接效果。但由于外部经济性的存在,企业财务评价不可能将项目产生的效果全部反映出来,尤其是铁路、公路、市政工程、水利电力等外部效果非常显著的项目,必须采用国民经济评价将外部效果内部化。

(2)市场价格不能真实反映价值的项目。由于某些资源的市场缺乏或不完善,这些资源的价格为零或很低,因而往往被过度使用。另外,由于国内尚未形成统一市场,也未与国际市场接轨,失真的价格会使项目的收支状况变得过于乐观或过于悲观,因而有必要通过影子价格对失真的价格进行修正。

(3)资源开发项目。自然资源、生态环境的保护和经济的可持续发展,意味着为了长远整体利益,有时必须牺牲眼前的局部利益。那些涉及自然资源保护、生态环境保护的项目必须通过国民经济评价以客观选择社会对资源使用的时机。

6.3.3 国民经济评价的程序

国民经济评价可以在财务评价的基础上进行,也可直接进行。

(1) 直接进行国民经济评价的程序。

①识别和计算项目的直接效益、间接效益、直接费用、间接费用,以影子价格计算项目效益和费用;

②编制国民经济评价基本报表;

③依据基本报表进行国民经济评价指标计算;

④依据国民经济评价的基准参数和计算指标进行国民经济评价。

(2) 在财务评价的基础上进行国民经济评价的程序。

①经济价值调整。剔除在财务评价中已计算为效益或费用的转移支付,增加财务评价中未反映的外部效果,用影子价格计算项目的效益和费用。

②编制国民经济评价基本报表。

③依据基本报表进行国民经济评价指标计算。

④依据国民经济的基准参数和计算指标进行国民经济评价。

以上两种方法的区别在于两者的效益和费用的计算程序不同。

国民经济评价各步骤之间的关系如图6.1所示。

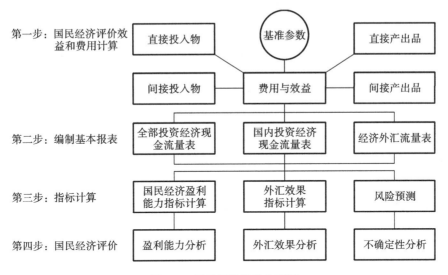

图 6.1 国民经济评价步骤图

6.3.4 国民经济效益与费用的识别

识别和划分效益与费用的基本原则是:凡项目对国民经济所做的贡献,均计为项目的效益;凡国民经济为项目所付出的代价,均计为项目的费用。简而言之,项目的国民经济效益是指项目对国民经济所做的贡献,包括项目的直接效益和间接效益;项目的国民经济费用是指国民经济为项目付出的代价,包括直接费用和间接费用。判别项目的效益和费用,要使用有无对比的方法,即将"有项目"(项目实施)与"无项目"(项目不实施)的情况加以对比,以确定某项效益和费用的存在。

(1) 直接效益与直接费用。

①直接效益是指由项目产出物直接生成,并在项目范围内计算的经济效益。一般有以下表现形式:

a. 增加项目产出物或者服务的数量以满足国内需求的效益;

b. 替代效益较低的相同或类似企业的产出物或者服务,使被替代企业减产(停产),从而减少国家有用资源耗费或者损失的效益;

c. 增加出口或者减少进口,从而增加或者减少的外汇等。

②直接费用是指项目使用投入物所形成并在项目范围内计算的费用。一般有以下表现形式:

a. 其他部门为本项目提供投入物,需要扩大生产规模所耗用的资源费用;

b. 减少对其他项目或者最终消费投入物的供应而放弃的效益;

c. 增加进口或者减少出口,从而增加或者减少的外汇等。

(2) 间接效益与间接费用。

间接效益与间接费用是指项目对国民经济做出的贡献与国民经济为项目付出的代价,在直接效益与直接费用中未得到反映的部分效益与费用。通常把与项目相关的间接效益(外部效益)和间接费用(外部费用)统称为外部效果。

(3) 转移支付。

项目的某些财务收入和支出,从国民经济角度看,并没有造成资源的实际增加或减少,而是国民经济内部的"转移支付",不应计为项目的国民经济效益与费用。国民经济评价中,项目的转移支付主要包括项目向政府缴纳的税费、政府给予项目的补贴、项目向国内银行等金融机构支付的贷款利息和获得的存款利息。

从全社会的角度看,企业向国家交付税金,向国内的银行或其他金融机构支付利息或得到国家的补贴,都只是国内全社会内部不同社会成员之间的相互支付,是社会再分配,并不构成社会资源的实际消耗或增加,因此不能视为项目的费用或效益。各种税金、补贴和国内银行利息这些国内不同社会成员之间的相互支付称为转移支付。在财务经济评价基础上进行国民经济评价时,要注意从财务效益和费用中剔除转移支付部分。

6.3.5 国民经济评价与财务评价的共同点与主要区别

项目的财务评价和国民经济评价,是项目决策的主要依据。财务评价所关心的是项目的财务生存能力和企业自身的利益,国民经济评价则是以资源最优配置和国民收入最大增长为目标。两种评价在立场、利益和目标上都有差异,因此两者在效益和费用的构成及计量上不尽相同。

财务评价是国民经济评价的基础和前提,国民经济评价是财务评价的深化。两者相辅相成,既有联系又有区别。

(1) 财务评价与国民经济评价的共同点。

①评价动机相同。财务评价与国民经济评价都以判断项目是否有利为动机,都是寻求以最小的投入获得最大的产出。

②评价基础相同。两者都是在完成产品需求预测、厂址选择、工艺技术路线和工程技术方案论证、投资计算和资金筹措的基础上进行的。它们都是对投资项目的具体投资内容进行客观的分析,因此对项目的评价结论完全取决于项目自身的条件。

③基本分析方法和主要指标的计算方法类同。两者都是从研究项目的"收益"与"费用"入手,寻求收益与费用的最佳关系,评价项目的优劣,确定项目的可行性。且两者都采用现金流量分析方法,经济指标的选择和含义基本相同。

(2) 财务评价与国民经济评价的主要区别。

①评价的角度、范围和目的不同。财务评价是从企业角度出发,按现行财税制度分析计算项目的效益、费用、盈利状况和借款偿还能力,评价项目本身的直接货币效果,考察投资行为的财务可行性。财务评价属于微观经济评价,其目的是检验企业财务收支能力。国民经济评价则是从国家角度,分析计算项目需要付出的代价与对国民经济的贡献,以考察投资行为的经济合理性。它属于宏观经济评价,目的是检验有限资源的利用效率。

②评价的着眼点不同。国民经济评价不仅反映评价系统的边界的扩展,而且始终以追踪实际资源流动而不是货币流动为其本质特征。

③评价的内容不同。财务评价包括盈利性分析和清偿能力分析两个方面。国民经济评价只有盈利性分析,即仅有经济效率的分析。

④评价的效益与费用的划分范围和计算方法不同。

a. 财务评价以项目(企业)自身作为独立系统,根据项目的实际收支确定项目的效益和费用。凡是项目的货币收入都视为效益,凡是项目的货币支出都视为费用。工资、利息、税金等均作为费用支出。

b. 国民经济评价的系统范围涉及整个社会中,以项目为社会提供的有用产品和服务考察项目的效益,以项目所耗的全社会有用资源考察项目的费用。税金、国内借款利息和财政补贴等作为国民经济内部转移支付,不计为项目效益和费用。因此,企业财务评价只计算项目直接发生的效益和费用,国民经济评价除了计算项目的直接效益和费用外,还要计算项目的外部效果(即间接费用和间接效益)以及考虑非经济因素的社会效果。

c. 评价使用的价格体系不同。财务评价要确定投资在财务上的现实可行性,所以以现行市场价格为基础进行评价较为合理。而国民经济评价则要对现行价格进行调整,通常用影子价格进行计量。

d. 评价的主要参数不同。财务评价采用的汇率是官方汇率,折现率采用的是因行业而异的基准收益率,国民经济评价则分别采用影子汇率和社会折现率。

6.3.6 国民经济评价参数

(1) 影子价格。

价格是价值的货币表现,也是国民经济评价的主要尺度。影子价格是指当社会经济处于某种最优状态时,能够反映社会劳动的消耗、资源稀缺程度和最终产品需求情况的价格。也就是说,影子价格是人为确定的、比交换价格更为合理的价格。这里所说的"合理"的标准,从定价原则来看,应该是能更好地反映产品的价值、市场供求状况以及资源稀缺程度;从价格产出的效果来看,应该是能使资源配置向优化的方向发展。

①外贸货物的影子价格。

对于可外贸货物,其投入物或产出物价格应基于口岸价格进行计算,以反映其价格取值具有国际竞争力。外贸货物的影子价格计算公式为

$$出口产出的影子价格(出厂价)=离岸价\times影子汇率+出口费用$$
$$进口投入的影子价格(到厂价)=到岸价\times影子汇率+进口费用$$

离岸价是指出口货物运抵我国出口口岸交货的价格;到岸价是指进口货物运抵我国进口口岸交货的价格,包括货物进口的货价、运抵我国口岸之前所发生的境外的运费和保险费。进口费用和出口费用是指货物进出口环节在国内所发生的所有相关费用,包括运输、储运、装卸、保险等的各种费用支出及物流环节的各种损失、损耗等。

②特殊投入物影子价格的确定。

a. 人力资源的影子价格。项目占用的人力资源是项目实施所付出的代价。如果财务工资与人力资源的影子价格之间存在差异,那么应对财务工资进行调整计算,以反映其真实经济价值。人力资源的影子价格计算公式为

$$人力资源的影子价格 = 劳动力机会成本 + 新增资源消耗$$

其中,劳动力机会成本是拟建项目占用的人力资源,由于本项目使用而不能再用于其他地方或享受闲暇时间而被迫放弃的价值;新增资源消耗是指劳动力在本项目新就业或由其他就业岗位转移到本项目而发生的经济资源消耗,这种消耗与劳动者生活水平的提高无关。

b. 土地的影子价格。土地是一种重要的经济资源,项目占用的土地无论是否需要实际支付财务成本,均应根据土地用途的机会成本原则或消费者支付意愿的原则计算其影子价格。

c. 自然资源的影子价格。项目的建设和运营需要投入的自然资源包括矿产资源、水资源、森林资源等,它是项目投资所付出的代价,这些代价要用资源的经济价值而不是市场价格表示,可以用项目投入物的替代方案的成本、自然资源用于其他用途的机会成本等进行分析测算。

(2) 影子汇率。

影子汇率是反映外汇真实价值的汇率,即外汇的影子价格。影子汇率由国家统一测定发布,并定期调整。影子汇率的发布有两种形式,一种是直接发布影子汇率,另一种则是将影子汇率与国家外汇牌价挂钩,发布影子汇率换算系数。其计算公式为

$$影子汇率 = 外汇牌价 \times 影子汇率换算系数$$

(3) 社会折现率。

社会折现率是根据我国在一定时间内的投资效益水平、资金机会成本、资金供求状况、合理的投资规模以及项目国民经济评价的实际情况进行测定的,它体现了国家的经济发展目标和宏观调控意图。目前,《建设项目经济评价方法与参数》(第3版)中推荐的社会折现率为8%。

6.3.7 国民经济评价指标计算

国民经济评价可以在财务评价的基础上进行,也可以直接进行,应视项目的具体情况而定。具体评价步骤如下:首先,剔除在财务评价中计算为效益或费用的转移支付,增加财务评价中未反映的间接效益和间接费用;其次,用影子价格、影子工资、影子汇率和土地影子费用等代替财务价格及费用,对销售收入(或收益)、固定资产投资、流动资金、经营成本等进行调整;最后,编制国民经济评价基本报表,并据此计算国民经济评价的有关评价指标。

(1) 经济内部收益率(EIRR)。

经济内部收益率(EIRR)是项目国民经济评价的主要指标,是指项目在计算期内各年经济净效益流量的累计现值等于0时的折现率。项目的国民经济评价必须计算这一指标,并

用这一指标表示项目经济盈利能力的大小。

经济内部收益率用一个隐函数表达式来定义,即

$$\sum_{t=0}^{n}(B-C)_t(1+\text{EIRR})^{-t}=0 \tag{6-9}$$

式中:B——经济效益流量;

C——经济费用流量;

$(B-C)_t$——第 t 年的经济净效益流量。

经济内部收益率是从国民经济评价角度反映项目经济效益的相对指标,它显示出项目占用的资金所能获得的动态收益率。项目的经济内部收益率等于或大于社会折现率时,表明项目对国民经济的净贡献达到或者超过了预定要求。

(2) 经济净现值(ENPV)。

经济净现值(ENPV)是指用社会折现率将项目计算期内各年净效益流量折算到项目建设期期初的现值之和。经济净现值的表达式为

$$\text{ENPV}=\sum_{t=1}^{n}(B-C)_t(1+i_s)^{-t} \tag{6-10}$$

式中:i_s——社会折现率。

经济净现值是反映项目对国民经济净贡献的绝对指标。项目的经济净现值大于或等于 0 表示国家为拟建项目付出代价后,可以得到符合社会折现率所要求的社会盈余或者还可以得到超额的社会盈余,并且能获得以现值表示这种超额社会盈余的量值。经济净现值越大,表明项目所带来的以绝对数值表示的经济效益越大。

国民经济评价与财务评价的结论是投资决策的依据,并互为参考和补充。因此,对建设项目进行国民经济评价十分必要。只有财务评价与国民经济评价均可行的项目才是可行的。

6.4 财务评价案例

6.4.1 项目概况

某新建项目,其可行性研究已完成市场需求预测、生产规模、工艺技术方案、建厂条件和厂址方案、环境保护、工厂组织和劳动定员以及项目实施规划诸方面的研究论证和多方案比较。项目财务评价在此基础上进行。项目基准折现率为 12%,基准投资回收期为 8.3 年。

6.4.2 基础数据

(1) 生产规模和产品方案。生产规模为年产 1.2 万吨某工业原料,产品方案有 A 型及 B 型两种,以 A 型为主。

(2) 实施进度。项目拟两年建成,第三年投产,当年生产负荷达到设计能力的 70%,第四年达到 90%,第五年达到 100%。生产期按 8 年计算,计算期为 10 年。

(3) 建设投资估算。建设投资估算数据见表 6-8,其中外汇按 1 美元兑换 8.30 元人民币计算。

(4) 流动资金估算采用分项详细估算法进行估算,估算总额为 3111.02 万元,流动资金借款为 2302.7 万元,流动资金估算数据见表 6-9。

(5) 资金来源。项目资本金为 7121.43 万元,其中流动资金为 808.32 万元,其余为借款。资本金由甲、乙两个投资方出资,其中甲方出资 3000 万元,从还完建设投资长期借款年开始,每年分红按出资额的 20% 进行,经营期期末收回投资。外汇全部通过中国银行向国外借款,年利率为 9%;人民币建设投资部分由中国建设银行提供贷款,年利率为 6.2%;流动资金由中国工商银行提供贷款,年利率 5.94%。投资分年使用计划按第一年 60%、第二年 40% 的比例分配。资金使用计划与资金筹措数据见表 6-10。

(6) 工资及福利费估算。全厂定员 500 人,工资及福利费按每人每年 8000 元估算,全年工资及福利费估算为 400 万元(其中福利费按工资总额的 14% 计算)。

(7) 年销售收入和年销售税金及附加。产品售价以市场价格为基础,预测到生产期期初的市场价格为每吨出厂价按 15850 元计算(不含增值税),产品增值税税率为 17%,本项目采用价外计税方式考虑增值税。城市维护和建设税按增值税的 7% 计算,教育费附加按增值税的 3% 计算。年销售收入、销售税金及附加和增值税估算数据见表 6-11。

(8) 产品成本估算。总成本费用估算数据见表 6-12,成本估算说明如下几个方面。

①固定资产原值中,除工程费用外还包括建设期利息、预备费用以及其他费用中的土地费用。固定资产原值为 19524.29 万元,按平均年限法计算折旧,折旧年限为 8 年,残值率为 5%,折旧率为 11.88%,年折旧额为 2318.51 万元。固定资产折旧费估算数据见表 6-13。

②其他费用中的其余部分均作为无形资产及递延资产。无形资产为 368.90 万元,按 8 年摊销,年摊销额为 46.11 万元。递延资产为 400 万元,按 5 年摊销,年摊销额为 80 万元。无形资产及递延资产摊销费计算见表 6-14。

③修理费计算。修理费按年折旧额的 50% 提取,每年 1159.25 万元。

④借款利息计算。流动资金年应计利息为 136.78 万元,生产经营期间应计利息计入财务费用。

⑤固定成本和可变成本。可变成本包含外购原材料和燃料的费用、动力费以及流动资金借款利息,固定成本包含总成本费用中除可变成本外的费用。

(9) 损益和利润分配。利润总额正常年为 3617.36 万元,所得税按利润总额的 33% 计取,盈余公积金按税后利润的 10% 计取。

6.4.3 财务评价

(1) 全部资金财务现金流量见表 6-15。根据该表计算的评价指标为:全部资金财务内部收益率(FIRR)为 17.62%,全部资金财务净现值(i_c=12%时)为 4781.34 万元。全部资金财务内部收益率大于基准收益率,说明盈利能力满足了行业最低要求,全部资金财务净现值大于零,该项目在财务上是可以接受的。全部资金静态投资回收期为 6.17 年(含建设期),小于行业基准投资回收期 8.3 年,表明项目投资能按时收回。

(2) 资本金现金流量见表 6-16,根据该表计算资本金内部收益率为 18.22%。

(3) 甲方财务现金流量见表 6-17,根据该表计算甲方投资内部收益率为 9.80%。

(4) 根据损益及利润分配表(表 6-18)、建设投资估算表(表 6-8)计算以下指标。

$$投资利润率 = \frac{年利润总额}{总资金} \times 100\% = \frac{3617.36}{20293.19} \times 100\% = 17.83\%$$

该项目投资利润率大于行业平均利润率8%,说明单位投资收益水平达到行业标准。

表6-8 建设投资估算表 单位:万元

序号	工程或费用名称	估算价值						占总值比(%)
		建筑工程	设备费用	安装工程	其他费用	总值	其中外汇(万美元)	
1	建设投资（不含建设期利息）	1559.25	10048.95	3892.95	3642.30	19143.45	976.25	100
1.1	第一部分 工程费用	1559.25	10048.95	3892.95	0.00	15501.15		81
1.1.1	主要生产项目	463.50	7849.35	3294.00		11606.85		
	其中:外汇		639.00	179.25		818.25	818.25	
1.1.2	辅助生产车间	172.35	473.40	22.95		668.70		
1.1.3	公用工程	202.05	1119.60	457.65		1779.30		
1.1.4	环境保护工程	83.25	495.00	101.25		679.50		
1.1.5	总图运输	23.40	111.60			135.00		
1.1.6	厂区服务性工程	117.90				117.90		
1.1.7	生活福利工程	496.80				496.80		
1.1.8	厂外工程			17.10		17.10		
1.2	第二部分 其他费用				1368.90	1368.90	158.00	7
	其中:土地费用				600.00	600.00		
	第一、二部分合计	1559.25	10048.95	3892.95	1368.90	16870.05		
1.3	预备费用				2273.40	2273.40		12
2	建设期利息					1149.74	99.02	
	合计(1+2)	1559.25	10048.95	3892.95	3642.30	20293.19	1075.27	

表6-9 流动资金估算表 单位:万元

序号	年份 项目	最低周转天数	周转次数	投产期		达到设计生产能力期	
				3	4	5	6
1	流动资产			2925.50	3645.15	4001.22	4001.22
1.1	应收账款	30	12	769.17	951.03	1040.03	1040.03
1.2	存货			2117.99	2655.78	2922.85	2922.85
1.3	现金	15	24	38.34	38.34	38.34	38.34
2	流动负债			622.80	800.93	890.20	890.20
2.1	应付账款	30	12	622.80	800.93	890.20	890.20
3	流动资金(1-2)			2302.70	2844.22	3111.02	3111.02
4	流动资金增加额			2302.70	541.52	266.80	0.00

表 6-10 资金使用计划与资金筹措表

单位：万元

序号	项目 \ 年份	合计 外币	合计 折人民币	合计 人民币	1 外币	1 折人民币	1 人民币	1 小计	2 外币	2 折人民币	2 人民币	2 小计	3 外币	3 折人民币	3 人民币	3 小计	4 外币	4 折人民币	4 人民币	4 小计	5 外币	5 折人民币	5 人民币	5 小计
1	总投资	1612.11	5080.51	6712.28	11792.79	463.16	3844.23	4656.16	8500.39	0.00	0.00	2302.70	2302.70	0.00	0.00	541.52	541.52	0.00	0.00	266.80	266.80
1.1	建设投资(未含利息)	19143.45	585.75	4861.73	6624.35	11486.08	390.50	3241.15	4416.23	7657.38														
1.2	建设期利息	1149.74	26.36	218.79	87.93	306.72	72.66	603.08	239.93	843.01														
1.3	流动资金	3111.02							2525.24	2525.24	2302.70	2302.70	541.52	541.52	266.80	266.80								
2	资金筹措	23404.21																						
2.1	自有资金	7121.43		3787.87	3787.87			2525.24	2525.24		808.32	808.32												
	其中:用于流动资金	0.00							0.00	0.00		808.32	808.32		541.52	541.52		266.80	266.80					
2.1.1	资本金	7121.43		3787.87	3787.87			2525.24	2525.24		808.32	808.32												
2.1.2	资本溢价	0.00										0.00												
2.2	借款	16282.78	612.11	5080.51	2924.41	8004.92	463.16	3844.23	2130.92	5975.15	0.00	0.00	1494.38	1494.38	0.00	0.00	541.52	541.52	0.00	0.00	266.80	266.80
2.2.1	长期借款	12830.34	585.75	4861.73	2836.48	7698.21	390.50	3241.15	1890.99	5132.14														
2.2.2	流动资金借款	2302.70											1494.38	1494.38		541.52	541.52		266.80	266.80				
2.2.3	建设期利息	1149.74	26.36	218.79	87.93	306.72	72.66	603.08	239.93	843.01														
2.3	其他											0.00												

注：各年流动资金在年初投入。

表 6-11 年销售收入、销售税金及附加和增值税估算表

序号	项目	单价（元）	生产负荷70%（第3年）		生产负荷90%（第4年）		生产负荷100%（第5~10年）	
			销售量（吨）	金额（万元）	销售量（吨）	金额（万元）	销售量（吨）	金额（万元）
1	产品销售收入	15850.00	8400.00	13314.00	10800.00	17118.00	12000.00	19020.00
2	销售税金及附加			99.4		127.60		141.78
2.1	城市维护和建设税（增值税的7%）			69.47		89.32		99.25
2.2	教育费附加（增值税的3%）			29.77		38.28		42.53
3	增值税			992.46		1276.02		1417.80
	增值税销项			2263.38		2910.06		3233.40
	增值税进项			1270.92		1634.04		1815.60

注：1. 增值税仅为计算城市维护和建设税以及教育费附加的依据；
2. 本报表税金的计算方法采用不含增值税的计算方法。

表 6-12 总成本费用估算表　　　　　　　　　　　　　　　单位：万元

序号	年份项目	合计	投产期		达到设计生产能力期					
			3	4	5	6	7	8	9	10
	生产负荷(%)		70	90	100	100	100	100	100	100
1	外购原材料	71811.00	6614.40	8503.80	9448.80	9448.80	9448.80	9448.80	9448.80	9448.80
2	外购燃料及动力	9357.00	861.60	1108.20	1231.20	1231.20	1231.20	1231.20	1231.20	1231.20
3	工资及福利费	3200.00	400.00	400.00	400.00	400.00	400.00	400.00	400.00	400.00
4	修理费	9274.00	1159.25	1159.25	1159.25	1159.25	1159.25	1159.25	1159.25	1159.25
5	折旧费	18548.08	2318.51	2318.51	2318.51	2318.51	2318.51	2318.51	2318.51	2318.51
6	摊销费	768.88	126.11	126.11	126.11	126.11	126.11	46.11	46.11	46.11
7	财务费用（利息、汇兑损失）	3820.30	1205.42	1017.02	702.06	348.68	136.78	136.78	136.78	136.78
7.1	其中：利息支出	3820.30	1205.42	1017.02	702.06	348.68	136.78	136.78	136.78	136.78
8	其他费用	4161.60	520.20	520.20	520.20	520.20	520.20	520.20	520.20	520.20
9	总成本费用(1+2+3+4+5+6+7+8)	120940.86	13205.49	15153.09	15906.13	15552.75	15340.85	15260.85	15260.85	15260.85
	其中：固定成本	35952.64	4524.08	4524.08	4524.08	4524.08	4524.08	4444.08	4444.08	4444.08
	可变成本	84988.22	8681.41	10629.01	11382.05	11028.67	10816.77	10816.77	10816.77	10816.77
10	经营成本(9−5−6−7.1)	97803.60	9555.45	11691.45	12759.45	12759.45	12759.45	12759.45	12759.45	12759.45

表 6-13 固定资产折旧费估算表　　　　　　　　　　　　　　　单位:万元

序号	年份项目	合计	折旧率(%)	投产期		达到设计生产能力期					
				3	4	5	6	7	8	9	10
1	固定资产合计										
1.1	原值	19524.29	11.88								
1.2	折旧费	18548.08		2318.51	2318.51	2318.51	2318.51	2318.51	2318.51	2318.51	2318.51
	净值			17205.78	14887.27	12568.76	10250.25	7931.74	5613.23	3294.72	976.21

表 6-14 无形资产及递延资产摊销费估算表　　　　　　　　　　单位:万元

序号	年份项目	摊销年限	原值	投产期		达到设计生产能力期					
				3	4	5	6	7	8	9	10
1	无形资产	8	368.90								
1.1	摊销			46.11	46.11	46.11	46.11	46.11	46.11	46.11	46.11
1.2	净值			322.79	276.68	230.56	184.45	138.34	92.22	46.11	0.00
2	递延资产(开办费)	5	400.00								
2.1	摊销			80.00	80.00	80.00	80.00	80.00			
2.2	净值			320.00	240.00	160.00	80.00	0.00			
3	无形及递延资产合计		768.90								
3.1	摊销			126.11	126.11	126.11	126.11	126.11	46.11	46.11	46.11
3.2	净值			642.79	516.68	390.56	264.45	138.34	92.22	46.11	0.00

表 6-15 全部资金财务现金流量表　　　　　　　　　　　　　　单位:万元

序号	年份项目	合计	建设期		投产期		达到设计生产能力期					
			1	2	3	4	5	6	7	8	9	10
	生产负荷(%)				70	90	100	100	100	100	100	100
1	现金流入	148639.23	0.00	0.00	13314.00	17118.00	19020.00	19020.00	19020.00	19020.00	19020.00	23107.23
1.1	产品销售收入	144552.00			13314.00	17118.00	19020.00	19020.00	19020.00	19020.00	19020.00	19020.00
1.2	回收固定资产余值	976.21										976.21
1.3	回收流动资金	3111.02										3111.02
2	现金流出	121135.64	11486.07	7657.38	11957.40	12360.58	13168.03	12901.23	12901.23	12901.23	12901.23	12901.23

续表

序号	年份 项目	合计	建设期 1	建设期 2	投产期 3	投产期 4	达到设计生产能力期 5	6	7	8	9	10
2.1	建设投资（不含建设期借款利息）	19143.45	11486.07	7657.38								
2.2	流动资金	3111.02			2302.70	541.52	266.80					
2.3	经营成本	97803.60			9555.45	11691.45	12759.45	12759.45	12759.45	12759.45	12759.45	12759.45
2.4	销售税金及附加	1077.52			99.24	127.60	141.78	141.78	141.78	141.78	141.78	141.78
3	净现金流量	27503.62	−11486.07	−7657.38	1356.60	4757.42	5851.97	6118.77	6118.77	6118.77	6118.77	10206.00
4	累计净现金流量		−11486.07	−19143.45	−17786.85	−13029.43	−7177.46	−1058.69	5060.08	11178.85	17297.62	27503.62

计算指标：全部资金财务内部收益率FIRR为17.62%；全部资金财务净现值FNPV($i_c=12\%$)为4781.34万元；全部资金静态投资回收期（从建设期算起）为6.17年。

表6-16 资本金财务现金流量表 单位：万元

序号	年份 项目	合计	建设期 1	建设期 2	投产期 3	投产期 4	达到设计生产能力期 5	6	7	8	9	10
	生产负荷（%）				70	90	100	100	100	100	100	100
1	现金流入	148639.23	0.00	0.00	13314.00	17118.00	19020.00	19020.00	19020.00	19020.00	19020.00	23107.23
1.1	产品销售收入	144552.00			13314.00	17118.00	19020.00	19020.00	19020.00	19020.00	19020.00	19020.00
1.2	回收固定资产余值	976.21										976.21
1.3	回收流动资金	3111.02										3111.02
2	现金流出	131239.03	3787.87	2525.24	14122.32	17118.00	19020.00	17765.04	14205.34	14231.74	14231.74	14231.74
2.1	资本金	7121.43	3787.87	2525.24	808.32							
2.2	借款本金偿还	16282.78			2450.82	3675.62	4435.92	3417.72				2302.70
2.3	借款利息支付	3820.30			1205.42	1017.02	702.06	348.68	136.78	136.78	136.78	136.78
2.4	经营成本	97803.60			9555.45	11691.45	12759.45	12759.45	12759.45	12759.45	12759.45	12759.45

续表

序号	年份\项目	合计	建设期 1	建设期 2	投产期 3	投产期 4	达到设计生产能力期 5	6	7	8	9	10
2.5	销售税金及附加	1077.53			99.25	127.60	141.78	141.78	141.78	141.78	141.78	141.78
2.6	所得税	7436.07			3.05	606.31	980.79	1097.40	1167.33	1193.73	1193.73	1193.73
3	净现金流量	15097.50	−3787.87	−2525.24	−808.32	0.00	0.00	1254.96	4814.66	4788.26	4788.26	6572.79

计算指标：资本金内部收益率为18.22%。

表 6-17　甲方投资财务现金流量表　　　　　　　　　　　单位：万元

序号	年份\项目	合计	建设期 1	建设期 2	投产期 3	投产期 4	达到设计生产能力期 5	6	7	8	9	10
	生产负荷(%)				70	90	100	100	100	100	100	100
1	现金流入	6000						600	600	600	600	3600
1.1	股利分配	6000						600	600	600	600	3600
1.2	资产处置收益分配											
1.3	租赁费收入											
1.4	技术转让收入											
1.5	其他现金流入											
2	现金流出	3000	1500	1500								
2.1	股权投资	3000	1500	1500								
2.2	租赁资产支出											
2.3	其他现金流出											
3	净现金流量	3000	−1500	−1500				600	600	600	600	3600

计算指标：甲方投资内部收益率为9.80%。

表 6-18　损益和利润分配表　　　　　　　　　　　单位：万元

序号	年份\项目	合计	投产期 3	投产期 4	达到设计生产能力期 5	6	7	8	9	10
	生产负荷(%)		70	90	100	100	100	100	100	100
1	产品销售收入	144552.00	13314.00	17118.00	19020.00	19020.00	19020.00	19020.00	19020.00	19020.00
2	销售税金及附加	1077.53	99.25	127.60	141.78	141.78	141.78	141.78	141.78	141.78
3	总成本费用	120940.93	13205.50	15153.09	15906.14	15552.76	15340.86	15260.86	15260.86	15260.86
4	利润总额(1−2−3)	22533.54	9.25	1837.31	2972.08	3325.46	3537.36	3617.36	3617.36	3617.36
5	所得税(33%)	7436.07	3.05	606.31	980.79	1097.40	1167.33	1193.73	1193.73	1193.73
6	税后利润(4−5)	15097.47	6.20	1231.00	1991.29	2228.06	2370.03	2423.63	2423.63	2423.63
7	可供分配利润	15097.47	6.20	1231.00	1991.29	2228.06	2370.03	2423.63	2423.63	2423.63
7.1	盈余公积金(10%)	964.08					237.00	242.36	242.36	242.36

续表

序号	年份\项目	合计	投产期		达到设计生产能力期					
			3	4	5	6	7	8	9	10
7.2	应付利润	0.00								
7.3	未分配利润	14133.39	6.20	1231.00	1991.29	2228.06	2133.03	2181.27	2181.27	2181.27
	累计未分配利润		6.20	1237.20	3228.49	5456.55	7589.58	9770.85	11952.12	14133.39

（5）根据损益和利润分配表（表 6-18）、资金来源与运用表（表 6-19）、长期借款偿还计划表（表 6-20）、固定资产折旧费估算表（表 6-13）、无形资产及递延资产摊销估算表（表 6-14）计算以下指标。

$$\text{利息备付率（按整个借款期考虑）} = \frac{\text{税息前利润}}{\text{当期应付利息费用}} = \frac{\text{借款利息支付} + \text{利润总额}}{\text{借款利息支付}}$$

$$= \frac{3820.30 + 22533.56}{3820.30} = 6.90 > 2.0$$

$$\text{偿债备付率（按整个借款期考虑）} = \frac{\text{当期用于还本付息资金}}{\text{当期应还本付息金额}}$$

$$= \frac{\text{固定资产折旧费} + \text{无形及递延资产摊销} + \text{税后利税} + \text{应付利息}}{\text{借款利息支付} + \text{借款本金偿还}}$$

$$= \frac{18548.07 + 768.90 + 15097.48 + 3820.30}{3820.30 + 13980.08} = 2.15 > 1.0$$

式中利息支付的计算如表 6-21 所示。

表 6-19 资金来源与运用表 单位：万元

序号	年份\项目	合计	建设期		投产期		达到设计生产能力期					
			1	2	3	4	5	6	7	8	9	10
	生产负荷(%)					70	90	100	100	100	100	100
1	资金来源	69341.98	11792.78	8500.41	4756.58	4823.45	5683.51	5770.09	5981.98	5981.98	5981.98	10069.22
1.1	利润总额	22533.54			9.25	1837.31	2972.08	3325.46	3537.36	3617.36	3617.36	3617.36
1.2	折旧费	18548.08			2318.51	2318.51	2318.51	2318.51	2318.51	2318.51	2318.51	2318.51
1.3	摊销费	768.88			126.11	126.11	126.11	126.11	126.11	46.11	46.11	46.11
1.4	长期借款	13980.08	8004.91	5975.17	0.00							
1.5	流动资金借款	2302.70			1494.38	541.52	266.80					
1.6	其他短期借款	0.00										
1.7	自有资金	7121.43	3787.87	2525.24	808.32							
1.8	其他	0.00										
1.9	回收固定资产余值	976.21										976.21
1.10	回收流动资金	3111.02										3111.02
2	资金运用	47123.08	11792.78	8500.41	4756.58	4823.45	5683.51	4515.13	1167.33	1193.73	1193.73	3496.43
2.1	固定资产投资	19143.45	11486.07	7657.38								
2.2	建设期利息	1149.74	306.71	843.03								
2.3	流动资金	3111.02			2302.70	541.52	266.80					

续表

序号	年份\项目	合计	建设期		投产期		达到设计生产能力期				
			1	2	3	4	5	6	7	8	9	10
2.4	所得税	7436.07			3.05	606.31	980.79	1097.40	1167.33	1193.73	1193.73	1193.73
2.5	应付利润	0.00										
2.6	长期借款本金偿还	13980.08			2450.82	3675.62	4435.92	3417.72				
2.7	流动资金借款本金偿还	2302.70										2302.70
2.8	短期借款本金偿还	0.00										
3	盈余资金	22218.93	0.00	0.00	0.00	0.00	0.00	1254.96	4814.66	4788.26	4788.26	6572.79
4	累计盈余资金		0.00	0.00	0.00	0.00	0.00	1254.96	6069.62	10857.88	15646.14	22218.93

表 6-20 长期借款偿还计划表　　　　　　单位：万元

序号	年份\项目	利率(%)	建设期		投产期		达到设计生产能力期	
			1	2	3	4	5	6
1	外汇借款(折成人民币)	9						
1.1	年初借款本息累计			5080.50	8924.75	6473.93	2798.31	
1.1.1	本金			4861.73	8102.88	6473.93	2798.31	
1.1.2	建设期利息			218.78	821.87			
1.2	本年借款		4861.73	3241.15				
1.3	本年应计利息		218.78	603.10	803.23	582.65	251.85	
1.4	本年偿还本金				2450.82	3675.62	2798.31	
1.5	本年支付利息				803.23	582.65	251.85	
2	人民币借款	6.20						
2.1	年初借款本息累计			2924.41	5055.33	5055.33	5055.33	3417.72
2.1.1	本金			2836.48	4727.47	5055.33	5055.33	3417.72
2.1.2	建设期利息			87.93	327.86			
2.2	本年借款		2836.48	1890.99				
2.3	本年应计利息		87.93	239.93	313.43	313.43	313.43	211.90
2.4	本年偿还本金						1637.61	3417.72
2.5	本年支付利息				313.43	313.43	313.43	211.90
3	偿还借款本金的资金来源							
3.1	利润				6.20	1231.00	1991.30	2223.06
3.2	折旧费				2318.51	2318.51	2318.51	2318.51
3.3	摊销费				126.11	126.11	126.11	126.11

续表

序号	年份\项目	利率(%)	建设期		投产期		达到设计生产能力期	
			1	2	3	4	5	6
3.4	偿还本金来源合计（3.1+3.2+3.3）				2450.82	3675.62	4435.92	4672.68
3.4.1	偿还外汇本金				2450.82	3675.62	2798.31	0.00
3.4.2	偿还人民币本金					0.00	1637.61	3417.72
3.4.3	偿还本金后余额（3.4-3.4.1-3.4.2）							1254.96

计算指标：人民币借款偿还期（从借款开始年算起）为 5.73 年。

表 6-21　利息支付计算表　　　　　　　　　　　　　　单位：万元

项　目	合　计	3	4	5	6	7	8	9	10
外汇长期借款利息支付（利率9%）	1637.73	803.23	582.65	251.85					
人民币长期借款利息支付（利率6.2%）	1152.19	313.43	313.43	313.43	211.90				
流动资金中的借款数额			1494.38	2035.90	2302.70				
流动资金借款利息支付（利率5.94%）	1030.37	88.76	120.93	136.78	136.78	136.78	136.78	136.78	136.78
各种借款利息支付总和	3820.29	1205.42	1017.02	702.06	248.68	136.78	136.78	136.78	136.78

式中：借款本金偿还＝建设投资－建设投资中的资本金＝20293.19－7121.43+808.32=13980.08(万元)

该项目利息备付率大于 2.0，偿债备付率大于 1.0，说明项目偿债能力较强。

6.4.4　财务评价说明

本项目采用量入偿付法归还长期借款本金。总成本费用估算表、损益及利润分配表及借款偿还计划表通过利息支出、当年还本和税后利润互相联系，三表联算后得出借款偿还计划，在全部借款偿还后，再计提盈余公积金和确定利润分配方案。三表的关系如图 6.2 所示。

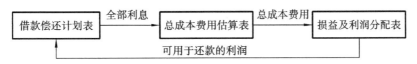

图 6.2　三表的联系示意图

6.4.5 评价结论

财务评价结论详见财务评价结论汇总表 6-22。

表 6-22 财务评价结论汇总表

财务评价指标	计算结果	评价标准	是否可行
全部资金财务内部收益率(%)	17.62	>12	是
全部资金静态投资回收期(年)	6.17	<8.3	是
国内借款偿还期(年)	5.73		是
全部资金财务净现值(万元)	4781.34	>0	是

从主要指标上看,财务评价效益均可行,而且生产的产品是国家急需的,所以项目是可以接受的。

本章小结

建设项目的完整经济评价应包括财务评价与国民经济评价。财务评价是在财务效益与费用的估算以及编制财务辅助报表的基础上,编制财务报表,计算财务分析指标,考察和分析项目的盈利能力、偿债能力和财务生存能力,判断项目的财务可行性,明确项目对财务主体的价值以及对投资者的贡献,为投资决策、融资决策以及银行审贷提供依据。

国民经济评价是按照资源合理配置的原则,从国家整体角度考察项目的效益和费用,用货物影子价格、影子工资、影子汇率和社会折现率等经济参数,分析、计算项目对国民经济的净贡献,评价项目的经济合理性。

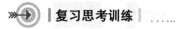

一、单项选择题

1. 影子价格实质上是(　　)。
   A. 市场价格　　　　　　　　　　B. 企业实际的货物交易价格
   C. 货物的真实价值　　　　　　　D. 多次交易价格的平均值
2. 最有可能不需要作社会评价的项目是(　　)。
   A. 住宅　　　　B. 交通运输　　　　C. 油田开发　　　　D. 学校
3. 国民经济费用中的直接费用是指(　　)。
   A. 由项目产出物直接生成,并在项目范围内计算的经济效益
   B. 项目使用投入物所形成,并在项目范围内计算的费用
   C. 项目对国民经济作出的贡献
   D. 国民经济为项目付出的代价
4. 某项目的财务评价可行,而国民经济评价不可行,则该项目(　　)。
   A. 应予通过　　　　　　　　　　B. 应予否定
   C. 应采取经济优惠措施　　　　　D. 视项目财务效益高低决定
5. 国民经济评价与财务评价的根本区别在于(　　)。
   A. 财务评价与国民经济评价使用的参数不同

B. 财务评价与国民经济评价的方法不同

C. 财务评价与国民经济评价的费用与效益不同

D. 财务评价与国民经济评价的角度不同,财务评价立足于企业自身的角度,而国民经济评价立足于国家整体的角度

6. 息税前利润是指（　　）。

A. 营业利润与利息支出之和　　　　B. 利润总额与利息支出之和

C. 利润总额与利息支出之和　　　　D. 利润总额与财务费用之和

7. 属于资产负债表比率的指标是（　　）。

A. 流动比率　　　　　　　　　　　B. 存货周转率

C. 存货对营运资本比率　　　　　　D. 资产负债率

8. 在实际经济生活中,有些产品的市场价格不能真实反映国民经济对项目的投入和产出,在这种情况下进行经济分析时,必须采用（　　）。

A. 市场价格　　B. 不变价格　　C. 可变价格　　D. 影子价格

9. 国民经济评价中,在计算项目的经济净现值时用的折现率为（　　）。

A. 经济内部收益率　　　　　　　　B. 社会折现率

C. 基准收益率　　　　　　　　　　D. 行业折现率

10. 从国家和整个社会的角度出发,系统、全面地分析和评价工程项目的方法是（　　）。

A. 成本-收入法　　　　　　　　　B. 费用-收益法

C. 成本-效益法　　　　　　　　　D. 费用-效益法

11. （　　）指标越高,说明企业资产的运用效率越好,也意味着企业的资产盈利能力越强。

A. 总资产周转率　　　　　　　　　B. 存货周转率

C. 总资产报酬率　　　　　　　　　D. 应收账款周转率

二、简答题

1. 财务报表有哪些？分别有什么作用？
2. 什么是影子价格？为什么国民经济评价中要使用影子价格？

三、计算题

1. 已知某项目流动资产周转速度指标资料如表 6-23 所示。

表 6-23　某项目流动资产周转速度指标　　　　　　　　　　单位:万元

项目	上年	本年
营业收入		31420
营业成本		21994
流动资产合计	13250	13846
其中:存货	6312	6148
应收账款	3548	3216

要求:(1) 计算流动资产周转速度指标；

(2) 计算流动资产垫支周转速度指标；

(3) 计算存货周转速度指标；

(4) 计算应收账款周转速度指标。

2. 已知拟建某工业建设项目,各项数据如下:

(1) 主要生产项目费用为 7400 万元(其中,建筑工程费 2800 万元,设备购置费 3900 万元,安装工程费 700 万元);

(2) 辅助生产项目费用为 4900 万元(其中,建筑工程费 1900 万元,设备购置费 2600 万元,安装工程费 400 万元);

(3) 公用工程费用为 2200 万元(其中,建筑工程费 1320 万元,设备购置费 660 万元,安装工程费 220 万元);

(4) 环境保护工程费用为 660 万元(其中,建筑工程费 330 万元,设备购置费 220 万元,安装工程费 110 万元);

(5) 总图运输工程费用为 330 万元(其中,建筑工程费 220 万元,设备购置费 110 万元);

(6) 服务性工程建筑工程费 160 万元;

(7) 生活福利工程建筑工程费 220 万元;

(8) 厂外工程建筑工程费 110 万元;

(9) 工程建设其他费用 400 万元;

(10) 基本预备费率为 10%;

(11) 建设期各年平均价格上涨率为 6%;

(12) 建设期为 2 年,每年的建设投资相等,建设资金来源为:第一年贷款 5000 万元,第二年贷款 4800 万元,其余为自有资金,贷款年利率为 6%(每半年计息一次)。

(13) 项目正常年份流动资金估算额为 900 万元。

试编制该项目的投资估算表(表格格式参考表 6-24)。

表 6-24 项目总投资估算汇总表　　　　　　　　　　单位:万元

序号	项目或工程费用名称	估算价值				
		建筑工程费	设备购置费	安装工程费	其他费用	合　计
1	工程费用					
1.1	主要生产项目					
1.2	辅助生产项目					
1.3	公用工程					
1.4	环境保护工程					
1.5	总图运输工程					
1.6	服务性工程					
1.7	生活福利工程					
1.8	厂外工程					
2	工程建设其他费用					
1+2						
3	预备费					
3.1	基本预备费					
3.2	涨价预备费					

续表

序号	项目或工程费用名称	估算价值				
		建筑工程费	设备购置费	安装工程费	其他费用	合　计
4	建设期利息					
5	流动资金					
	总计					

3. 某项目依据市场开拓计划,确定计算期第三年(即投产期第一年)生产负荷为30%,计算期第四年生产负荷为60%,计算期第五年起生产负荷为100%。该项目各年经营成本数据见表6-25,根据该项目生产、销售的实际情况确定其各项流动资金和流动负债的最低周转天数如下:应收账款、应付账款均为45天;存货中各项原材料最低周转天数平均为45天;在产品为4天,产成品为120天,现金为30天;该项目不需要外购燃料,一般也不发生预付账款和预收账款。问:(1)试估算该项目的流动资金数额;(2)已知各年所需流动资金的30%由项目资本金支付,其余为借款,项目流动资金估算数据见表6-26,试确定各年所需流动资金借款额。

表6-25　某项目各年的经营成本数据　　　　　　　　　　　单位:万元

序　号	收入或成本项目	第3年	第4年	第5~12年
1	经营成本(含进项税额)	5646.5	9089.7	13680.5
1.1	外购原材料(含进项税额)	2044.6	4089.2	6815.3
1.2	外购动力(含进项税额)	404	808.1	1346.8
1.3	工资	442.5	442.5	442.5
1.4	修理费	436.4	436.4	436.4
1.5	技术开发费	464.1	928.2	1547.0
1.6	其他制造费用	218.2	218.2	218.2
1.7	其他管理费用	1106.3	1106.3	1106.3
1.8	其他营业费用	530.4	1060.8	1768.0

表6-26　流动资金估算表　　　　　　　　　　　单位:万元

序号	项　目	最低周转天数	周转次数	运营期		
				第3年	第4年	第5~12年
1	流动资产					
1.1	应收账款	45	8			
1.2	存货					
1.2.1	原材料	45	8			
1.2.2	在产品	4	90			
1.2.3	产成品	120	3			
1.3	现金	30	12			
1.4	预付账款					

续表

序 号	项 目	最低周转天数	周转次数	运 营 期		
				第3年	第4年	第5～12年
2	流动负债					
2.1	应付账款	45	8			
2.2	预收账款					
3	流动资金					
4	流动资金当期增加额					
5	用于流动资金的项目资本金					
6	流动资金借款					

第 7 章 可行性研究与项目后评价

7.1 可行性研究

7.1.1 可行性研究的定义

可行性研究是指在投资决策前,对建设项目进行全面的技术经济分析、论证的科学方法。具体地讲,就是在工程项目投资决策前,对与项目有关的社会、经济和技术等方面的情况进行深入细致的研究,对拟定的各种可能建设方案或技术方案进行认真的技术经济分析、比较和论证,对项目的经济、社会、环境效益进行科学的预测和评价。在此基础上,综合研究建设项目的技术先进性和适用性、经济合理性以及建设的可能性和可行性,由此确定该项目是否应该投资和如何投资等结论性意见,为决策部门最终决策提供可靠的、科学的依据,并作为开展下一步工作的基础。

可行性研究的根本目的是实现项目决策的科学化、程序化,减少或避免投资决策的失误,提高项目开发建设的经济、社会和环境效益。

7.1.2 可行性研究的作用

(1) 可行性研究是项目投资决策的依据。一个开发建设项目,特别是大中型项目,耗费的人力、物力、财力很多,不是只凭经验就能确定的,而是要通过投资决策前的可行性研究,明确项目的建设地址、规模、建设内容与方案等是否可行,未来运营有无竞争能力,投资效果如何等,从而得出这项工程应不应该建或建设时应选择哪种方案才会取得最佳的效果,以此作为开发建设项目投资决策的依据。根据国家规定,凡是没有经过可行性研究的开发建设项目,不能批准设计任务书,不能进行设计,不能列入计划。

(2) 可行性研究是筹集资金的依据。银行等金融机构都把可行性研究报告作为建设项目申请贷款的先决条件。在对可行性研究报告进行全面、细致的分析评估后,才能确定是否给予贷款。

(3) 可行性研究是开发商与各有关部门签订协议、合同的依据。项目所需的建筑材料以及供电、供水、供热、通讯、交通等很多方面,都需要与有关部门协作。这些都需要根据可行性研究报告进行商谈。有关技术引进和设备进口必须在可行性研究报告审查批准后,才能同国外厂商正式签约。

(4) 可行性研究是编制下一阶段规划设计方案的依据。在可行性研究报告中,对项目的规模、地址、建筑设计方案构想、主要设备选型、单项目工程结构型式、配套设施和公用辅助设施的种类、建设速度等都进行了分析和论证,并确定了原则,推荐了建设方案。可行性研究报告批准后,规划设计就可据此进行。

7.1.3 可行性研究的工作阶段

(1) 投资机会研究。

投资机会研究阶段的主要任务是对投资项目或投资方向提出建议,即在一定的地区和部门内,以自然资源和市场的调查预测为基础,寻找最有利的投资机会。

(2) 初步可行性研究。

初步可行性研究亦称预可行性研究。在投资机会研究的基础上,进一步对项目建设的可能性与潜在效益进行论证分析。主要解决的问题包括:分析机会研究的结论,在详细资料的基础上作出是否投资的决定;分析项目是否有进行详细可行性研究的必要;分析项目有哪些关键问题需要进行辅助研究。

(3) 详细可行性研究。

详细可行性研究是开发建设项目投资决策的基础,是在分析项目技术和经济可行性后作出投资与否决策的关键步骤。

(4) 项目的评估和决策。

按照国家有关规定,对于大中型和限额以上的项目及重要的小型项目,必须经有权审批单位委托有资格的咨询评估单位就项目可行性研究报告进行评估论证。未经评估的建设项目,任何单位不准审批,更不准组织建设。

7.1.4 可行性研究报告的主要内容

工程项目的重要特点之一是项目的不重复性,因而每个项目应根据自身的技术经济特点,确定可行性研究的工作要点以及相应可行性研究报告的内容。根据国家计委的有关规定,一般工程项目可行性研究报告可按以下内容编写。

(1) 总论。

总论主要说明工程项目建设提出的背景、项目概况以及需要研究的主要问题。

(2) 建设地点与建设条件。

根据项目所在地域的城市建设整体规划要求,结合工程项目的行业特性,确定相对合理的建设地点。同时,对建设地点进行勘测,分析建设地点的自然条件、水文与地质情况、交通环境等。

(3) 市场需求预测与建设规模。

对项目所在地域的社会经济情况、市场现状、产品供需量、价格、竞争力等方面进行市场分析,预测产品的未来发展水平,以确定项目合理的建设规模。

(4) 建设方案及实施措施。

依据工程项目的工艺特点,结合建设地点条件,设计出若干个可供选择的建设方案,主要包括技术方案、主要设备方案、工程方案等,并对各方案进行技术经济分析与论证,推荐最佳建设方案。

(5) 节能、安全、消防与卫生。

以环保、节约与可行性为原则,对项目建设地域的危险因素和危害程度进行分析,提出安全防范措施、卫生保健措施和消防措施等。同时,积极利用各种先进技术和方法提高能源利用率,采取有效的节能措施,促进经济社会可持续发展。

(6) 生态环境保护。

对项目建设地域的环境条件和影响环境的因素进行调查和分析,提出相应的环境保护措施,建设良好的生态环境。

(7) 投资估算与融资方案。

根据工程条件、建设标准、建设规模和施工方案等,分析研究投资水平和资金来源,估算工程项目的总投资,并积极落实资金来源。

(8) 项目工期进度。

合理安排项目的实施进度,确定项目的工期及各分项工程的工期要求。

(9) 财务效益分析与评价。

对工程项目各方案投入与产出的基础数据进行推测、估算,分析预测项目的财务效益和费用,计算财务评价指标,考察拟建项目的盈利、偿债和抵御风险的能力,据以判断项目的财务可行性。

(10) 国民经济评价与社会评价。

按照资源合理配置的原则,采用影子价格、社会折现率等国民经济参数,从国民经济全局以及整个社会的角度出发,考察工程项目的经济合理性。

(11) 风险与不确定性分析。

风险与不确定性分析的主要内容包括项目盈亏平衡分析、敏感性分析、项目主要风险识别、风险程度分析、风险防范措施等。

(12) 研究结论与建议。

研究结论与建议的主要内容包括推荐方案总体描述、推荐方案优缺点描述、主要对比方案描述、结论与建议。

7.1.5 可行性研究报告的深度要求

可行性研究必须从系统总体出发,对技术、经济、财务、商业以至环境保护、法律等多个方面进行分析和论证,以确定建设项目是否可行,为正确进行投资决策提供科学依据。项目的可行性研究是对多因素、多目标系统进行的分析研究、评价和决策的过程,它需要各方面知识的专业人才合作才能完成。可行性研究不仅应用于建设项目,还可应用于科学技术和工业发展的各个阶段和各个方面。工业发展规划、新技术的开发、产品更新换代、企业技术改造等工作的前期,都可以以可行性研究报告为依据。1978 年联合国工业发展组织编制了《工业可行性研究编制手册》;1980 年,联合国工业发展组织与阿拉伯国家工业发展中心共同编制了《工业项目评价手册》。从 1982 年开始,中国已将可行性研究列为基本建设中的一项重要程序。

7.2 项目后评价

项目后评价主要是相对于项目前期论证评价而言的,它是指建设项目竣工后对项目投资经济效果的再评价。其通常以项目建成运行后的实际数据资料为基础,重新计算项目的各项技术经济数据,得到相关的投资效果指标,然后将它们同项目立项时预测的有关的经济效果值(如净现值 NPV、内部收益率 IRR、投资回收期等)进行纵向对比,评价和分析其偏差情况及原因,从而为提高项目的实际投资效果和制订有关投资计划服务,为项目的决策者进行以后相关项目的决策提供借鉴和反馈信息。

7.2.1 项目后评价的含义

项目后评价是指在项目建设完成以后,对项目的立项目的、实施的过程、取得的效益、产生的作用、造成的影响进行系统的、客观的分析,从而判断建设项目预期目标实现程度的一种评价方法。

从项目生命周期全过程的角度来看,项目后评价是指为了更好地进行项目管理和决策,对已建成并投入生产使用的建设项目采用合适的评价尺度并应用科学的评价理论和方法,对审批决策、建设实施和生产使用全过程进行的总结评价,从而判断项目预期目标的实现程度。它不仅对项目有论证和评价作用,还具有监督、控制、总结经验、反馈信息以及提高未来投资管理水平的作用。

7.2.2 项目后评价的作用

项目后评价主要服务于投资决策,是出资人对投资活动进行监管的重要手段,可以为改善企业经营管理提供帮助。它在提高项目决策科学化水平,促进投资活动规范化,弥补拟建项目从决策到实施完成整个过程中出现的缺陷,改进项目管理和提高投资效益等方面,发挥着极其重要的作用。

(1)项目后评价总结了项目管理的经验教训,提高了项目管理水平。项目后评价通过对已建项目实施情况的分析,总结项目管理经验,指导未来项目管理活动,从而提高项目管理水平。

(2)项目后评价提高了项目决策科学化水平。通过建立完善的项目后评价制度和科学的方法体系,一方面可以增强前评价人员的责任感,提高项目预测的准确性;另一方面可以通过项目后评价的反馈信息,及时纠正项目决策中存在的问题,从而提高未来项目决策的科学化水平。

(3)项目后评价为国家投资计划、政策的制订提供了依据。通过项目后评价能够发现宏观投资管理中的不足,可以为政府部门及时地修正某些不适合经济发展的技术经济政策和修订某些已经过时的指标参数提供参考。同时,政府部门还可以根据后评价所反馈的信息,合理确定投资规模和投资流向,协调各产业、各部门之间及其内部的各种比例关系。

(4)项目后评价为银行部门及时调整信贷政策提供了依据。通过开展项目后评价,及时发现项目建设资金使用过程中存在的问题,分析研究贷款项目成败的原因,从而为银行部门调整信贷政策提供依据,并确保投资资金的按期回收。

(5)项目后评价可以对企业经营管理进行"诊断",促使项目运营状态的正常化。项目后评价是在项目运营阶段进行,因而可以分析和研究项目投产初期和达产时期的实际情况,比较实际状况与预测状况的偏离程度,探索产生偏差的原因,提出切实可行的措施,从而促使项目运营状态正常化,提高项目的经济效益和社会效益。

7.2.3 项目后评价与项目前评价的区别

(1)两者在项目建设中所处的阶段不同:项目前评价属于项目前期工作,它决定项目是否可以开展;项目后评价是项目竣工投产并达到设计生产能力后对项目进行的再评价,是项目管理的延伸。

（2）两者比较的标准不同：项目前评价依据定额标准、国家参数来衡量建设项目的必要性、合理性和可行性；项目后评价主要是直接与项目前评价的预测情况或其他同类项目进行对比，检测项目的实际情况与预测情况的差距，并分析其原因，提出改进措施。

（3）两者在投资决策中的作用不同：项目前评价直接作用于项目决策，其结论是项目取舍的依据；项目后评价则间接作用于项目投资决策，是投资决策的信息反馈，同时也反映出项目建设过程和投产阶段出现的一系列问题，并将各类信息反馈到投资决策部门，从而提高未来项目决策科学化的水平。

（4）两者评价的内容不同：项目前评价分析研究的内容是项目建设条件、设计方案、实施计划以及经济社会效果；项目后评价的主要内容除了包括对前评价的内容进行再评价外，还包括对项目决策、项目实施效率等进行评价，以及对项目实际运营状况进行较深入的分析。

（5）两者在组织实施上不同：项目前评价主要由投资主体或投资计划部门组织实施；项目后评价则由投资运行的监督管理机关或单独设立的后评价机构进行，以确保项目后评价的公正性和客观性。

7.2.4 后评价项目选择

为使项目的运营、管理更加完善和本着对投资者负责的态度，大、中型投资项目有条件时都应进行项目后评价工作。通常需要开展后评价工作的项目如下。

（1）政府投资项目中规定需要进行后评价的项目。

（2）特殊项目（如大型项目、复杂项目和实验性的新项目等）。

（3）可为即将实施的国家预算、宏观战略和规划制定提供信息的项目。

（4）具有未来发展方向的有代表性的项目。

（5）对行业或地区的投资发展有重要意义的项目。

（6）竣工运营后与前评估的预测结果有重大变化的项目。

（7）需要了解项目作用和效果的其他项目。

7.2.5 项目后评价的内容

项目后评价主要是以项目前期所确定的目标及各方面指标与项目实际结果之间的对比为基础而进行的。由于项目的类型、规模、复杂程度以及后评价目的的不同，其评价内容也并不完全相同。一般而言，项目后评价的基本内容主要包括以下几个方面。

（1）项目实施过程后评价。

项目实施过程后评价通常要对照项目立项时所确定的目标，分析和评价项目实施过程中的实际情况，从中找出差距并分析其原因，总结经验教训。实施过程后评价的内容又包括以下几个方面。

①项目前期工作的后评价。项目前期工作的后评价主要是对当初项目立项和决策工作的全过程进行回顾分析和评价，包括项目立项条件再评价、项目决策程序和方法的再评价、项目勘察设计的再评价、项目前期工作管理的再评价等。

②项目实施的后评价。项目实施的后评价包括项目实施管理的再评价、项目施工准备工作的再评价、项目施工方式和施工项目管理的再评价、项目竣工验收和试生产的再评价、项目生产准备的再评价等。

③项目运营的后评价。项目运营的后评价包括生产经营管理的再评价、项目生产条件的再评价、项目达产情况的再评价、项目产出的再评价、项目经济后评价等。

④项目管理水平的后评价。项目管理水平的后评价主要是对项目实施全过程中各阶段管理者的工作水平作出的评价。

(2) 项目经济效益后评价。

项目经济效益后评价主要包括项目的财务效益后评价和国民经济效益后评价。它是用项目投产或交付使用后的实际数据(实际投资额、资金筹集和使用、实际生产成本、销售收入、税金和利润等数据)来重新计算项目各有关经济效益指标,并将其与当初预测的投资效益情况进行比较分析,从中发现问题并分析原因,提出提高投资经济效益的具体建议和措施。

(3) 项目影响后评价。

①经济影响后评价。经济影响后评价主要分析项目对所在地区、所属行业以及国家的宏观经济方面所产生的重要作用和长远影响,为判断项目在宏观上利用资源的合理程度提供依据。

②技术影响后评价。技术影响后评价主要是通过分析项目采用的生产工艺、技术方案、设计方案和施工方案等,评价项目对社会技术进步的推动作用以及项目本身选用技术的先进性和适用性。

③环境影响后评价。环境影响后评价是对照项目前评估时批准的环境影响报告书,重新审查项目环境影响的实际结果,评价项目实施后对大气、水、土地等生态环境方面带来的实际影响。评价内容包括项目的污染源控制、区域环境质量、自然资源的利用和保护、区域生态平衡和环境管理能力五个方面。

④社会影响后评价。社会影响后评价主要是从社会发展的角度,分析和评价项目对社会发展目标所做的贡献及产生的有形与无形的影响。评价内容一般包括文教、卫生、就业、风俗、宗教和收入分配等方面。

(4) 项目持续性评价。

项目持续性评价是指在项目的建设资金投入完成之后,对项目的既定目标是否还能继续,项目是否可以持续地发展下去,项目业主是否愿意并可能依靠自己的力量继续实现既定目标,项目是否具有可重复性等方面进行评价。

对项目持续能力进行评价,主要是对影响项目持续能力的内部因素和外部条件进行分析。持续能力的内部因素包括财务状况、技术水平、污染控制、企业管理体制与激励机制等,关键因素是产品竞争能力;持续能力的外部条件包括社会资源、生态环境、物流条件、政策环境、市场变化及其趋势等。

7.2.6 项目后评价的分析方法

项目后评价的分析方法总体上要坚持定性分析和定量分析相结合的原则。在实际过程中,具体的方法通常有对比分析法、逻辑框架法和成功度法等。

(1) 对比分析法。

对比分析是项目后评价的一般原则,它是将项目前期的可行性研究、评估的预测结论以及初步设计时的技术经济指标,与项目的实际运行结果及在评价时所做的新的预测相比较,用以发现变化和分析原因。项目后评价采用对比分析法时,一是要注意数据的可比性,二是要与其他项目进行对比,可以是同行业对比、同规模对比或同地区对比等。

对比分析法包括前后对比法和有无对比法。前后对比法是项目实施前后相关指标的对比,用以直接估量项目实施的相对成效。它将项目实施前后的情况加以对比,把项目可行性研究和评估时所预测的效益与项目竣工投产运营后的实际结果相比较,找出差异并分析原因。这也是项目过程评价应遵循的原则之一。

有无对比法是指在项目周期内"有项目"(实施项目)相关指标的实际值与"无项目"(不实施项目)相关指标的预测值加以对比,用以度量项目真实的收益、作用及影响。对比的重点主要是分清项目自身的作用和项目以外的作用,主要适用于项目的效益评价和影响评价。

(2) 逻辑框架法。

逻辑框架结构矩阵简称逻辑框架法(LFA),是由美国国际开发署于1970年提出的一种项目开发的工具,用于项目的规划、实施、监督和评价。它是目前国际上广泛用于规划、项目、活动的策划、分析、管理、评价的基本方法,许多国际组织也把这种方法作为援助项目的计划、管理和后评价的主要方法。

逻辑框架的基本模式见表7-1,其横行代表如何验证这些目标是否达到(水平逻辑);竖列代表项目的目标层次,并按宏观目标、直接目的、项目产出、项目投入的层次进行归纳(垂直逻辑)。垂直逻辑用于分析项目计划内容,弄清项目手段与结果之间的关系,确定项目本身和项目所在地的社会、物质、政治环境中的不确定因素。水平逻辑用于衡量项目的资源和结果,确定客观的验证指标及其指标的验证方法。水平逻辑要求对垂直逻辑四个层次上的结果作出详细说明。

表 7-1 项目后评价逻辑框架表

项目描述(目标层次)	可客观验证的指标			原因分析		项目可持续能力
	原定指标	实现指标	差别或变化	内部原因	外部条件	
项目宏观目标(影响)						
项目直接目的(作用)						
项目产出(实施结果)						
项目投入(建设条件)						

(3) 成功度法。

成功度法即打分评价法,是以逻辑框架法分析的项目目标的实现程度和经济效益分析的评价结论为基础,以项目的目标和效益为核心所进行的全面系统评价。此方法是依靠评价专家或专家组的经验,对项目各方面的执行情况进行打分并评定其等级,再通过综合评价方法来确定项目总体的成功程度。

项目成功度评价表见表7-2,现对表中各项内容作出如下说明。

①评定项目指标。评定具体项目的成功度时,选择与项目相关的评价指标。

②项目相关重要性。项目相关重要性分为重要、次重要和不重要三级。评价人员应根据具体项目的类型和特点,确定各项指标与项目相关的重要性程度。

③评价等级。项目成功度评价等级划分为A、B、C、D、E五级,各级含义如下。

A(成功):完全实现或超出目标。相对成本而言,总体效益非常大。

B(基本成功):目标大部分实现。相对成本而言,总体效益较大。
C(部分成功):部分目标实现。相对成本而言,取得了一定效益。
D(不成功):实现的目标很少。相对成本而言,取得的效益很小或不重要。
E(失败):未实现目标。相对成本而言,亏损或者没有取得效益,项目可以放弃。

表 7-2 项目成功度评价表

评定项目指标	项目相关重要性	评价等级	评定项目指标	项目相关重要性	评价等级
宏观目标和产业政策			项目投资及其控制		
决策及其程序			项目经营		
布局与规模			机构和管理		
项目目标及市场			项目财务效益		
设计与技术装备水平			项目经济效益和影响		
资源和建设条件			社会和环境影响		
资金来源和融资			项目可持续性		
项目进度及其控制			项目综合评价		
项目质量及其控制					

7.2.7 项目后评价的一般程序

项目后评价的类型很多,各个项目后评价的要求也不同。因此,实践中项目后评价的具体程序可能有所差异,但其基本程序一般包括以下几个步骤。

(1)提出问题,明确目标和要求。

明确项目后评价的具体对象、评价目的及具体要求。项目后评价的提出单位可以是国家计划部门、银行部门、各主管部门,也可以是企业(项目)自身。

(2)筹划准备。

①组建评估机构。项目后评价的提出单位可以自行组织实施后评价工作,也可以委托有相应资质的评估机构进行评价。

②制订实施计划。评价小组负责制订建设项目后评价的详细实施计划,包括时间进度的安排、内容范围与深度的确定、预算安排、评价方法的制定、评价指标的选择等。

(3)收集相关资料。

按照项目后评价实施计划规定的内容和要求,制订调查提纲,确定调查对象和调查方法,开展实际调查工作,收集项目后评价所需的各种资料,并将调查所取得的资料进行有效整理,以供分析研究采用。这些资料主要有以下几个方面。

①项目的原始资料,主要包括项目可行性研究报告、立项审批书、项目变更资料、竣工验收资料、决算审计报告、各项设计文件、项目运营情况的原始记录以及项目自我总结评价的报告等资料。

②项目的现场调查资料,主要包括项目实施情况、项目目标的实现情况、项目各经济技术指标的合理性、项目产生的作用及影响等方面的资料。

③其他相关资料,主要指与后评价项目有关的国家经济政策、行业相关情况以及其他相关信息。

(4) 计算指标,进行对比分析和研究,发现问题并提出建议。

按照项目后评价实施计划,利用所调查的资料和项目后评价指标,围绕建设项目后评价内容,运用项目后评价的分析方法进行分析和论证,客观评价项目的实际成果,找出存在的问题和不足之处,提出具体的改进措施和建议。

(5) 编制项目后评价报告。

总结项目后评价的过程和结果,编写建设项目后评价报告,提交委托单位和上级有关部门。评价报告内容一般包括以下几个方面:

①封面;
②后评价组织及人员分工;
③报告摘要;
④项目概况及基础数据;
⑤后评价内容及方法;
⑥数据处理与分析;
⑦主要成果与存在的问题;
⑧后评价结论与建议。

7.3 工业项目可行性研究的一般内容

《建设项目进行可行性研究的试行管理办法》中指出,工业项目的可行性研究一般包括以下主要内容。

(1) 总论。
①项目提出的背景(改、扩建项目要说明企业现有概况),投资的必要性和经济意义。
②研究工作的依据和范围。

(2) 需求预测和拟建规模。
① 国内外需求情况的预测。
②国内现有工厂生产能力的估计。
③销售预测、价格分析、产品竞争能力,进入国际市场的前景。
④拟建项目的规模、产品方案和发展方向的技术经济比较和分析。

(3) 资源、原材料、燃料及公用设施情况。
①经过储量委员会正式批准的资源储量、品位、成分以及开采、利用条件的评述。
②原料、辅助材料、燃料的种类、数量、来源和供应可能。
③所需公用设施的数量、供应方式和供应条件。

(4) 建厂条件和厂址方案。
①建厂的地理位置、气象、水文、地质、地形条件和社会经济现状。
②交通、运输及水、电、气的现状和发展趋势。
③厂址比较与选择意见。

(5) 设计方案。
①项目的构成范围(指主要单项工程)、技术来源和生产方法、主要技术工艺和设备选型方案的比较,引进技术、设备的来源,设备的国内外分交或与外商合作制造的设想。改、扩建

项目要说明对原有固定资产的利用情况。

②全厂布置方案的初步选择和土建工程量估算。

③公用辅助设施和厂内外交通运输方式的比较和初步选择。

(6) 环境保护。

调查环境现状,预测项目对环境的影响,提出环境保护和"三废"治理的初步方案。

(7) 企业组织、劳动定员和人员培训(估算数)。

(8) 实施进度的建议。

(9) 投资估算和资金筹措。

①主体工程和协作配套工程所需的投资。

②生产流动资金的估算。

③资金来源、筹措方式及贷款的偿付方式。

(10) 社会及经济效果评价。

本章小结

可行性研究是在投资决策前,对拟建项目进行技术、经济、环境和社会等方面的研究分析,评价项目技术上是否先进、实用,财务上是否盈利,同时对环境影响、社会效益和经济效益进行分析和评价,得出项目抗风险能力的结论。可行性研究一般分为投资机会研究、初步可行性研究和详细可行性研究。

项目后评价是指对已经完成的项目目的、执行过程、效益、作用和影响等所进行的系统、客观的分析。项目后评价的内容包括目标评价、实施过程评价、效益评价、影响评价及持续性评价,最常用项目后评价的方法包括对比分析法、逻辑框架法和成功度法。

复习思考训练

一、单项选择题

1. 建设工程项目可行性研究可作为项目进行(　　)。
   A. 工程结算的依据　　　　　　B. 编制施工图的依据
   C. 招投标的依据　　　　　　　D. 投资决策的基本依据

2. 建设工程项目在投资决策阶段工作的核心和重点是(　　)。
   A. 项目决策　　　　　　　　　B. 可行性研究工作
   C. 筹资　　　　　　　　　　　D. 厂址选择

3. 项目可行性研究要为项目的(　　)就是否建设该项目的最终决策提供科学依据。
   A. 金融机构　　B. 决策部门　　C. 审查部门　　D. 施工单位

4. 可行性研究是工程建设项目决策前运用多种科学手段进行(　　)论证的综合性研究。
   A. 技术经济　　B. 技术评价　　C. 社会评价　　D. 财务评价

5. 建设项目评估的主要任务是(　　)。
   A. 对拟建项目进行财务评价
   B. 对拟建项目进行国民经济评价

C. 对拟建项目的可行性研究报告提出评价意见

D. 对拟建项目的立项报告提出评价意见

6. 可行性研究的内容涉及技术、经济和社会等方面，下列各项中属于经济方面的是（　　）。

A. 产品方案　　　B. 投资估算　　　C. 项目实施进度　　　D. 环境影响评价

7. 可行性研究需要回答的问题包括：市场及资源情况如何，建设规模多大，建设工期多长，总投资额为多少，以及（　　）如何等。

A. 工程造价　　　B. 建设单位　　　C. 经济效益　　　D. 施工技术

8. 可行性研究的内容涉及技术、经济和社会等方面，下列各项中，属于经济方面的是（　　）。

A. 资源条件评价　　B. 原材料燃料供应　　C. 总图运输　　D. 融资方案

二、多项选择题

1. 可行性研究在投资项目的管理方面具有的作用有（　　）。

A. 是项目成立和进行投资决策的基本依据

B. 是编制投资项目规划设计的依据

C. 是项目组织实施的依据

D. 作为签订有关投资合同或协议、订货的依据

E. 是编制可行性研究报告的依据

2. 建设项目可行性研究可分为（　　）。

A. 机会研究　　　　　　　B. 初步可行性研究

C. 财务分析与经济分析　　D. 最终可行性研究

E. 项目的评估和决策

3. 建设工程项目可行性研究是对拟建项目的技术（　　）、经济合理性以及建设可能性进行综合论证。

A. 先进性　　　　　　B. 风险性

C. 可靠性　　　　　　D. 适用性

E. 创新性

4. 工程项目可行性研究在内容上需要论证回答的问题包括（　　）。

A. 项目建设规模　　　　　B. 工艺技术方案的选用

C. 工程施工方案　　　　　D. 城市控制性详细规划

E. 项目厂址选择

5. 建设工程项目可行性研究是在投资决策前进行的调查研究论证工作，其中包括（　　）。

A. 对项目有关社会、经济和技术等方面情况进行深入细致的调查研究

B. 对项目招标方案的分析与研究

C. 对项目建成后的经济效益进行的科学预测和评价

D. 对各种可能拟定的建设方案进行认真的技术经济分析

E. 对各种可能拟定的技术方案进行认真的比较论证

三、简答题

1. 可行性研究的作用是什么？
2. 可行性研究的编制依据及内容有哪些？
3. 项目后评价的作用是什么？
4. 简述项目后评价与前评估的主要区别。

第8章 价 值 工 程

8.1 价值工程概述

价值工程(Value Engineering,VE),也称为价值分析(Value Analysis,VA),是一种可有效降低成本、提高经济效益的技术经济分析方法,已广泛应用于产品设计与创新过程中。价值工程作为一种现代化的管理手段,在 20 世纪 40 年代起源于美国,麦尔斯(L. D. Miles)是价值工程的创始人。第二次世界大战以后,由于原材料供应短缺,采购工作困难重重,麦尔斯发现一些不太短缺的材料能够有效地替代短缺材料。此后,麦尔斯逐渐总结出一套解决采购问题的行之有效的方法,并将这种方法推广应用到其他领域。1955 年,这一方法传入日本,后又与全面质量管理相结合而得到进一步的发展,成为一套成熟的提高产品价值、降低产品成本的价值分析方法。

1955 年,日本派出一个成本管理考察团到美国,他们了解到价值工程十分有效,就引进采用,并把价值工程与全面质量管理结合起来,形成具有日本特色的管理方法。1960 年,价值工程首先在日本的物资和采购部门得到应用,而后又发展到老产品更新、新产品设计、系统分析等方面。1965 年,日本成立了价值工程师协会(SJVE),由此价值工程得到了迅速推广。

我国运用价值工程始于 20 世纪 70 年代末。1984 年,原国家经济贸易委员会将价值工程作为十八种现代化管理方法之一,向全国推广。1987 年,国家标准局颁布了第一个价值工程国家标准《价值工程基本术语和一般工作程序》。

8.1.1 价值工程的概念

价值工程是以提高产品(或作业)价值和有效利用资源为目的,通过有组织的创造性工作,寻求用最低的全寿命周期成本,可靠地实现所研究对象的必要功能,以获得最佳综合效益的一种管理技术。价值工程中"工程"的含义是指为实现提高价值的目标所进行的一系列分析研究的活动。其主要思想是通过对选定研究对象的功能及费用进行分析,提高对象的价值。用数学比例式表达如下。

$$V = F/C$$

式中:V——价值;

F——研究对象的功能,其广义是指产品或作业的功能和用途;

C——获得相应功能的全寿命周期成本,即从产品设计制造到交付使用,直到报废为止的全过程的生产费用和使用费用之和。

价值工程包括三个基本要素,即价值、功能和成本。上式表明,价值的大小取决于功能和成本:在成本不变的情况下,价值与功能成正比;在功能不变的情况下,价值与成本成反比。

(1) 价值(V)。

价值工程中"价值"的含义既有别于政治经济学中所说的价值,又有别于统计学中用货币表示的价值,它是指投入与产出或效用与费用的比值。价值反映了功能和成本的关系,为分析与评价产品提供了一种科学的标准。建立价值分析的观念能使企业在生产经营中正确处理功能和成本的关系,生产适销的产品,不断提高产品的价值,满足消费者的需求,提高企业的竞争力。

(2) 功能(F)。

功能可解释为用途、效能、作用等。功能是各种事物所共有的属性。就产品而言,功能就是产品的用途、产品所担负的职能或所起的作用。购买产品的目的在于其功能,而非所购买产品本身的结构。价值工程自始至终都要围绕用户要求的功能对事物本质进行思考。

功能包括多种属性,为分清它的性质,价值工程中一般将其分为以下几类。

①按重要程度分为基本功能和辅助功能。

基本功能是指实现该事物的用途必不可少的功能,即主要功能。基本功能改变,产品的用途也将随之改变。确定基本功能应从用户需要的功能出发。可以从产品的作用是否是必需的,主要用途是否真的是主要的,其作用改变后是否会使性质全部改变三方面来考虑。

辅助功能是指基本功能附加的功能,如石英钟的基本功能是显示时间,但有的也附加了声音、日期等辅助功能。辅助功能可以依据用户的需要进行改变。

②按满足要求性质的标准分为使用功能和美观功能。

使用功能是指提供的使用价值或实际用途,使用功能通过基本功能和辅助功能反映出来,如带鸣音的石英钟既要显示时间,又要按时发出声音。

美观功能是指外观装饰功能,如产品的造型、颜色。美观功能主要提供欣赏价值,可起到扩增价值的作用。有些用来欣赏的产品,应追求美观功能,如美术工艺品、装饰品等;而有些产品不追求美观,如煤、油、地下管道等。

③按用户用途标准分为必要功能和不必要功能。

必要功能是指用户要求的需要功能,如钟表的"走时"功能是必要功能。产品若无必要功能,也就失去了价值。必要功能包括基本功能和辅助功能,但辅助功能不一定都是必要功能。

不必要功能是指对用户可有可无的功能,包括过剩的、多余的功能。

明确区分上述功能可以抓住主要矛盾,尽量减少那些不必要的、次要的功能成本,从而提高其价值。

(3) 成本(C)。

这里的成本(C)指全寿命周期成本,是指分析对象从研究开发、设计制造、销售使用直至报废所发生的各项费用之和。寿命周期成本主要由生产成本、使用及维护成本组成。寿命周期成本与功能水平关系图如图 8.1 所示。生产成本(C_1)是指用户购买产品的费用,包括产品的研发、设计、试制、生产、销售等费用;使用及维护成本(C_2)是指用户使用产品过程中支付的各种费用,包括使用过程中的能耗、维修费用、人工费用、管理费用等,即有

$$C = C_1 + C_2$$

式中:C——寿命周期成本;

C_1——生产成本;

C_2——使用及维护成本。

在一定范围内,产品的生产成本和使用及维护成本之间存在此消彼长的关系。随着产品功能水平的提高,产品的生产成本增加,使用及维护成本降低;反之,产品功能水平降低,

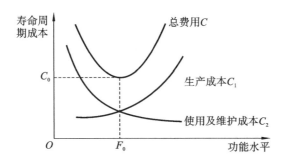

图 8.1 寿命周期成本与功能水平关系图

产品的生产成本降低,使用及维护成本增加,如图 8.1 所示。这样,产品的生产成本和使用及维护成本之和必然存在一个最小值,这一最小值反映了最适宜的功能水平和费用水平,此时的寿命周期成本是最低的。

价值工程的目的就在于寻求不同的方案以使寿命周期成本最低。

8.1.2 价值工程的特点

(1) 价值工程的目标是以最低的寿命周期成本使产品或作业具备它所必须具备的功能。产品寿命周期是指产品从研发、设计、制造、使用直到报废为止的整个时期。产品寿命一般可分为自然寿命和经济寿命。价值工程一般以经济寿命来确定产品寿命周期。

(2) 价值工程的核心是对产品或作业进行功能分析。价值工程中的功能是指产品能够满足某种要求的一种属性。通过功能分析能够确定产品的必要功能,剔除不必要的多余功能。

(3) 价值工程将产品价值、功能和成本作为一个整体来考虑。也就是说,价值工程中对价值、功能、成本的考虑不是片面和孤立的,而是在确保产品功能的基础上,综合考虑生产成本、使用及维护成本,兼顾生产者和用户的利益,创造出总体价值最高的产品。

(4) 价值工程强调不断改革和创新。开拓新构思和新途径,获得新方案,创造新功能载体,从而简化产品结构,节约原材料,提高产品的技术经济效益。

(5) 价值工程要求将功能定量化,即将功能转化为能够与成本直接相比的量化值。

(6) 价值工程是以集体的智慧开展的有计划、有组织的管理活动。开展价值工程要组织科研、设计、制造、管理、采购、供销、财务等各方面有经验的人员参加,组成一个智力结构合理的集体,博采众长,发挥集体智慧进行产品设计,以达到提高方案价值的目的。

8.1.3 提高价值的途径

(1) 双向型($F\uparrow$,$C\downarrow$)。

在提高产品功能的同时,又降低产品成本,这是提高价值最为理想的途径,但它往往要借助技术的突破才能实现。例如新技术的不断发展不仅降低了家用电器(例如空调)的生产和使用及维护成本,同时也极大地提高了产品的使用功能。

(2) 改进型($F\uparrow$,C—)。

在产品成本不变的条件下,着重通过改进设计提高产品的功能,达到提高产品价值的目的。例如人防工程若仅考虑战时的隐蔽功能,平时闲置不用,将需要投入大量的人力、物力予以维护。若在设计时考虑战时能发挥隐蔽功能,平时供商业用,则能够提高人防工程的功能。

(3) 节约型($F—,C\downarrow$)。

在保持产品功能不变的前提下,着重通过降低成本达到提高价值的目的。例如新型节能照明设备在满足同样照明需求的前提下,能够有效降低使用期间的能源消耗量,节约资源消耗,达到提高使用价值的目的。

(4) 投资型($F\uparrow\uparrow,C\uparrow$)。

在适度增大产品成本的同时,其功能也有较大幅度的提高,即功能的提高幅度超过了成本的提高幅度,价值还是提高了。例如输电设备技术改革项目,通过适度增加投入更新部分设备,可以大幅度提高输电设备的使用效果,既能满足不断增长的需要,又可加快投资回收,实现价值的提高。

(5) 牺牲型($F\downarrow,C\downarrow\downarrow$)。

产品功能略有下降,产品成本大幅度下降,即功能的下降幅度小于成本下降的幅度,这样也可以达到提升产品价值的目的。例如经济适用房相对于普通商品房在房屋居住舒适性方面可能会略差,但大幅度地节约了建设成本,可以达到为更多的人提供保障性住房的目的。

总之,在产品形成的各个阶段都可以应用价值工程提高产品的价值,但在不同的阶段进行价值工程活动,其经济效果的提高幅度却是大不相同的。对于建设工程,应用价值工程的重点是在规划和设计阶段,因为这两个阶段是提高技术方案经济效果的关键环节。一旦设计完成并施工,建设工程的价值就基本决定了,这时再进行价值工程分析就变得更加复杂,不仅原来的许多工作成果要付诸东流,而且可能会造成很大的浪费,使价值工程活动的技术经济效果大大下降。当然,在施工阶段也可展开大量价值工程活动,以寻求技术、经济、管理的突破,获得最佳的综合效果。如对施工项目展开价值工程活动,施工单位可以更加明确业主的要求,更加熟悉设计要求、结构特点和项目所在地的自然地理条件,从而更利于施工方案的制订,更能有效地组织和控制项目施工;开展价值工程活动可以在保证质量的前提下,为用户节约投资、提高功能、降低寿命周期成本,从而赢得业主的信任,有利于甲、乙双方关系的和谐与协作,同时提高自身的社会知名度,增强市场竞争能力;进行价值工程活动有利于提高项目组织能力,改善内部组织管理,降低不合理消耗等。

目前,价值工程在我国建筑业中的应用还处于比较初级的阶段。但从世界范围来看,建筑业一直是价值工程实践的热点领域,究其原因是它能适应建筑业自身发展的需求,在降低工程成本、保证业主投资效益方面具有显著的功效。根据美国建筑业应用价值工程的统计结果表明:一般情况下应用价值工程可以降低整个建设项目5%~10%的初始投资,也可以降低项目建成后5%~10%的运行费用。而在某些情况下,这一节约的比例更是可以达到35%以上,但是整个价值工程研究的投入经费仅为项目建设成本的0.1%~0.3%。因此,推动价值工程在我国建筑业中的发展和应用,不仅可以获得良好的经济效益,而且也可以提高我国建筑业的整体经营管理水平。

8.1.4 价值工程在工程建设应用中的实施步骤与工作程序

价值工程在工程建设应用中的实施步骤为:对象选择→功能系统分析→功能评价→方案创造与评价→方案实施与评价。

价值工程的工作程序见表8-1。

表 8-1 价值工程的工作程序

工作阶段	设计程序	工作步骤 基本步骤	工作步骤 详细步骤	对应问题
准备阶段	制定工作计划	确定目标	1. 工作对象选择 2. 信息资料搜集	价值工程的研究对象是什么
分析阶段	功能评价	功能分析	3. 功能定义 4. 功能整理	功能是什么
分析阶段	功能评价	功能评析	5. 功能成本分析	成本是多少
分析阶段	功能评价	功能评析	6. 功能评价 7. 确定改进范围	价值是多少
创新阶段	初步设计	制定创新方案	8. 方案创造	是否有其他方法实现同样的功能
创新阶段	评价各设计方案，改进、优化方案	制定创新方案	9. 概略评价 10. 调整完善 11. 详细评价	新方案的成本是多少
创新阶段	方案书面化	制定创新方案	12. 提出方案	新方案能否满足功能的要求
实施阶段	检查实施情况并评价活动成果	方案实施与成果评价	13. 方案审批 14. 方案实施与检查 15. 成果评价	方案是否偏离目标

8.2 价值工程对象选择和信息资料搜集

8.2.1 价值工程对象选择的原则

开展价值工程活动首先要确定其对象，一般是根据设定的原则和方法来选择价值工程对象。如果价值工程对象确定得当，其工作可事半功倍；若确定不当，则可能劳而无功。

总之，价值工程对象的选择一定要根据国家建设和企业生产经营发展的需要，考虑到提高产品价值的可能性、存在的问题与薄弱环节等。价值工程对象的选择一般应从以下几个方面考虑。

（1）设计方面考虑结构复杂、体大量重、材料昂贵、性能较差的产品或构配件。

（2）施工生产方面考虑产量较大、工艺复杂、原材料消耗高、成品率低的产品或构配件。

（3）销售方面考虑用户意见多、竞争能力差、未投入市场的新产品，要扩大销路的老产品等。

（4）成本方面考虑高于同类产品或高于功能相近的产品等。

8.2.2 价值工程对象选择的方法

价值工程对象选择的方法有很多种，不同方法适合不同的对象。根据企业条件适当选用不同的方法，可以取得较好效果。价值工程对象选择的常用方法有经验分析法、ABC 分类法、强制确定法、百分比分析法、价值指数法和最合适区域法等。下面主要介绍经验分析法、ABC 分类法、强制确定法和最合适区域法。

(1) 经验分析法。

经验分析法又称因素分析法,是指组织有经验的人员对已经搜集和掌握的信息资料作详细而充分的分析和讨论,在此基础上选择分析对象的一种方法。经验分析法是一种定性分析方法,其优点是简便易行、节省时间,该方法在目前实践中应用较为普遍,缺点是缺乏定量的数据,不够精确,但用于初选阶段是可行的。

(2) ABC 分类法。

ABC 分类法是 1879 年由意大利数理经济学家、社会学家维弗雷多·帕累托提出的,又称帕累托分析法、ABC 分类管理法、重点管理法等。1951 年,管理学家戴克将其应用于库存管理,命名为 ABC 法。1951—1956 年,约瑟夫·朱兰将 ABC 法引入质量管理,用于分析质量问题,被称为排列图。1963 年,彼得·德鲁克将这一方法推广应用到全部社会现象,使 ABC 法成为企业为提高效益而普遍应用的管理方法。它把被分析的对象分成 A、B、C 三类,以 A 类作为重点分析对象,所以称为 ABC 分类法。其核心思想是在决定一个事物的众多因素中分清主次,识别出少数但对事物起决定性作用的关键因素和多数但对事物影响较小的次要因素。

在价值工程中,我们把成本占总成本 70%~80% 而数量占总零部件 10% 左右的零部件划分为 A 类部件,把成本占总成本 10%~20% 而数量占总零部件 70% 左右的零部件划分为 C 类,其余为 B 类,其中 A 类是价值工程的主要研究对象。从分类中可以看出,在价值工程的研究对象中,应以 A 类零部件作为重点分析对象,B 类只作一般分析,C 类可以不作分析。通过 ABC 分类法,产品零部件数量与成本之间的关系就能一目了然,如图 8.2 所示。

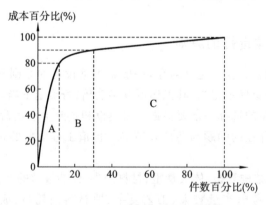

图 8.2　ABC 分类法分析示意图

ABC 分类法的优点是可以抓住重点,突出主要矛盾,在对复杂产品的零部件作对象选择时,常用它来进行主次分类。据此,价值工程分析小组可以结合一定的时间要求和分析条件,略去次要的多数,抓住关键的少数,卓有成效地开展工作。但是,该法没有把成本与功能紧密联系起来,因而容易忽视掉个别功能重要而成本比重较小的零部件。

(3) 强制确定法。

强制确定法又称 FD 法,包括 0-1 评分法和 0-4 评分法两种方法。它是采用一定的评分规则,通过强制对比打分来评定评价对象的功能重要性。在选择价值工程对象时,有些产品或构配件,其功能重要程度相差较大,不宜以成本的高低来选择对象,此时可应用价值系数进行选择。强制确定法就是根据所求出的功能评价系数和成本系数计算价值系数,再根据价值系数的高低选择对象的一种方法,具体做法如下。

①计算功能评价系数(F)。

a. 功能评价系数具体计算公式为

$$功能评价系数 = \frac{产品或构配件得分累计}{总分}$$

b. 各评价对象功能得分值的推算方法主要有 0-1 评分法和 0-4 评分法,评分依据分别如下。

0-1 评分法:两个功能相比,相对重要的得 1 分,相对不重要的得 0 分。

0-4 评分法:两个功能相比,相对很重要的得 4 分,相对不重要的得 0 分,相对较重要的得 3 分,相对较不重要的得 1 分,同等重要的两个功能各得 2 分。

【例 8-1】 将产品或产品的构配件排列起来,一对一地进行功能重要性比较,重要的得 1 分,不重要的得 0 分,然后对每一种产品或构配件累计得分,全部的累计得分之和为总分,每一产品或构配件的累计得分与总分之比为该产品或构配件的功能评价系数,结果见表 8-2。

表 8-2 产品功能评价系数分析结果

产品或构配件	一对一比较结果	得分累计	功能评价系数
A	1 1 0 1 1 1 1	6	0.214
B	0 1 0 1 1 1 1	5	0.179
C	0 0 0 1 1 1 0	3	0.107
D	1 1 1 1 1 1 1	7	0.250
E	0 0 0 0 0 1 0	1	0.036
F	0 0 0 0 1 1 0	2	0.071
G	0 0 0 0 0 0 0	0	0.000
H	0 0 1 0 1 1 1	4	0.143
总计	—	28	1

②计算成本系数 C。每一产品或构配件的成本与全部产品或构配件的总成本之比称为成本系数,即

$$成本系数 C = \frac{产品或构配件成本}{全部产品或构配件成本之和}$$

③计算价值系数 V。其计算公式为

$$价值系数 V = \frac{功能评价系数 F}{成本系数 C}$$

④价值工程对象选择。

$V=1$,此时评价对象的功能比重与成本比重大致平衡,匹配合理,目前成本比较合理。

$V<1$,此时评价对象的成本比重大于其功能比重,表明相对于系统内的其他对象,它目前所占的成本偏高,从而会导致该对象的功能过剩,应将评价对象列为改进对象,改善方向主要是降低成本。

$V>1$,此时评价对象的成本比重小于其功能比重,出现这种结果的原因可能有以下三个方面。

第一,由于目前成本偏低,不能满足评价对象实现功能的要求,致使其功能偏低,应列为改进对象,改善方向是增加成本。

第二,对象目前具有的功能已经超过其应该具有的水平,即存在过剩功能,这种情况也应列为改进对象,改善方向是降低功能水平。

第三,对象在技术、经济等方面具有某些特征,存在着功能很重要而需要消耗的成本却很少的情况,这种情况一般不列为改进对象。

⑤确定目标成本并确定改进对象。

尽可能根据收到的同行业、同类产品的情况,从中找出实现此产品的最低成本,作为该项产品的目标成本,然后将目标成本按各功能指数的大小分摊到各评价对象上,作为控制型指标,然后计算成本,降低期望值 ΔC,$\Delta C>0$ 时,ΔC 大者为优先改进对象。

【例 8-2】 各种功能的重要性关系为:F3 相对于 F4 很重要;F3 相对于 F1 较重要;F2 和 F5 同样重要;F4 和 F5 同样重要。用 0-4 评分法计算各功能的权重,计算结果见表 8-3。

表 8-3 功能重要性系数的分析结果

功能	F1	F2	F3	F4	F5	得分	功能重要性系数
F1	×	3	1	3	3	10	0.250
F2	1	×	0	2	2	5	0.125
F3	3	4	×	4	4	15	0.375
F4	1	2	0	×	2	5	0.125
F5	1	2	0	2	×	5	0.125
总计	—					40	1

【例 8-3】 某住宅工程项目设计人员根据业主的要求,提出甲、乙、丙三个方案,并邀请专家进行论证。专家从五个方面(以 F1 至 F5 表示)对方案的功能进行评价,各方案的功能得分见表 8-4。

表 8-4 各方案的功能得分情况

功能名称	方案功能得分		
	甲	乙	丙
F1	8	7	10
F2	9	9	9
F3	10	5	6
F4	6	8	8
F5	9	9	10

各功能的重要性分析如下:F3 相对 F4 很重要,F3 相对 F1 较重要,F2 相对 F5 同样重要,F4 相对 F5 同样重要。如建设规模为 12000 平方米,甲、乙、丙三个方案的单位造价分别为 1685 元/平方米、1585 元/平方米、1750 元/平方米。试运用价值系数选择最优方案,并评价效果。

【解】 由于本例中各功能的重要性与上例中一致,故功能重要性系数不再重复计算。各方案的功能评价表和价值系数计算表分别见表 8-5 和表 8-6。

表 8-5 各方案的功能评价表

项目 功能	功能重要 性系数	方案甲		方案乙		方案丙	
		功能得分	加权得分	功能得分	加权得分	功能得分	加权得分
F_1	0.250	8	2	7	1.75	10	2.5
F_2	0.125	9	1.125	9	1.125	9	1.125
F_3	0.375	10	3.75	5	1.875	6	2.25
F_4	0.125	6	0.75	8	1	8	1
F_5	0.125	9	1.125	9	1.125	10	1.25
方案加权得分和		8.75		6.875		8.125	
方案功能评价系数		0.3684		0.2895		0.3421	

表 8-6 各方案价值系数计算表

方案名称	功能评价系数	成本费用(万元)	成本系数	价值系数
甲	0.3684	2022	0.3357	1.097
乙	0.2895	1902	0.3157	0.917
丙	0.3421	2100	0.3486	0.981
合计		6024	1.000	

经计算可知,方案甲的价值系数较大,据此选择方案甲为最优方案。

(4) 最合适区域法。

如图 8.3 所示,以纵坐标表示功能评价系数,以横坐标表示成本系数,则价值系数 $V=1$ 的点均在与坐标轴成 45° 的直线上。由两条曲线所围成的斜线区域即为"最合适区域"。凡落在区域内的点被认为是合理的,可以不作为分析重点;凡落在区域外很远的点,则应重点加以分析。

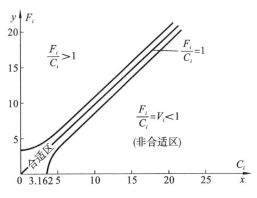

图 8.3 最合适区域法图解示意图

8.2.3 信息资料搜集

信息资料搜集内容见表 8-7。

表 8-7 信息资料搜集

项目	内 容
用户方面	使用目的、使用条件、使用环境、维护保养条件、操作标准、用户对产品的意见等，如果是消费品，尚需了解用户的经济收入、身份、民族习惯、审美观等
市场方面	市场需求，市场容量，竞争产品的价格、利润、销售量，质量指标，用户反映情况等
技术方面	本产品设计、创造等技术档案，国内外同类产品的设计方案、产品结构、加工工艺、设备、材料标准、成品率及其成本、新技术、新工艺、新材料、三废处理、国外专利、产品目录等
经济方面	产品成本的构成，包括生产费用、销售费用、运输储存费用、零部件的成本及外购件、协助件的费用等
本企业的基本情况	经营方针、生产能力、经营情况、技术经济指标等
政府和社会方面	有关法律、条例、政策、防止公害、环境保护等

8.3 功能分析与评价

功能分析是价值工程的核心。功能分析是对研究对象（产品或作业）系统地分析其功能，掌握产品提供的功能和用户对功能的要求，科学评价其重要性，即回答"它是干什么的"这个问题。功能分析是通过功能和成本匹配关系定量计算对象价值的大小，确定改进对象的过程。功能分析一般包括三个步骤，即功能定义、功能分类和功能整理。

8.3.1 功能定义

功能定义是指用简洁的语言把研究对象的功能表达出来。价值工程的特点是从对象的功能出发，对事物的功能进行本质的思考。在评价方案时，要以最低成本为尺度，衡量产品是否实现了用户所要求的功能。功能定义的目的是抓住功能的本质，把握住用户的要求，简洁地、定量地表达功能，以扩大思路，为功能评价与方案创造打好基础。

8.3.2 功能分类

根据功能的不同特点可将功能分为几种类型，详细内容见前文介绍。

8.3.3 功能整理

功能整理就是对定义的功能进行系统的分析、整理，明确功能之间的关系，分清功能类别，建立功能系统图。功能整理的目的包括掌握必要的功能，发现和消除不必要的功能，审查功能定义的正确性，明确功能区域，明确变革的着手点。

按照"目的与手段"的关系，通过提问的方法，寻找实现总体功能的直接手段，然后分系统一层一层地找下去。也可反过来，以手段寻找目的，一层层地向上推。这两种顺序也可交替、互补进行。

(1) 为什么需要此功能？这一问题是为了找出上位功能，即目的；
(2) 通过什么手段来实现这个功能？这一问题是为了找出下位功能，即手段。

功能系统图的作用很大，在功能评价和研究改进方案时，可以沿着图中各功能的顺序，逐个分析和评价。功能系统图及示例见图 8.4。

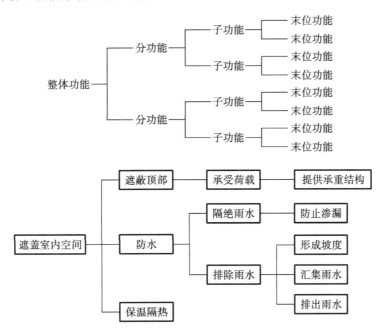

图 8.4 功能系统图及示例

8.3.4 功能评价

功能评价的目的是通过确定功能的现实成本、目标成本、目标成本与现实成本的比值以及现实成本与目标成本的差值（改善期望值），选出价值低、改善期望值大的功能作为价值工程的重点对象。

【例 8-4】 某产品的 6 种功能是由 5 种零部件实现的，功能现实成本的计算步骤如下：先将与功能相对应的零部件名称及现实成本填入表中（见表 8-8）；然后再将功能领域 F1 至 F6 填入表中；将各零部件的现实成本逐一按其为实现多功能提供的成本分配至各功能领域，例如 C 部件提供了三种功能，则将 C 部件现实成本 2500 元按上述思想分配到 3 种功能中；最后将每项功能分配的成本相加，即可得功能的现实成本。

表 8-8 某产品与功能对应的各零部件的现实成本

零部件			功能（或功能领域）					
序号	名称	成本(元)	F1	F2	F3	F4	F5	F6
1	A	3000	1000		1000		1000	
2	B	2000		500		1500		
3	C	2500	500		500			1500
4	D	1500		1000		500		

序号	零部件 名称	成本(元)	功能(或功能领域)					
			F1	F2	F3	F4	F5	F6
5	E	1000			400		600	
合计		10000	1500	1500	1900	2000	1600	1500

8.3.5 方案的创新与改进

方案的创新就是从改善对象的价值出发，针对应改进的具体目标，依据已建立的功能系统图和功能目标成本，通过创造性的思维活动，提出实现功能的各种改进方案。方案创新的方法很多，下面简要介绍几种常用方法。

(1) 头脑风暴法(Brain Storming,简称 BS 法)。

头脑风暴法是一种专家会议法，是用来产生有助于查明问题的思想、目标和策略的方法。它是 1938 年由创造性思维专家奥斯本首先提出的一种加强创造性思维的手段，通过召集一定数量的专家(通常为 5～10 人)进行开会研究，共同对某一问题作出判断，可以产生大量关于解决问题的潜在建议。头脑风暴法有四条基本规则：不批评别人的意见；鼓励自由奔放的思考；提出的方案越多越好；希望结合别人意见提出设想。

(2) 哥顿法。

这是美国人哥顿在 1964 年提出的方法。这种方法的指导思想是把要研究的问题适当抽象。会议主持者并不把要解决的问题全部摊开，只把问题抽象地介绍给大家，要求大家提出各种设想。例如要研究一种新型割稻机，则只提出如何把东西割断和分开，大家围绕这一问题提方案。会议主持者要善于引导，步步深入，等到适当的时机，再把问题讲明，参会者具体思考，舍弃不可行的方案，对可行的方案作进一步研究。

(3) 德尔菲法。

德尔菲法(Delphi Technique)不采用开会的形式，而是由组织者采用函询调查的形式，向与预测问题有关领域的专家分别提出问题，使专家在彼此不见面的情况下发表意见、交流信息，而后将他们的答复意见加以整理、综合，最终形成统一的集体结论，作为新的代替方案。

8.3.6 方案评价

方案评价是指对新构思的方案从技术、经济和社会三个方面进行评价，包括方案的概略评价和方案的详细评价。

概略评价是对新构思方案进行初步研究，其目的是从众多的方案中进行粗略的筛选，以减少详细评价的改进量。概略评价具有预测的性质，属于探索性评价。此时还没有开展大量的试验研究工作，还没有准确的实践数据，主要是参考有关资料，汇总设计、生产及销售部门的意见，全盘考虑方案中的各种问题。概略评价要用较短的时间对众多的方案进行初步选择。

详细评价是在概略评价所得的比较抽象的方案中评选出准备实施的最佳方案。其评价结论是方案审批的依据。详细评价又包含技术评价、经济评价、社会评价、综合评价四个方面。技术评价围绕功能进行，内容是方案能否实现所需功能以及实现的程度；经济评价围绕经济效果进行,内容是以成本为代表的经济可行性;社会评价围绕社会效果进行,内容是方案对社会产生的利弊;最后进行综合评价,选出最佳方案。

本章小结

价值工程是以提高产品(或作业)价值和有效利用资源为目的,通过有组织的创造性工作,寻求用最低的寿命周期成本,可靠地实现使用者所需功能,以获得最佳综合效益的一种管理技术。价值工程涉及价值、功能和成本三个基本要素,其目标是以最低的寿命周期成本,使产品具备必要的功能。价值工程的核心是对产品进行功能分析,它是以集体的智慧开展的有计划、有组织的管理活动。价值工程以用户要求为重点,强调不断改革和创新。

价值工程的工作步骤分为准备阶段、分析阶段、创新阶段及实施阶段。每个阶段又有详细的工作步骤,包括工作对象选择、信息资料搜集、功能定义、功能整理、功能成本分析、功能评价、确定改进范围、方案创造、概略评价、调整完善、详细评价、提出方案、方案审批、方案实施与检查以及成果评价。价值工程的核心在于功能分析。

复习思考训练

1. 某业主邀请若干厂家对某商务楼的设计方案进行评价,经专家讨论确定的主要评价指标分别为:功能适用性(F1)、经济合理性(F2)、结构可靠性(F3)、外形美观性(F4)与环境协调性(F5)。各功能之间的重要性关系为:F3 比 F4 重要得多,F3 比 F1 重要,F1 和 F2 同等重要,F4 和 F5 同等重要。经过筛选后,最终对 A、B、C 三个设计方案进行评价,三个设计方案评价指标的评价得分结果和估算总造价见表 8-9。

表 8-9　各方案评价指标的评价得分结果和估算总造价

功能	方案 A	方案 B	方案 C
功能适用性(F1)	9 分	8 分	10 分
经济合理性(F2)	8 分	10 分	8 分
结构可靠性(F3)	10 分	9 分	8 分
外形美观性(F4)	7 分	8 分	9 分
环境协调性(F5)	8 分	9 分	8 分
估算总造价(万元)	6500	6600	6650

问题:(1) 用 0-4 评分法计算各功能的权重;

(2) 运用价值系数选择最佳设计方案;

(3) 若 A、B、C 三个方案的年度使用费用分别为 340 万元、300 万元、350 万元,设计使用年限均为 50 年,基准收益率为 10%,用寿命周期年费用法选择最佳设计方案。(表中数据保留 3 位小数,其余计算结果均保留 2 位小数)

2. 造价工程师在某开发公司的某项公寓建设工程中,采用价值工程的方法对该工程的设计方案和施工方案进行了全面的技术经济评价,取得了良好的经济效益和社会效益。四个设计方案 A、B、C、D 经有关专家根据评价指标(F1 至 F5)进行技术经济分析和论证,得出如下资料(见表 8-10 和表 8-11)。

表 8-10　四个方案的评价指标数据

方案功能	F1	F2	F3	F4	F5
F1	×	4	2	3	1
F2	0	×	1	0	2
F3	2	3	×	3	3
F4	1	4	1	×	1
F5	3	7	1	3	×

表 8-11　四个方案的功能得分情况

方案功能	方案功能得分			
	A	B	C	D
F1	9	10	9	8
F2	10	10	8	9
F3	9	9	10	9
F4	8	8	8	7
F5	9	7	9	6
单方造价(元/平方米)	1420	1230	1150	1360

问题:(1) 计算功能重要性系数;

(2) 计算功能系数、成本系数、价值系数并选择最优设计方案。

实 训 篇

实训一 财务基础应用

某项目建设期为2年,生产期为8年,项目建设投资(不含固定资产投资方向调节税、建设期借款利息)8000万元,预计95%形成固定资产,5%形成无形资产。固定资产折旧年限为8年,按平均年限折旧法计算折旧,残值率为4%,在生产期期末回收固定资产残值,无形资产按5年平均摊销。

建设项目发生的资金投入、收益及成本情况见表1。建设投资贷款年利率为7%,建设期只计利息不还款,银行要求建设单位从生产期开始的6年间,按照每年等额本金偿还法进行偿还,同时偿还当年产生的利息,流动资金贷款年利率为5%。

表1 建设项目发生的资金投入、收益及成本 单位:万元

序号	年份 项目		1	2	3	4	5~10
1	建设投资	自有资金部分	2400	2400			
		贷款(不含贷款利息)	1600	1600			
2	流动资金贷款				600		
3	年销售收入				9600	10200	12000
4	年经营成本				5200	5525	6500

问题:(1)编制建设期借款还本付息表(表2)。
(2)计算各年固定资产折旧额。
(3)编制总成本费用估算表(表3)。

表2 借款还本付息表

序号	年份 项目	建设期		生 产 期					
		1	2	3	4	5	6	7	8
1	年初累计借款								
2	本年新增借款								
3	本年应计利息								
4	本年应还本金								
5	本年应还利息								

表 3 总成本费用估算表

序号	年份 项目	生产期							
		3	4	5	6	7	8	9	10
1	经营成本								
2	折旧费								
3	摊销费								
4	长期借款利息								
5	流动资金借款利息								
6	总成本费用								

实训二 资金等值问题

(1) 一位工作了 3 年的大学生想购买一套房子,他从 25 岁起每年年末向银行存入 8000 元,连续存 10 年,若银行年利率为 8%,问 10 年后共有多少本利和?他的同学毕业后欲回家乡筹办一家澳洲火鸡饲养场,第 1 年投资 10 万元,1 年后又投资 15 万元,2 年后再投入 20 万元,第 3 年建成投产。投资全部由一家银行贷款,年利率为 8%。贷款从第 3 年开始每年年末等额偿还,还款期 10 年。问每年的收益(偿还银行贷款)至少为多少万元?

(2) 一份遗书上注明有 250000 元留给未成年的女儿,但是该款项暂由她的保护人保管 8 年。若这笔资金的利率是 5%,问 8 年后这位女孩可以得到多少钱?一对还有 10 年就要退休的夫妇欲建立一笔海外旅游基金,每年将一笔款项存入银行。该旅游基金预计自第 10 年年末起,连续 3 年各提 2 万元。如果银行存款利率为 8%,那么 10 年中每年年末应等额往银行存入多少元?

(3) 有一家小饭店要转让,合同期为 8 年,预计年净收益为 20 万元,若投资者要求的年收益率为 20%,问投资者最多愿意出多少价格接手小饭店?几个大学生合资建设一家废旧金属回收公司,期初投资 100 万元,建设期为 1 年,第 2 年投产,如果年利率为 10%,打算投产后 5 年内收回全部投资,问该厂每年最少应获利多少?

实训三 投资方案的比较和选择

项目一 方案比较与选择

(1) 某公司要购买两种设备,基准收益率为 10%,其现金流量情况见表 4,试用净年值法评价购买哪种设备比较合理。

表 4 两种设备的现金流量

方案	投资(元)	年收入(元)	年成本(元)	残值(元)	寿命(年)
设备 A	35000	19000	6500	3000	4
设备 B	50000	25000	13000	0	8

(2) 某方案的年净现金流量见表 5,已知基准折现率为 10%,试求方案的投资回收期。

表5 某方案的年净现金流量　　　　　　　　　　　　　　　　　　　　单位:万元

年　份	1	2	3	4	5	6
NCF	−100	20	30	60	60	60

(3) 某设备的购价为40000元,每年的运行收入为15000元,年运行费用为3500元,4年后该设备可以按5000元转让,如果基准折现率$i=20\%$,问此项设备投资是否值得?若折现率为5%,此项设备投资是否值得?

项目二　某造纸厂的搬迁问题

某造纸厂靠近市区,该企业发展遇到困难。为增大生产能力和解决污染问题,该厂拟迁往郊县,为此需新增投资5000万元。搬迁后,部分设备可继续利用,预计项目计算期为12年。对此厂内意见并不一致,不少人考虑到职工上班和生活问题,主张不搬迁。若原地继续生产,必须投资2000万元购买治污设施;同时为了再生产12年,还要投入500万元进行设备大修理并更换几台旧设备。已知基准收益率$i=10\%$,两种方案的相关数据见表6。

表6 两种方案的数据比较　　　　　　　　　　　　　　　　　　　　单位:万元

年　份		1	2	3	4~12
A方案	净收益	0	0	2500	3200
	旧资产		2000		
	新增资产	5000			
	NCF	−5000	−2000	2500	3200
B方案	净收益	0	2400	2200	3200
	旧资产	3000			
	新增资产	2000	500		
	NCF	−5000	1900	2200	32000

问题:(1) 根据案例描述绘制净现金流量图。
(2) 列表计算静态投资回收期。
(3) 列表计算方案净现值。
(4) 计算动态投资回收期。
(5) 计算内含报酬率。
(6) 计算差额内部收益率。
(7) 针对两个方案的现金流量,应用净现值、内含报酬率指标,结合投资规模、经营管理措施等因素对项目进行投资决策。

实训四　不确定性分析及风险决策

项目一　盈亏平衡分析

(1) 某工业项目投资生产A产品,设计年产量为12万吨,据预测A产品的单位变动成本为300元,销售单价拟为700元,每吨产品的税金为150元,企业的年固定成本总额为

1500万元。求盈亏平衡时的产量与生产能力利用率。

（2）某建筑构建厂经营一种小型构件，已知产品单件变动费用为140元，售价为200元，该厂每年固定费用为80万元，产品单价税金为10元，年设计生产能力为3万件，那么该厂盈亏平衡点的产量为多少？当生产能力为每年2万件时，年利润为多少？为使该厂利润达到60万元，则年产量应为多少件？试计算该厂生产能力利用率，并进行经营安全性评价。

项目二　决策风险分析

某企业为满足社会对产品的需要，拟制订企业发展计划，有三个可行性方案：扩建、新建以及外商合资经营。三个方案的投资分别为：扩建100万元；新建200万元；合资经营20万元。计算期为10年，试用决策树法选择方案。三个方案的决策收益情况见表7。

表7　三个方案的决策收益情况

方案 \ 概率	销路好 $P=50\%$	销路一般 $P=35\%$	销路差 $P=15\%$
扩建（万元）	50	26	−25
新建（万元）	70	30	−40
合资经营（万元）	30	15	−5

实训五　设备更新方案选择

某企业的一台旧设备目前可以转让，价格为25000元，下一年将贬值10000元，以后每年贬值5000元。由于性能退化，该设备今年的使用费为80000元，预计今后每年将增加10000元，4年后报废，残值为0。现有一台新型的同类设备，它可以完成现有设备的工作，购置费为160000元，年平均使用费为60000元，经济寿命为7年，期末残值为15000元，并预计该设备在7年内不会有大的改进。若 $i=12\%$，问是否需要更新现有设备？如果需要，应该在什么时间更新？

实训六　项目财务评价与国民经济评价

项目一　根据各项指标对项目进行综合评价

某企业拟建设一个生产项目生产国内某种急需产品。该项目的建设期为2年，运营期为7年。预计建设投资为800万元（含建设期利息20万元），并全部形成固定资产。固定资产使用期限为10年，期末残值为50万元，按平均年限法折旧。

该企业建设期第1年年初投入项目资本金380万元，第2年向当地建设银行贷款400万元（不含贷款利息），贷款年利率为10%，项目第3年投产，需投入流动资金200万元，项目运行期期末收回。投产当年和正常年份每年的销售收入为700万元，经营成本为300万元，产品销售税金及附加税率为6%，所得税税率为25%，年总成本为400万元。行业基准折现率为10%，行业基准回收期为9年。

投产的第 1 年生产能力仅为设计生产能力的 70%，这一年的销售收入、经营成本和总成本费用均按照正常年份的 70% 估算。投产第 2 年及以后各年份生产均达到设计生产能力。

试回答以下问题，并对该项目进行财务评价，判断项目是否可行。

(1) 计算销售税金及附加。
(2) 计算运营期所得税。
(3) 计算固定资产年折旧费和余值。
(4) 计算建设期贷款利息。
(5) 绘制现金流量图。
(6) 编制全部投资现金流量表。
(7) 计算静态、动态投资回收期。
(8) 计算净现值。
(9) 计算内部收益率。
(10) 根据各项指标对项目进行评价。

项目二　某建设投资方案的经济评价问题

某项目使用 1000 万元（无形资产和其他资产为 200 万元，其余 800 万形成固定资产）进行投资建设，项目自有资本金为 900 万元，借款为 300 万元，借款利率为 8%。从第 3 年年末开始还款，4 年内等额偿还本息。项目流动资金为 200 万元，第 3 年年初投入，在项目期期末收回。固定资产残值为 40 万元，其他资产无残值，均以线性折旧和摊销。营业税税率为 5%，企业所得税税率为 25%。投资者期望的投资回收期为 5 年、投资收益率为 10%。项目的主要数据确定及估算见表 8。试对项目进行财务评价。

表 8　主要数据确定及估算　　　　　　　　　　　单位：万元

年　份	0	1	2	3	4	5	6	7
建设投资	800	200						
其中：资本金	500	200						
贷款	300							
流动资金			200					
营业收入				500	600	600	600	600
经营成本				100	140	140	140	140

实训七　项目建议书和经济评价

广州某高校现有学生两万人，现有食堂及商业总建筑面积 1200 m²，需要扩大原有两层食堂及配套商业规模，另增设大学生创业中心，学校附近有 1800 m² 空地可用，学校自有基建处可以完成项目建设，最终项目使用面积要达到 3600 m²。问应进行原址改、扩建还是利用附近空地重新新建项目？试从以下六方面对该项目进行项目建议书编写：(1) 工程项目建议书提出的必要性和依据；(2) 工程项目拟建规模和建设地点的初步设想；(3) 资源情况、建设条件、协作关系和有关引进情况的初步分析；(4) 工程项目投资估算和资金筹措设想；(5) 工程项目建设进度的初步安排；(6) 经济效益和社会效益的初步估计，包括初步的财务评价和国民经济评价。

实训八 价值工程应用

项目一 公寓建设方案选择

某开发公司在某公寓建设工作中采用价值工程的方法对其施工方案进行分析。现有三个方案,经有关专家的分析论证得到如表 9 所示的信息。试计算各方案的功能系数、成本系数、价值系数并选择合适的方案。

表 9 某公寓建设方案各功能的得分情况

方案功能	重要性系数	得分		
		A	B	C
F1	0.227	9	10	9
F2	0.295	10	10	8
F3	0.159	9	9	10
F4	0.205	8	8	8
F5	0.114	9	7	9
单方造价(元/平方米)		1420	1230	1150

项目二 价值指数法选择最佳施工方案

某承包人在一项多层厂房工程施工中,拟定了 A、B、C 三个可供选择的施工方案,专家组为此进行技术经济分析。各方案的技术经济指标得分见表 10,专家组一致认为各经济指标重要程度如下:F1 相对于 F2 很重要,F1 相对于 F3 较重要,F2 和 F4 同等重要,F3 和 F5 同等重要。试回答以下问题。

表 10 各方案的技术经济指标得分

功能名称	方案功能得分		
	A	B	C
F1	10	9	9
F2	8	10	10
F3	9	10	9
F4	8	9	10
F5	9	9	8

(1) 采用 0-4 评分法列表计算各技术经济指标权重。
(2) 计算各方案的功能系数。
(3) 已知 A、B、C 三个施工方案的成本系数分别为 0.3439、0.3167、0.3394,采用价值指数法选择最佳施工方案。

项目三 价值工程对象排序法应用

某企业生产五种产品,产品各自的年成本、年利润见表11,公司目前急需提高利润水平,试确定可能的价值工程对象。

表11 各产品成本和利润百分比

产品种类	A	B	C	D	E	合计
产品年成本(万元)	465	85	45	150	55	800
产品年成本占总成本的比例(%)						
产品年利润(万元)	100	30	10	45	15	200
产品年利润占年利润总额的比例(%)						
年利润百分比/年成本百分比						
排序						

附录 A

表A1 复利系数表(1%)

年份 n	一次支付		等额支付系列			
	终值系数 $(F/P,i,n)$	现值系数 $(P/F,i,n)$	终值系数 $(F/A,i,n)$	偿债基金系数 $(A/F,i,n)$	资金回收系数 $(A/P,i,n)$	现值系数 $(P/A,i,n)$
	$(1+i)^n$	$\dfrac{1}{(1+i)^n}$	$\dfrac{(1+i)^n-1}{i}$	$\dfrac{i}{(1+i)^n-1}$	$\dfrac{i(1+i)^n}{(1+i)^n-1}$	$\dfrac{(1+i)^n-1}{i(1+i)^n}$
1	1.0100	0.99010	1.0000	1.00000	1.01000	0.9901
2	1.0201	0.98030	2.0100	0.49751	0.50751	1.9704
3	1.0303	0.97059	3.0301	0.33002	0.34002	2.9410
4	1.0406	0.96098	4.0604	0.24628	0.25628	3.9020
5	1.0510	0.95147	5.1010	0.19604	0.20604	4.8534
6	1.0615	0.94205	6.1520	0.16255	0.17255	5.7955
7	1.0721	0.93272	7.2135	0.13863	0.14863	6.7282
8	1.0829	0.92348	8.2857	0.12069	0.13069	7.6517
9	1.0937	0.91434	9.3685	0.10674	0.11674	8.5660
10	1.1046	0.90529	10.4622	0.09558	0.10558	9.4713
11	1.1157	0.89632	11.5668	0.08645	0.09645	10.3676
12	1.1268	0.88745	12.6825	0.07885	0.08885	11.2551
13	1.1381	0.87866	13.8093	0.07241	0.08241	12.1337
14	1.1495	0.86996	14.9474	0.06690	0.07690	13.0037
15	1.1610	0.86135	16.0969	0.06212	0.07212	13.8651
16	1.1726	0.85282	17.2579	0.05794	0.06794	14.7179
17	1.1843	0.84438	18.4304	0.05426	0.06426	15.5623
18	1.1961	0.83602	19.6147	0.05098	0.06098	16.3983
19	1.2081	0.82774	20.8109	0.04805	0.05805	17.2260
20	1.2202	0.81954	22.0190	0.04542	0.05542	18.0456
21	1.2324	0.81143	23.2392	0.04303	0.05303	18.8570
22	1.2447	0.80340	24.4716	0.04086	0.05086	19.6604
23	1.2572	0.79544	25.7163	0.03889	0.04889	20.4558
24	1.2697	0.78757	26.9735	0.03707	0.04707	21.2434
25	1.2824	0.77977	28.2432	0.03541	0.04541	22.0232
26	1.2953	0.77205	29.5256	0.03387	0.04387	22.7952

续表

年份 n	一次支付		等额支付系列			
	终值系数 $(F/P,i,n)$	现值系数 $(P/F,i,n)$	终值系数 $(F/A,i,n)$	偿债基金系数 $(A/F,i,n)$	资金回收系数 $(A/P,i,n)$	现值系数 $(P/A,i,n)$
	$(1+i)^n$	$\dfrac{1}{(1+i)^n}$	$\dfrac{(1+i)^n-1}{i}$	$\dfrac{i}{(1+i)^n-1}$	$\dfrac{i(1+i)^n}{(1+i)^n-1}$	$\dfrac{(1+i)^n-1}{i(1+i)^n}$
27	1.3082	0.76440	30.8209	0.03245	0.04245	23.5596
28	1.3213	0.75684	32.1291	0.03112	0.04112	24.3164
29	1.3345	0.74934	33.4504	0.02990	0.03990	25.0658
30	1.3478	0.74192	34.7849	0.02875	0.03875	25.8077
31	1.3613	0.73458	36.1327	0.02768	0.03768	26.5423
32	1.3749	0.72730	37.4941	0.02667	0.03667	27.2696
33	1.3887	0.72010	38.8690	0.02573	0.03573	27.9897
34	1.4026	0.71297	40.2577	0.02484	0.03484	28.7027
35	1.4166	0.70591	41.6603	0.02400	0.03400	29.4086

表A2 复利系数表(2%)

年份 n	一次支付		等额支付系列			
	终值系数 $(F/P,i,n)$	现值系数 $(P/F,i,n)$	终值系数 $(F/A,i,n)$	偿债基金系数 $(A/F,i,n)$	资金回收系数 $(A/P,i,n)$	现值系数 $(P/A,i,n)$
	$(1+i)^n$	$\dfrac{1}{(1+i)^n}$	$\dfrac{(1+i)^n-1}{i}$	$\dfrac{i}{(1+i)^n-1}$	$\dfrac{i(1+i)^n}{(1+i)^n-1}$	$\dfrac{(1+i)^n-1}{i(1+i)^n}$
1	1.0200	0.98039	1.0000	1.00000	1.02000	0.9804
2	1.0404	0.96117	2.0200	0.49505	0.51505	1.9416
3	1.0612	0.94232	3.0604	0.32675	0.34675	2.8839
4	1.0824	0.92385	4.1216	0.24262	0.26262	3.8077
5	1.1041	0.90573	5.2040	0.19216	0.21216	4.7135
6	1.1262	0.88797	6.3081	0.15853	0.17853	5.6014
7	1.1487	0.87056	7.4343	0.13451	0.15451	6.4720
8	1.1717	0.85349	8.5830	0.11651	0.13651	7.3255
9	1.1951	0.83676	9.7546	0.10252	0.12252	8.1622
10	1.2190	0.82035	10.9497	0.09133	0.11133	8.9826
11	1.2434	0.80426	12.1687	0.08218	0.10218	9.7868
12	1.2682	0.78849	13.4121	0.07456	0.09456	10.5753
13	1.2936	0.77303	14.6803	0.06812	0.08812	11.3484
14	1.3195	0.75788	15.9739	0.06260	0.08260	12.1062
15	1.3459	0.74301	17.2934	0.05783	0.07783	12.8493

续表

年份 n	一次支付		等额支付系列			
	终值系数 $(F/P,i,n)$ $(1+i)^n$	现值系数 $(P/F,i,n)$ $\dfrac{1}{(1+i)^n}$	终值系数 $(F/A,i,n)$ $\dfrac{(1+i)^n-1}{i}$	偿债基金系数 $(A/F,i,n)$ $\dfrac{i}{(1+i)^n-1}$	资金回收系数 $(A/P,i,n)$ $\dfrac{i(1+i)^n}{(1+i)^n-1}$	现值系数 $(P/A,i,n)$ $\dfrac{(1+i)^n-1}{i(1+i)^n}$
16	1.3728	0.72845	18.6393	0.05365	0.07365	13.5777
17	1.4002	0.71416	20.0121	0.04997	0.06997	14.2919
18	1.4282	0.70016	21.4123	0.04670	0.06670	14.9920
19	1.4568	0.68643	22.8406	0.04378	0.06378	15.6785
20	1.4859	0.67297	24.2974	0.04116	0.06116	16.3514
21	1.5157	0.65978	25.7833	0.03878	0.05878	17.0112
22	1.5460	0.64684	27.2990	0.03663	0.05663	17.6580
23	1.5769	0.63416	28.8450	0.03467	0.05467	18.2922
24	1.6084	0.62172	30.4219	0.03287	0.05287	18.9139
25	1.6406	0.60953	32.0303	0.03122	0.05122	19.5235
26	1.6734	0.59758	33.6709	0.02970	0.04970	20.1210
27	1.7069	0.58586	35.3443	0.02829	0.04829	20.7069
28	1.7410	0.57437	37.0512	0.02699	0.04699	21.2813
29	1.7758	0.56311	38.7922	0.02578	0.04578	21.8444
30	1.8114	0.55207	40.5681	0.02465	0.04465	22.3965
31	1.8476	0.54125	42.3794	0.02360	0.04360	22.9377
32	1.8845	0.53063	44.2270	0.02261	0.04261	23.4683
33	1.9222	0.52023	46.1116	0.02169	0.04169	23.9886
34	1.9607	0.51003	48.0338	0.02082	0.04082	24.4986
35	1.9999	0.50003	49.9945	0.02000	0.04000	24.9986

表A3 复利系数表(3%)

年份 n	一次支付		等额支付系列			
	终值系数 $(F/P,i,n)$ $(1+i)^n$	现值系数 $(P/F,i,n)$ $\dfrac{1}{(1+i)^n}$	终值系数 $(F/A,i,n)$ $\dfrac{(1+i)^n-1}{i}$	偿债基金系数 $(A/F,i,n)$ $\dfrac{i}{(1+i)^n-1}$	资金回收系数 $(A/P,i,n)$ $\dfrac{i(1+i)^n}{(1+i)^n-1}$	现值系数 $(P/A,i,n)$ $\dfrac{(1+i)^n-1}{i(1+i)^n}$
1	1.0300	0.97087	1.0000	1.00000	1.03000	0.9709
2	1.0609	0.94260	2.0300	0.49261	0.52261	1.9135
3	1.0927	0.91514	3.0909	0.32353	0.35353	2.8286
4	1.1255	0.88849	4.1836	0.23903	0.26903	3.7171

续表

年份 n	一次支付		等额支付系列			
	终值系数 $(F/P,i,n)$	现值系数 $(P/F,i,n)$	终值系数 $(F/A,i,n)$	偿债基金系数 $(A/F,i,n)$	资金回收系数 $(A/P,i,n)$	现值系数 $(P/A,i,n)$
	$(1+i)^n$	$\dfrac{1}{(1+i)^n}$	$\dfrac{(1+i)^n-1}{i}$	$\dfrac{i}{(1+i)^n-1}$	$\dfrac{i(1+i)^n}{(1+i)^n-1}$	$\dfrac{(1+i)^n-1}{i(1+i)^n}$
5	1.1593	0.86261	5.3091	0.18835	0.21835	4.5797
6	1.1941	0.83748	6.4684	0.15460	0.18460	5.4172
7	1.2299	0.81309	7.6625	0.13051	0.16051	6.2303
8	1.2668	0.78941	8.8923	0.11246	0.14246	7.0197
9	1.3048	0.76642	10.1591	0.09843	0.12843	7.7861
10	1.3439	0.74409	11.4639	0.08723	0.11723	8.5302
11	1.3842	0.72242	12.8078	0.07808	0.10808	9.2526
12	1.4258	0.70138	14.1920	0.07046	0.10046	9.9540
13	1.4685	0.68095	15.6178	0.06403	0.09403	10.6350
14	1.5126	0.66112	17.0863	0.05853	0.08853	11.2961
15	1.5580	0.64186	18.5989	0.05377	0.08377	11.9379
16	1.6047	0.62317	20.1569	0.04961	0.07961	12.5611
17	1.6528	0.60502	21.7616	0.04595	0.07595	13.1661
18	1.7024	0.58739	23.4144	0.04271	0.07271	13.7535
19	1.7535	0.57029	25.1169	0.03981	0.06981	14.3238
20	1.8061	0.55368	26.8704	0.03722	0.06722	14.8775
21	1.8603	0.53755	28.6765	0.03487	0.06487	15.4150
22	1.9161	0.52189	30.5368	0.03275	0.06275	15.9369
23	1.9736	0.50669	32.4529	0.03081	0.06081	16.4436
24	2.0328	0.49193	34.4265	0.02905	0.05905	16.9355
25	2.0938	0.47761	36.4593	0.02743	0.05743	17.4131
26	2.1566	0.46369	38.5530	0.02594	0.05594	17.8768
27	2.2213	0.45019	40.7096	0.02456	0.05456	18.3270
28	2.2879	0.43708	42.9309	0.02329	0.05329	18.7641
29	2.3566	0.42435	45.2189	0.02211	0.05211	19.1885
30	2.4273	0.41199	47.5754	0.02102	0.05102	19.6004
31	2.5001	0.39999	50.0027	0.02000	0.05000	20.0004
32	2.5751	0.38834	52.5028	0.01905	0.04905	20.3888
33	2.6523	0.37703	55.0778	0.01816	0.04816	20.7658
34	2.7319	0.36604	57.7302	0.01732	0.04732	21.1318

续表

年份 n	一次支付		等额支付系列			
	终值系数 $(F/P,i,n)$	现值系数 $(P/F,i,n)$	终值系数 $(F/A,i,n)$	偿债基金系数 $(A/F,i,n)$	资金回收系数 $(A/P,i,n)$	现值系数 $(P/A,i,n)$
	$(1+i)^n$	$\dfrac{1}{(1+i)^n}$	$\dfrac{(1+i)^n-1}{i}$	$\dfrac{i}{(1+i)^n-1}$	$\dfrac{i(1+i)^n}{(1+i)^n-1}$	$\dfrac{(1+i)^n-1}{i(1+i)^n}$
35	2.8139	0.35538	60.4621	0.01654	0.04654	21.4872

表A4　复利系数表(4%)

年份 n	一次支付		等额支付系列			
	终值系数 $(F/P,i,n)$	现值系数 $(P/F,i,n)$	终值系数 $(F/A,i,n)$	偿债基金系数 $(A/F,i,n)$	资金回收系数 $(A/P,i,n)$	现值系数 $(P/A,i,n)$
	$(1+i)^n$	$\dfrac{1}{(1+i)^n}$	$\dfrac{(1+i)^n-1}{i}$	$\dfrac{i}{(1+i)^n-1}$	$\dfrac{i(1+i)^n}{(1+i)^n-1}$	$\dfrac{(1+i)^n-1}{i(1+i)^n}$
1	1.0400	0.96154	1.0000	1.00000	1.04000	0.9615
2	1.0816	0.92456	2.0400	0.49020	0.53020	1.8861
3	1.1249	0.88900	3.1216	0.32035	0.36035	2.7751
4	1.1699	0.85480	4.2465	0.23549	0.27549	3.6299
5	1.2167	0.82193	5.4163	0.18463	0.22463	4.4518
6	1.2653	0.79031	6.6330	0.15076	0.19076	5.2421
7	1.3159	0.75992	7.8983	0.12661	0.16661	6.0021
8	1.3686	0.73069	9.2142	0.10853	0.14853	6.7327
9	1.4233	0.70259	10.5828	0.09449	0.13449	7.4353
10	1.4802	0.67556	12.0061	0.08329	0.12329	8.1109
11	1.5395	0.64958	13.4864	0.07415	0.11415	8.7605
12	1.6010	0.62460	15.0258	0.06655	0.10655	9.3851
13	1.6651	0.60057	16.6268	0.06014	0.10014	9.9856
14	1.7317	0.57748	18.2919	0.05467	0.09467	10.5631
15	1.8009	0.55526	20.0236	0.04994	0.08994	11.1184
16	1.8730	0.53391	21.8245	0.04582	0.08582	11.6523
17	1.9479	0.51337	23.6975	0.04220	0.08220	12.1657
18	2.0258	0.49363	25.6454	0.03899	0.07899	12.6593
19	2.1068	0.47464	27.6712	0.03614	0.07614	13.1339
20	2.1911	0.45639	29.7781	0.03358	0.07358	13.5903
21	2.2788	0.43883	31.9692	0.03128	0.07128	14.0292
22	2.3699	0.42196	34.2480	0.02920	0.06920	14.4511
23	2.4647	0.40573	36.6179	0.02731	0.06731	14.8568

续表

年份 n	一次支付		等额支付系列			
	终值系数 $(F/P,i,n)$	现值系数 $(P/F,i,n)$	终值系数 $(F/A,i,n)$	偿债基金系数 $(A/F,i,n)$	资金回收系数 $(A/P,i,n)$	现值系数 $(P/A,i,n)$
	$(1+i)^n$	$\dfrac{1}{(1+i)^n}$	$\dfrac{(1+i)^n-1}{i}$	$\dfrac{i}{(1+i)^n-1}$	$\dfrac{i(1+i)^n}{(1+i)^n-1}$	$\dfrac{(1+i)^n-1}{i(1+i)^n}$
24	2.5633	0.39012	39.0826	0.02559	0.06559	15.2470
25	2.6658	0.37512	41.6459	0.02401	0.06401	15.6221
26	2.7725	0.36069	44.3117	0.02257	0.06257	15.9828
27	2.8834	0.34682	47.0842	0.02124	0.06124	16.3296
28	2.9987	0.33348	49.9676	0.02001	0.06001	16.6631
29	3.1187	0.32065	52.9663	0.01888	0.05888	16.9837
30	3.2434	0.30832	56.0849	0.01783	0.05783	17.2920
31	3.3731	0.29646	59.3283	0.01686	0.05686	17.5885
32	3.5081	0.28506	62.7015	0.01595	0.05595	17.8736
33	3.6484	0.27409	66.2095	0.01510	0.05510	18.1476
34	3.7943	0.26355	69.8579	0.01431	0.05431	18.4112
35	3.9461	0.25342	73.6522	0.01358	0.05358	18.6646

表A5 复利系数表(5%)

年份 n	一次支付		等额支付系列			
	终值系数 $(F/P,i,n)$	现值系数 $(P/F,i,n)$	终值系数 $(F/A,i,n)$	偿债基金系数 $(A/F,i,n)$	资金回收系数 $(A/P,i,n)$	现值系数 $(P/A,i,n)$
	$(1+i)^n$	$\dfrac{1}{(1+i)^n}$	$\dfrac{(1+i)^n-1}{i}$	$\dfrac{i}{(1+i)^n-1}$	$\dfrac{i(1+i)^n}{(1+i)^n-1}$	$\dfrac{(1+i)^n-1}{i(1+i)^n}$
1	1.0500	0.95238	1.0000	1.00000	1.05000	0.9524
2	1.1025	0.90703	2.0500	0.48780	0.53780	1.8594
3	1.1576	0.86384	3.1525	0.31721	0.36721	2.7232
4	1.2155	0.82270	4.3101	0.23201	0.28201	3.5460
5	1.2763	0.78353	5.5256	0.18097	0.23097	4.3295
6	1.3401	0.74622	6.8019	0.14702	0.19702	5.0757
7	1.4071	0.71068	8.1420	0.12282	0.17282	5.7864
8	1.4775	0.67684	9.5491	0.10472	0.15472	6.4632
9	1.5513	0.64461	11.0266	0.09069	0.14069	7.1078
10	1.6289	0.61391	12.5779	0.07950	0.12950	7.7217
11	1.7103	0.58468	14.2068	0.07039	0.12039	8.3064
12	1.7959	0.55684	15.9171	0.06283	0.11283	8.8633

续表

年份 n	一次支付		等额支付系列			
	终值系数 $(F/P,i,n)$	现值系数 $(P/F,i,n)$	终值系数 $(F/A,i,n)$	偿债基金系数 $(A/F,i,n)$	资金回收系数 $(A/P,i,n)$	现值系数 $(P/A,i,n)$
	$(1+i)^n$	$\dfrac{1}{(1+i)^n}$	$\dfrac{(1+i)^n-1}{i}$	$\dfrac{i}{(1+i)^n-1}$	$\dfrac{i(1+i)^n}{(1+i)^n-1}$	$\dfrac{(1+i)^n-1}{i(1+i)^n}$
13	1.8856	0.53032	17.7130	0.05646	0.10646	9.3936
14	1.9799	0.50507	19.5986	0.05102	0.10102	9.8986
15	2.0789	0.48102	21.5786	0.04634	0.09634	10.3797
16	2.1829	0.45811	23.6575	0.04227	0.09227	10.8378
17	2.2920	0.43630	25.8404	0.03870	0.08870	11.2741
18	2.4066	0.41552	28.1324	0.03555	0.08555	11.6896
19	2.5270	0.39573	30.5390	0.03275	0.08275	12.0853
20	2.6533	0.37689	33.0660	0.03024	0.08024	12.4622
21	2.7860	0.35894	35.7193	0.02800	0.07800	12.8212
22	2.9253	0.34185	38.5052	0.02597	0.07597	13.1630
23	3.0715	0.32557	41.4305	0.02414	0.07414	13.4886
24	3.2251	0.31007	44.5020	0.02247	0.07247	13.7986
25	3.3864	0.29530	47.7271	0.02095	0.07095	14.0939
26	3.5557	0.28124	51.1135	0.01956	0.06956	14.3752
27	3.7335	0.26785	54.6691	0.01829	0.06829	14.6430
28	3.9201	0.25509	58.4026	0.01712	0.06712	14.8981
29	4.1161	0.24295	62.3227	0.01605	0.06605	15.1411
30	4.3219	0.23138	66.4388	0.01505	0.06505	15.3725
31	4.5380	0.22036	70.7608	0.01413	0.06413	15.5928
32	4.7649	0.20987	75.2988	0.01328	0.06328	15.8027
33	5.0032	0.19987	80.0638	0.01249	0.06249	16.0025
34	5.2533	0.19035	85.0670	0.01176	0.06176	16.1929
35	5.5160	0.18129	90.3203	0.01107	0.06107	16.3742

表A6 复利系数表(6%)

年份 n	一次支付		等额支付系列			
	终值系数 $(F/P,i,n)$	现值系数 $(P/F,i,n)$	终值系数 $(F/A,i,n)$	偿债基金系数 $(A/F,i,n)$	资金回收系数 $(A/P,i,n)$	现值系数 $(P/A,i,n)$
	$(1+i)^n$	$\dfrac{1}{(1+i)^n}$	$\dfrac{(1+i)^n-1}{i}$	$\dfrac{i}{(1+i)^n-1}$	$\dfrac{i(1+i)^n}{(1+i)^n-1}$	$\dfrac{(1+i)^n-1}{i(1+i)^n}$
1	1.0600	0.94340	1.0000	1.00000	1.06000	0.9434

续表

年份 n	一次支付		等额支付系列			
	终值系数 $(F/P,i,n)$	现值系数 $(P/F,i,n)$	终值系数 $(F/A,i,n)$	偿债基金系数 $(A/F,i,n)$	资金回收系数 $(A/P,i,n)$	现值系数 $(P/A,i,n)$
	$(1+i)^n$	$\dfrac{1}{(1+i)^n}$	$\dfrac{(1+i)^n-1}{i}$	$\dfrac{i}{(1+i)^n-1}$	$\dfrac{i(1+i)^n}{(1+i)^n-1}$	$\dfrac{(1+i)^n-1}{i(1+i)^n}$
2	1.1236	0.89000	2.0600	0.48544	0.54544	1.8334
3	1.1910	0.83962	3.1836	0.31411	0.37411	2.6730
4	1.2625	0.79209	4.3746	0.22859	0.28859	3.4651
5	1.3382	0.74726	5.6371	0.17740	0.23740	4.2124
6	1.4185	0.70496	6.9753	0.14336	0.20336	4.9173
7	1.5036	0.66506	8.3938	0.11914	0.17914	5.5824
8	1.5938	0.62741	9.8975	0.10104	0.16104	6.2098
9	1.6895	0.59190	11.4913	0.08702	0.14702	6.8017
10	1.7908	0.55839	13.1808	0.07587	0.13587	7.3601
11	1.8983	0.52679	14.9716	0.06679	0.12679	7.8869
12	2.0122	0.49697	16.8699	0.05928	0.11928	8.3838
13	2.1329	0.46884	18.8821	0.05296	0.11296	8.8527
14	2.2609	0.44230	21.0151	0.04758	0.10758	9.2950
15	2.3966	0.41727	23.2760	0.04296	0.10296	9.7122
16	2.5404	0.39365	25.6725	0.03895	0.09895	10.1059
17	2.6928	0.37136	28.2129	0.03544	0.09544	10.4773
18	2.8543	0.35034	30.9057	0.03236	0.09236	10.8276
19	3.0256	0.33051	33.7600	0.02962	0.08962	11.1581
20	3.2071	0.31180	36.7856	0.02718	0.08718	11.4699
21	3.3996	0.29416	39.9927	0.02500	0.08500	11.7641
22	3.6035	0.27751	43.3923	0.02305	0.08305	12.0416
23	3.8197	0.26180	46.9958	0.02128	0.08128	12.3034
24	4.0489	0.24698	50.8156	0.01968	0.07968	12.5504
25	4.2919	0.23300	54.8645	0.01823	0.07823	12.7834
26	4.5494	0.21981	59.1564	0.01690	0.07690	13.0032
27	4.8223	0.20737	63.7058	0.01570	0.07570	13.2105
28	5.1117	0.19563	68.5281	0.01459	0.07459	13.4062
29	5.4184	0.18456	73.6398	0.01358	0.07358	13.5907
30	5.7435	0.17411	79.0582	0.01265	0.07265	13.7648
31	6.0881	0.16425	84.8017	0.01179	0.07179	13.9291

续表

年份 n	一次支付		等额支付系列			
	终值系数 $(F/P,i,n)$	现值系数 $(P/F,i,n)$	终值系数 $(F/A,i,n)$	偿债基金系数 $(A/F,i,n)$	资金回收系数 $(A/P,i,n)$	现值系数 $(P/A,i,n)$
	$(1+i)^n$	$\dfrac{1}{(1+i)^n}$	$\dfrac{(1+i)^n-1}{i}$	$\dfrac{i}{(1+i)^n-1}$	$\dfrac{i(1+i)^n}{(1+i)^n-1}$	$\dfrac{(1+i)^n-1}{i(1+i)^n}$
32	6.4534	0.15496	90.8898	0.01100	0.07100	14.0840
33	6.8406	0.14619	97.3432	0.01027	0.07027	14.2302
34	7.2510	0.13791	104.1838	0.00960	0.06960	14.3681
35	7.6861	0.13011	111.4348	0.00897	0.06897	14.4982

表A7　复利系数表(7%)

年份 n	一次支付		等额支付系列			
	终值系数 $(F/P,i,n)$	现值系数 $(P/F,i,n)$	终值系数 $(F/A,i,n)$	偿债基金系数 $(A/F,i,n)$	资金回收系数 $(A/P,i,n)$	现值系数 $(P/A,i,n)$
	$(1+i)^n$	$\dfrac{1}{(1+i)^n}$	$\dfrac{(1+i)^n-1}{i}$	$\dfrac{i}{(1+i)^n-1}$	$\dfrac{i(1+i)^n}{(1+i)^n-1}$	$\dfrac{(1+i)^n-1}{i(1+i)^n}$
1	1.0700	0.93458	1.0000	1.00000	1.07000	0.9346
2	1.1449	0.87344	2.0700	0.48309	0.55309	1.8080
3	1.2250	0.81630	3.2149	0.31105	0.38105	2.6243
4	1.3108	0.76290	4.4399	0.22523	0.29523	3.3872
5	1.4026	0.71299	5.7507	0.17389	0.24389	4.1002
6	1.5007	0.66634	7.1533	0.13980	0.20980	4.7665
7	1.6058	0.62275	8.6540	0.11555	0.18555	5.3893
8	1.7182	0.58201	10.2598	0.09747	0.16747	5.9713
9	1.8385	0.54393	11.9780	0.08349	0.15349	6.5152
10	1.9672	0.50835	13.8164	0.07238	0.14238	7.0236
11	2.1049	0.47509	15.7836	0.06336	0.13336	7.4987
12	2.2522	0.44401	17.8885	0.05590	0.12590	7.9427
13	2.4098	0.41496	20.1406	0.04965	0.11965	8.3577
14	2.5785	0.38782	22.5505	0.04434	0.11434	8.7455
15	2.7590	0.36245	25.1290	0.03979	0.10979	9.1079
16	2.9522	0.33873	27.8881	0.03586	0.10586	9.4466
17	3.1588	0.31657	30.8402	0.03243	0.10243	9.7632
18	3.3799	0.29586	33.9990	0.02941	0.09941	10.0591
19	3.6165	0.27651	37.3790	0.02675	0.09675	10.3356
20	3.8697	0.25842	40.9955	0.02439	0.09439	10.5940

续表

年份 n	一次支付		等额支付系列			
	终值系数 $(F/P,i,n)$	现值系数 $(P/F,i,n)$	终值系数 $(F/A,i,n)$	偿债基金系数 $(A/F,i,n)$	资金回收系数 $(A/P,i,n)$	现值系数 $(P/A,i,n)$
	$(1+i)^n$	$\dfrac{1}{(1+i)^n}$	$\dfrac{(1+i)^n-1}{i}$	$\dfrac{i}{(1+i)^n-1}$	$\dfrac{i(1+i)^n}{(1+i)^n-1}$	$\dfrac{(1+i)^n-1}{i(1+i)^n}$
21	4.1406	0.24151	44.8652	0.02229	0.09229	10.8355
22	4.4304	0.22571	49.0057	0.02041	0.09041	11.0612
23	4.7405	0.21095	53.4361	0.01871	0.08871	11.2722
24	5.0724	0.19715	58.1767	0.01719	0.08719	11.4693
25	5.4274	0.18425	63.2490	0.01581	0.08581	11.6536
26	5.8074	0.17220	68.6765	0.01456	0.08456	11.8258
27	6.2139	0.16093	74.4838	0.01343	0.08343	11.9867
28	6.6488	0.15040	80.6977	0.01239	0.08239	12.1371
29	7.1143	0.14056	87.3465	0.01145	0.08145	12.2777
30	7.6123	0.13137	94.4608	0.01059	0.08059	12.4090
31	8.1451	0.12277	102.0730	0.00980	0.07980	12.5318
32	8.7153	0.11474	110.2182	0.00907	0.07907	12.6466
33	9.3253	0.10723	118.9334	0.00841	0.07841	12.7538
34	9.9781	0.10022	128.2588	0.00780	0.07780	12.8540
35	10.6766	0.09366	138.2369	0.00723	0.07723	12.9477

表A8 复利系数表(8%)

年份 n	一次支付		等额支付系列			
	终值系数 $(F/P,i,n)$	现值系数 $(P/F,i,n)$	终值系数 $(F/A,i,n)$	偿债基金系数 $(A/F,i,n)$	资金回收系数 $(A/P,i,n)$	现值系数 $(P/A,i,n)$
	$(1+i)^n$	$\dfrac{1}{(1+i)^n}$	$\dfrac{(1+i)^n-1}{i}$	$\dfrac{i}{(1+i)^n-1}$	$\dfrac{i(1+i)^n}{(1+i)^n-1}$	$\dfrac{(1+i)^n-1}{i(1+i)^n}$
1	1.0800	0.92593	1.0000	1.00000	1.08000	0.9259
2	1.1664	0.85734	2.0800	0.48077	0.56077	1.7833
3	1.2597	0.79383	3.2464	0.30803	0.38803	2.5771
4	1.3605	0.73503	4.5061	0.22192	0.30192	3.3121
5	1.4693	0.68058	5.8666	0.17046	0.25046	3.9927
6	1.5869	0.63017	7.3359	0.13632	0.21632	4.6229
7	1.7138	0.58349	8.9228	0.11207	0.19207	5.2064

续表

年份 n	一次支付		等额支付系列			
	终值系数 $(F/P,i,n)$	现值系数 $(P/F,i,n)$	终值系数 $(F/A,i,n)$	偿债基金系数 $(A/F,i,n)$	资金回收系数 $(A/P,i,n)$	现值系数 $(P/A,i,n)$
	$(1+i)^n$	$\dfrac{1}{(1+i)^n}$	$\dfrac{(1+i)^n-1}{i}$	$\dfrac{i}{(1+i)^n-1}$	$\dfrac{i(1+i)^n}{(1+i)^n-1}$	$\dfrac{(1+i)^n-1}{i(1+i)^n}$
8	1.8509	0.54027	10.6366	0.09401	0.17401	5.7466
9	1.9990	0.50025	12.4876	0.08008	0.16008	6.2469
10	2.1589	0.46319	14.4866	0.06903	0.14903	6.7101
11	2.3316	0.42888	16.6455	0.06008	0.14008	7.1390
12	2.5182	0.39711	18.9771	0.05270	0.13270	7.5361
13	2.7196	0.36770	21.4953	0.04652	0.12652	7.9038
14	2.9372	0.34046	24.2149	0.04130	0.12130	8.2442
15	3.1722	0.31524	27.1521	0.03683	0.11683	8.5595
16	3.4259	0.29189	30.3243	0.03298	0.11298	8.8514
17	3.7000	0.27027	33.7502	0.02963	0.10963	9.1216
18	3.9960	0.25025	37.4502	0.02670	0.10670	9.3719
19	4.3157	0.23171	41.4463	0.02413	0.10413	9.6036
20	4.6610	0.21455	45.7620	0.02185	0.10185	9.8181
21	5.0338	0.19866	50.4229	0.01983	0.09983	10.0168
22	5.4365	0.18394	55.4568	0.01803	0.09803	10.2007
23	5.8715	0.17032	60.8933	0.01642	0.09642	10.3711
24	6.3412	0.15770	66.7648	0.01498	0.09498	10.5288
25	6.8485	0.14602	73.1059	0.01368	0.09368	10.6748
26	7.3964	0.13520	79.9544	0.01251	0.09251	10.8100
27	7.9881	0.12519	87.3508	0.01145	0.09145	10.9352
28	8.6271	0.11591	95.3388	0.01049	0.09049	11.0511
29	9.3173	0.10733	103.9659	0.00962	0.08962	11.1584
30	10.0627	0.09938	113.2832	0.00883	0.08883	11.2578
31	10.8677	0.09202	123.3459	0.00811	0.08811	11.3498
32	11.7371	0.08520	134.2135	0.00745	0.08745	11.4350
33	12.6760	0.07889	145.9506	0.00685	0.08685	11.5139

续表

年份 n	一次支付		等额支付系列			
	终值系数 $(F/P,i,n)$ $(1+i)^n$	现值系数 $(P/F,i,n)$ $\dfrac{1}{(1+i)^n}$	终值系数 $(F/A,i,n)$ $\dfrac{(1+i)^n-1}{i}$	偿债基金系数 $(A/F,i,n)$ $\dfrac{i}{(1+i)^n-1}$	资金回收系数 $(A/P,i,n)$ $\dfrac{i(1+i)^n}{(1+i)^n-1}$	现值系数 $(P/A,i,n)$ $\dfrac{(1+i)^n-1}{i(1+i)^n}$
34	13.6901	0.07305	158.6267	0.00630	0.08630	11.5869
35	14.7853	0.06763	172.3168	0.00580	0.08580	11.6546

表A9 复利系数表(9%)

年份 n	一次支付		等额支付系列			
	终值系数 $(F/P,i,n)$ $(1+i)^n$	现值系数 $(P/F,i,n)$ $\dfrac{1}{(1+i)^n}$	终值系数 $(F/A,i,n)$ $\dfrac{(1+i)^n-1}{i}$	偿债基金系数 $(A/F,i,n)$ $\dfrac{i}{(1+i)^n-1}$	资金回收系数 $(A/P,i,n)$ $\dfrac{i(1+i)^n}{(1+i)^n-1}$	现值系数 $(P/A,i,n)$ $\dfrac{(1+i)^n-1}{i(1+i)^n}$
1	1.0900	0.91743	1.0000	1.00000	1.09000	0.9174
2	1.1881	0.84168	2.0900	0.47847	0.56847	1.7591
3	1.2950	0.77218	3.2781	0.30505	0.39505	2.5313
4	1.4116	0.70843	4.5731	0.21867	0.30867	3.2397
5	1.5386	0.64993	5.9847	0.16709	0.25709	3.8897
6	1.6771	0.59627	7.5233	0.13292	0.22292	4.4859
7	1.8280	0.54703	9.2004	0.10869	0.19869	5.0330
8	1.9926	0.50187	11.0285	0.09067	0.18067	5.5348
9	2.1719	0.46043	13.0210	0.07680	0.16680	5.9952
10	2.3674	0.42241	15.1929	0.06582	0.15582	6.4177
11	2.5804	0.38753	17.5603	0.05695	0.14695	6.8052
12	2.8127	0.35553	20.1407	0.04965	0.13965	7.1607
13	3.0658	0.32618	22.9534	0.04357	0.13357	7.4869
14	3.3417	0.29925	26.0192	0.03843	0.12843	7.7862
15	3.6425	0.27454	29.3609	0.03406	0.12406	8.0607
16	3.9703	0.25187	33.0034	0.03030	0.12030	8.3126
17	4.3276	0.23107	36.9737	0.02705	0.11705	8.5436
18	4.7171	0.21199	41.3013	0.02421	0.11421	8.7556
19	5.1417	0.19449	46.0185	0.02173	0.11173	8.9501
20	5.6044	0.17843	51.1601	0.01955	0.10955	9.1285
21	6.1088	0.16370	56.7645	0.01762	0.10762	9.2922

续表

年份 n	一次支付		等额支付系列			
	终值系数 $(F/P,i,n)$	现值系数 $(P/F,i,n)$	终值系数 $(F/A,i,n)$	偿债基金系数 $(A/F,i,n)$	资金回收系数 $(A/P,i,n)$	现值系数 $(P/A,i,n)$
	$(1+i)^n$	$\dfrac{1}{(1+i)^n}$	$\dfrac{(1+i)^n-1}{i}$	$\dfrac{i}{(1+i)^n-1}$	$\dfrac{i(1+i)^n}{(1+i)^n-1}$	$\dfrac{(1+i)^n-1}{i(1+i)^n}$
22	6.6586	0.15018	62.8733	0.01590	0.10590	9.4424
23	7.2579	0.13778	69.5319	0.01438	0.10438	9.5802
24	7.9111	0.12640	76.7898	0.01302	0.10302	9.7066
25	8.6231	0.11597	84.7009	0.01181	0.10181	9.8226
26	9.3992	0.10639	93.3240	0.01072	0.10072	9.9290
27	10.2451	0.09761	102.7231	0.00973	0.09973	10.0266
28	11.1671	0.08955	112.9682	0.00885	0.09885	10.1161
29	12.1722	0.08215	124.1354	0.00806	0.09806	10.1983
30	13.2677	0.07537	136.3075	0.00734	0.09734	10.2737
31	14.4618	0.06915	149.5752	0.00669	0.09669	10.3428
32	15.7633	0.06344	164.0370	0.00610	0.09610	10.4062
33	17.1820	0.05820	179.8003	0.00556	0.09556	10.4644
34	18.7284	0.05339	196.9823	0.00508	0.09508	10.5178
35	20.4140	0.04899	215.7108	0.00464	0.09464	10.5668

表A10 复利系数表(10%)

年份 n	一次支付		等额支付系列			
	终值系数 $(F/P,i,n)$	现值系数 $(P/F,i,n)$	终值系数 $(F/A,i,n)$	偿债基金系数 $(A/F,i,n)$	资金回收系数 $(A/P,i,n)$	现值系数 $(P/A,i,n)$
	$(1+i)^n$	$\dfrac{1}{(1+i)^n}$	$\dfrac{(1+i)^n-1}{i}$	$\dfrac{i}{(1+i)^n-1}$	$\dfrac{i(1+i)^n}{(1+i)^n-1}$	$\dfrac{(1+i)^n-1}{i(1+i)^n}$
1	1.1000	0.90909	1.0000	1.00000	1.10000	0.9091
2	1.2100	0.82645	2.1000	0.47619	0.57619	1.7355
3	1.3310	0.75131	3.3100	0.30211	0.40211	2.4869
4	1.4641	0.68301	4.6410	0.21547	0.31547	3.1699
5	1.6105	0.62092	6.1051	0.16380	0.26380	3.7908
6	1.7716	0.56447	7.7156	0.12961	0.22961	4.3553
7	1.9487	0.51316	9.4872	0.10541	0.20541	4.8684
8	2.1436	0.46651	11.4359	0.08744	0.18744	5.3349

续表

年份 n	一次支付		等额支付系列			
	终值系数 $(F/P,i,n)$	现值系数 $(P/F,i,n)$	终值系数 $(F/A,i,n)$	偿债基金系数 $(A/F,i,n)$	资金回收系数 $(A/P,i,n)$	现值系数 $(P/A,i,n)$
	$(1+i)^n$	$\dfrac{1}{(1+i)^n}$	$\dfrac{(1+i)^n-1}{i}$	$\dfrac{i}{(1+i)^n-1}$	$\dfrac{i(1+i)^n}{(1+i)^n-1}$	$\dfrac{(1+i)^n-1}{i(1+i)^n}$
9	2.3579	0.42410	13.5795	0.07364	0.17364	5.7590
10	2.5937	0.38554	15.9374	0.06275	0.16275	6.1446
11	2.8531	0.35049	18.5312	0.05396	0.15396	6.4951
12	3.1384	0.31863	21.3843	0.04676	0.14676	6.8137
13	3.4523	0.28966	24.5227	0.04078	0.14078	7.1034
14	3.7975	0.26333	27.9750	0.03575	0.13575	7.3667
15	4.1772	0.23939	31.7725	0.03147	0.13147	7.6061
16	4.5950	0.21763	35.9497	0.02782	0.12782	7.8237
17	5.0545	0.19784	40.5447	0.02466	0.12466	8.0216
18	5.5599	0.17986	45.5992	0.02193	0.12193	8.2014
19	6.1159	0.16351	51.1591	0.01955	0.11955	8.3649
20	6.7275	0.14864	57.2750	0.01746	0.11746	8.5136
21	7.4002	0.13513	64.0025	0.01562	0.11562	8.6487
22	8.1403	0.12285	71.4027	0.01401	0.11401	8.7715
23	8.9543	0.11168	79.5430	0.01257	0.11257	8.8832
24	9.8497	0.10153	88.4973	0.01130	0.11130	8.9847
25	10.8347	0.09230	98.3471	0.01017	0.11017	9.0770
26	11.9182	0.08391	109.1818	0.00916	0.10916	9.1609
27	13.1100	0.07628	121.0999	0.00826	0.10826	9.2372
28	14.4210	0.06934	134.2099	0.00745	0.10745	9.3066
29	15.8631	0.06304	148.6309	0.00673	0.10673	9.3696
30	17.4494	0.05731	164.4940	0.00608	0.10608	9.4269
31	19.1943	0.05210	181.9434	0.00550	0.10550	9.4790
32	21.1138	0.04736	201.1378	0.00497	0.10497	9.5264
33	23.2252	0.04306	222.2515	0.00450	0.10450	9.5694
34	25.5477	0.03914	245.4767	0.00407	0.10407	9.6086

续表

年份 n	一次支付		等额支付系列			
	终值系数 $(F/P,i,n)$	现值系数 $(P/F,i,n)$	终值系数 $(F/A,i,n)$	偿债基金系数 $(A/F,i,n)$	资金回收系数 $(A/P,i,n)$	现值系数 $(P/A,i,n)$
	$(1+i)^n$	$\dfrac{1}{(1+i)^n}$	$\dfrac{(1+i)^n-1}{i}$	$\dfrac{i}{(1+i)^n-1}$	$\dfrac{i(1+i)^n}{(1+i)^n-1}$	$\dfrac{(1+i)^n-1}{i(1+i)^n}$
35	28.1024	0.03558	271.0244	0.00369	0.10369	9.6442

表A11 复利系数表(11%)

年份 n	一次支付		等额支付系列			
	终值系数 $(F/P,i,n)$	现值系数 $(P/F,i,n)$	终值系数 $(F/A,i,n)$	偿债基金系数 $(A/F,i,n)$	资金回收系数 $(A/P,i,n)$	现值系数 $(P/A,i,n)$
	$(1+i)^n$	$\dfrac{1}{(1+i)^n}$	$\dfrac{(1+i)^n-1}{i}$	$\dfrac{i}{(1+i)^n-1}$	$\dfrac{i(1+i)^n}{(1+i)^n-1}$	$\dfrac{(1+i)^n-1}{i(1+i)^n}$
1	1.1100	0.90090	1.0000	1.00000	1.11000	0.9009
2	1.2321	0.81162	2.1100	0.47393	0.58393	1.7125
3	1.3676	0.73119	3.3421	0.29921	0.40921	2.4437
4	1.5181	0.65873	4.7097	0.21233	0.32233	3.1024
5	1.6851	0.59345	6.2278	0.16057	0.27057	3.6959
6	1.8704	0.53464	7.9129	0.12638	0.23638	4.2305
7	2.0762	0.48166	9.7833	0.10222	0.21222	4.7122
8	2.3045	0.43393	11.8594	0.08432	0.19432	5.1461
9	2.5580	0.39092	14.1640	0.07060	0.18060	5.5370
10	2.8394	0.35218	16.7220	0.05980	0.16980	5.8892
11	3.1518	0.31728	19.5614	0.05112	0.16112	6.2065
12	3.4985	0.28584	22.7132	0.04403	0.15403	6.4924
13	3.8833	0.25751	26.2116	0.03815	0.14815	6.7499
14	4.3104	0.23199	30.0949	0.03323	0.14323	6.9819
15	4.7846	0.20900	34.4054	0.02907	0.13907	7.1909
16	5.3109	0.18829	39.1899	0.02552	0.13552	7.3792
17	5.8951	0.16963	44.5008	0.02247	0.13247	7.5488
18	6.5436	0.15282	50.3959	0.01984	0.12984	7.7016
19	7.2633	0.13768	56.9395	0.01756	0.12756	7.8393
20	8.0623	0.12403	64.2028	0.01558	0.12558	7.9633
21	8.9492	0.11174	72.2651	0.01384	0.12384	8.0751
22	9.9336	0.10067	81.2143	0.01231	0.12231	8.1757
23	11.0263	0.09069	91.1479	0.01097	0.12097	8.2664

续表

年份 n	一次支付		等额支付系列			
	终值系数 $(F/P,i,n)$	现值系数 $(P/F,i,n)$	终值系数 $(F/A,i,n)$	偿债基金系数 $(A/F,i,n)$	资金回收系数 $(A/P,i,n)$	现值系数 $(P/A,i,n)$
	$(1+i)^n$	$\dfrac{1}{(1+i)^n}$	$\dfrac{(1+i)^n-1}{i}$	$\dfrac{i}{(1+i)^n-1}$	$\dfrac{i(1+i)^n}{(1+i)^n-1}$	$\dfrac{(1+i)^n-1}{i(1+i)^n}$
24	12.2392	0.08170	102.1742	0.00979	0.11979	8.3481
25	13.5855	0.07361	114.4133	0.00874	0.11874	8.4217
26	15.0799	0.06631	127.9988	0.00781	0.11781	8.4881
27	16.7386	0.05974	143.0786	0.00699	0.11699	8.5478
28	18.5799	0.05382	159.8173	0.00626	0.11626	8.6016
29	20.6237	0.04849	178.3972	0.00561	0.11561	8.6501
30	22.8923	0.04368	199.0209	0.00502	0.11502	8.6938
31	25.4104	0.03935	221.9132	0.00451	0.11451	8.7331
32	28.2056	0.03545	247.3236	0.00404	0.11404	8.7686
33	31.3082	0.03194	275.5292	0.00363	0.11363	8.8005
34	34.7521	0.02878	306.8374	0.00326	0.11326	8.8293
35	38.5749	0.02592	341.5896	0.00293	0.11293	8.8552

表A12　复利系数表(12%)

年份 n	一次支付		等额支付系列			
	终值系数 $(F/P,i,n)$	现值系数 $(P/F,i,n)$	终值系数 $(F/A,i,n)$	偿债基金系数 $(A/F,i,n)$	资金回收系数 $(A/P,i,n)$	现值系数 $(P/A,i,n)$
	$(1+i)^n$	$\dfrac{1}{(1+i)^n}$	$\dfrac{(1+i)^n-1}{i}$	$\dfrac{i}{(1+i)^n-1}$	$\dfrac{i(1+i)^n}{(1+i)^n-1}$	$\dfrac{(1+i)^n-1}{i(1+i)^n}$
1	1.1200	0.89286	1.0000	1.00000	1.12000	0.8929
2	1.2544	0.79719	2.1200	0.47170	0.59170	1.6901
3	1.4049	0.71178	3.3744	0.29635	0.41635	2.4018
4	1.5735	0.63552	4.7793	0.20923	0.32923	3.0373
5	1.7623	0.56743	6.3528	0.15741	0.27741	3.6048
6	1.9738	0.50663	8.1152	0.12323	0.24323	4.1114
7	2.2107	0.45235	10.0890	0.09912	0.21912	4.5638
8	2.4760	0.40388	12.2997	0.08130	0.20130	4.9676
9	2.7731	0.36061	14.7757	0.06768	0.18768	5.3282
10	3.1058	0.32197	17.5487	0.05698	0.17698	5.6502
11	3.4785	0.28748	20.6546	0.04842	0.16842	5.9377
12	3.8960	0.25668	24.1331	0.04144	0.16144	6.1944

年份 n	一次支付		等额支付系列			
	终值系数 $(F/P,i,n)$	现值系数 $(P/F,i,n)$	终值系数 $(F/A,i,n)$	偿债基金系数 $(A/F,i,n)$	资金回收系数 $(A/P,i,n)$	现值系数 $(P/A,i,n)$
	$(1+i)^n$	$\dfrac{1}{(1+i)^n}$	$\dfrac{(1+i)^n-1}{i}$	$\dfrac{i}{(1+i)^n-1}$	$\dfrac{i(1+i)^n}{(1+i)^n-1}$	$\dfrac{(1+i)^n-1}{i(1+i)^n}$
13	4.3635	0.22917	28.0291	0.03568	0.15568	6.4235
14	4.8871	0.20462	32.3926	0.03087	0.15087	6.6282
15	5.4736	0.18270	37.2797	0.02682	0.14682	6.8109
16	6.1304	0.16312	42.7533	0.02339	0.14339	6.9740
17	6.8660	0.14564	48.8837	0.02046	0.14046	7.1196
18	7.6900	0.13004	55.7497	0.01794	0.13794	7.2497
19	8.6128	0.11611	63.4397	0.01576	0.13576	7.3658
20	9.6463	0.10367	72.0524	0.01388	0.13388	7.4694
21	10.8038	0.09256	81.6987	0.01224	0.13224	7.5620
22	12.1003	0.08264	92.5026	0.01081	0.13081	7.6446
23	13.5523	0.07379	104.6029	0.00956	0.12956	7.7184
24	15.1786	0.06588	118.1552	0.00846	0.12846	7.7843
25	17.0001	0.05882	133.3339	0.00750	0.12750	7.8431
26	19.0401	0.05252	150.3339	0.00665	0.12665	7.8957
27	21.3249	0.04689	169.3740	0.00590	0.12590	7.9426
28	23.8839	0.04187	190.6989	0.00524	0.12524	7.9844
29	26.7499	0.03738	214.5828	0.00466	0.12466	8.0218
30	29.9599	0.03338	241.3327	0.00414	0.12414	8.0552
31	33.5551	0.02980	271.2926	0.00369	0.12369	8.0850
32	37.5817	0.02661	304.8477	0.00328	0.12328	8.1116
33	42.0915	0.02376	342.4294	0.00292	0.12292	8.1354
34	47.1425	0.02121	384.5210	0.00260	0.12260	8.1566
35	52.7996	0.01894	431.6635	0.00232	0.12232	8.1755

表A13 复利系数表(13%)

年份 n	一次支付		等额支付系列			
	终值系数 $(F/P,i,n)$	现值系数 $(P/F,i,n)$	终值系数 $(F/A,i,n)$	偿债基金系数 $(A/F,i,n)$	资金回收系数 $(A/P,i,n)$	现值系数 $(P/A,i,n)$
	$(1+i)^n$	$\dfrac{1}{(1+i)^n}$	$\dfrac{(1+i)^n-1}{i}$	$\dfrac{i}{(1+i)^n-1}$	$\dfrac{i(1+i)^n}{(1+i)^n-1}$	$\dfrac{(1+i)^n-1}{i(1+i)^n}$
1	1.1300	0.88496	1.0000	1.00000	1.13000	0.8850

续表

年份 n	一次支付		等额支付系列			
	终值系数 $(F/P,i,n)$	现值系数 $(P/F,i,n)$	终值系数 $(F/A,i,n)$	偿债基金系数 $(A/F,i,n)$	资金回收系数 $(A/P,i,n)$	现值系数 $(P/A,i,n)$
	$(1+i)^n$	$\dfrac{1}{(1+i)^n}$	$\dfrac{(1+i)^n-1}{i}$	$\dfrac{i}{(1+i)^n-1}$	$\dfrac{i(1+i)^n}{(1+i)^n-1}$	$\dfrac{(1+i)^n-1}{i(1+i)^n}$
2	1.2769	0.78315	2.1300	0.46948	0.59948	1.6681
3	1.4429	0.69305	3.4069	0.29352	0.42352	2.3612
4	1.6305	0.61332	4.8498	0.20619	0.33619	2.9745
5	1.8424	0.54276	6.4803	0.15431	0.28431	3.5172
6	2.0820	0.48032	8.3227	0.12015	0.25015	3.9975
7	2.3526	0.42506	10.4047	0.09611	0.22611	4.4226
8	2.6584	0.37616	12.7573	0.07839	0.20839	4.7988
9	3.0040	0.33288	15.4157	0.06487	0.19487	5.1317
10	3.3946	0.29459	18.4197	0.05429	0.18429	5.4262
11	3.8359	0.26070	21.8143	0.04584	0.17584	5.6869
12	4.3345	0.23071	25.6502	0.03899	0.16899	5.9176
13	4.8980	0.20416	29.9847	0.03335	0.16335	6.1218
14	5.5348	0.18068	34.8827	0.02867	0.15867	6.3025
15	6.2543	0.15989	40.4175	0.02474	0.15474	6.4624
16	7.0673	0.14150	46.6717	0.02143	0.15143	6.6039
17	7.9861	0.12522	53.7391	0.01861	0.14861	6.7291
18	9.0243	0.11081	61.7251	0.01620	0.14620	6.8399
19	10.1974	0.09806	70.7494	0.01413	0.14413	6.9380
20	11.5231	0.08678	80.9468	0.01235	0.14235	7.0248
21	13.0211	0.07680	92.4699	0.01081	0.14081	7.1016
22	14.7138	0.06796	105.4910	0.00948	0.13948	7.1695
23	16.6266	0.06014	120.2048	0.00832	0.13832	7.2297
24	18.7881	0.05323	136.8315	0.00731	0.13731	7.2829
25	21.2305	0.04710	155.6196	0.00643	0.13643	7.3300
26	23.9905	0.04168	176.8501	0.00565	0.13565	7.3717
27	27.1093	0.03689	200.8406	0.00498	0.13498	7.4086
28	30.6335	0.03264	227.9499	0.00439	0.13439	7.4412
29	34.6158	0.02889	258.5834	0.00387	0.13387	7.4701
30	39.1159	0.02557	293.1992	0.00341	0.13341	7.4957
31	44.2010	0.02262	332.3151	0.00301	0.13301	7.5183

续表

年份 n	一次支付		等额支付系列			
	终值系数 $(F/P,i,n)$ $(1+i)^n$	现值系数 $(P/F,i,n)$ $\dfrac{1}{(1+i)^n}$	终值系数 $(F/A,i,n)$ $\dfrac{(1+i)^n-1}{i}$	偿债基金系数 $(A/F,i,n)$ $\dfrac{i}{(1+i)^n-1}$	资金回收系数 $(A/P,i,n)$ $\dfrac{i(1+i)^n}{(1+i)^n-1}$	现值系数 $(P/A,i,n)$ $\dfrac{(1+i)^n-1}{i(1+i)^n}$
32	49.9471	0.02002	376.5161	0.00266	0.13266	7.5383
33	56.4402	0.01772	426.4632	0.00234	0.13234	7.5560
34	63.7774	0.01568	482.9034	0.00207	0.13207	7.5717
35	72.0685	0.01388	546.6808	0.00183	0.13183	7.5856

表A14　复利系数表(14%)

年份 n	一次支付		等额支付系列			
	终值系数 $(F/P,i,n)$ $(1+i)^n$	现值系数 $(P/F,i,n)$ $\dfrac{1}{(1+i)^n}$	终值系数 $(F/A,i,n)$ $\dfrac{(1+i)^n-1}{i}$	偿债基金系数 $(A/F,i,n)$ $\dfrac{i}{(1+i)^n-1}$	资金回收系数 $(A/P,i,n)$ $\dfrac{i(1+i)^n}{(1+i)^n-1}$	现值系数 $(P/A,i,n)$ $\dfrac{(1+i)^n-1}{i(1+i)^n}$
1	1.1400	0.87719	1.0000	1.00000	1.14000	0.8772
2	1.2996	0.76947	2.1400	0.46729	0.60729	1.6467
3	1.4815	0.67497	3.4396	0.29073	0.43073	2.3216
4	1.6890	0.59208	4.9211	0.20320	0.34320	2.9137
5	1.9254	0.51937	6.6101	0.15128	0.29128	3.4331
6	2.1950	0.45559	8.5355	0.11716	0.25716	3.8887
7	2.5023	0.39964	10.7305	0.09319	0.23319	4.2883
8	2.8526	0.35056	13.2328	0.07557	0.21557	4.6389
9	3.2519	0.30751	16.0853	0.06217	0.20217	4.9464
10	3.7072	0.26974	19.3373	0.05171	0.19171	5.2161
11	4.2262	0.23662	23.0445	0.04339	0.18339	5.4527
12	4.8179	0.20756	27.2707	0.03667	0.17667	5.6603
13	5.4924	0.18207	32.0887	0.03116	0.17116	5.8424
14	6.2613	0.15971	37.5811	0.02661	0.16661	6.0021
15	7.1379	0.14010	43.8424	0.02281	0.16281	6.1422
16	8.1372	0.12289	50.9804	0.01962	0.15962	6.2651
17	9.2765	0.10780	59.1176	0.01692	0.15692	6.3729
18	10.5752	0.09456	68.3941	0.01462	0.15462	6.4674
19	12.0557	0.08295	78.9692	0.01266	0.15266	6.5504
20	13.7435	0.07276	91.0249	0.01099	0.15099	6.6231

续表

年份 n	一次支付		等额支付系列			
	终值系数 $(F/P,i,n)$ $(1+i)^n$	现值系数 $(P/F,i,n)$ $\dfrac{1}{(1+i)^n}$	终值系数 $(F/A,i,n)$ $\dfrac{(1+i)^n-1}{i}$	偿债基金系数 $(A/F,i,n)$ $\dfrac{i}{(1+i)^n-1}$	资金回收系数 $(A/P,i,n)$ $\dfrac{i(1+i)^n}{(1+i)^n-1}$	现值系数 $(P/A,i,n)$ $\dfrac{(1+i)^n-1}{i(1+i)^n}$
21	15.6676	0.06383	104.7684	0.00954	0.14954	6.6870
22	17.8610	0.05599	120.4360	0.00830	0.14830	6.7429
23	20.3616	0.04911	138.2970	0.00723	0.14723	6.7921
24	23.2122	0.04308	158.6586	0.00630	0.14630	6.8351
25	26.4619	0.03779	181.8708	0.00550	0.14550	6.8729
26	30.1666	0.03315	208.3327	0.00480	0.14480	6.9061
27	34.3899	0.02908	238.4993	0.00419	0.14419	6.9352
28	39.2045	0.02551	272.8892	0.00366	0.14366	6.9607
29	44.6931	0.02237	312.0937	0.00320	0.14320	6.9830
30	50.9502	0.01963	356.7868	0.00280	0.14280	7.0027
31	58.0832	0.01722	407.7370	0.00245	0.14245	7.0199
32	66.2148	0.01510	465.8202	0.00215	0.14215	7.0350
33	75.4849	0.01325	532.0350	0.00188	0.14188	7.0482
34	86.0528	0.01162	607.5199	0.00165	0.14165	7.0599
35	98.1002	0.01019	693.5727	0.00144	0.14144	7.0700

表A15 复利系数表(15%)

年份 n	一次支付		等额支付系列			
	终值系数 $(F/P,i,n)$ $(1+i)^n$	现值系数 $(P/F,i,n)$ $\dfrac{1}{(1+i)^n}$	终值系数 $(F/A,i,n)$ $\dfrac{(1+i)^n-1}{i}$	偿债基金系数 $(A/F,i,n)$ $\dfrac{i}{(1+i)^n-1}$	资金回收系数 $(A/P,i,n)$ $\dfrac{i(1+i)^n}{(1+i)^n-1}$	现值系数 $(P/A,i,n)$ $\dfrac{(1+i)^n-1}{i(1+i)^n}$
1	1.1500	0.86957	1.0000	1.00000	1.15000	0.8696
2	1.3225	0.75614	2.1500	0.46512	0.61512	1.6257
3	1.5209	0.65752	3.4725	0.28798	0.43798	2.2832
4	1.7490	0.57175	4.9934	0.20027	0.35027	2.8550
5	2.0114	0.49718	6.7424	0.14832	0.29832	3.3522
6	2.3131	0.43233	8.7537	0.11424	0.26424	3.7845
7	2.6600	0.37594	11.0668	0.09036	0.24036	4.1604

续表

年份 n	一次支付		等额支付系列			
	终值系数 $(F/P,i,n)$	现值系数 $(P/F,i,n)$	终值系数 $(F/A,i,n)$	偿债基金系数 $(A/F,i,n)$	资金回收系数 $(A/P,i,n)$	现值系数 $(P/A,i,n)$
	$(1+i)^n$	$\dfrac{1}{(1+i)^n}$	$\dfrac{(1+i)^n-1}{i}$	$\dfrac{i}{(1+i)^n-1}$	$\dfrac{i(1+i)^n}{(1+i)^n-1}$	$\dfrac{(1+i)^n-1}{i(1+i)^n}$
8	3.0590	0.32690	13.7268	0.07285	0.22285	4.4873
9	3.5179	0.28426	16.7858	0.05957	0.20957	4.7716
10	4.0456	0.24718	20.3037	0.04925	0.19925	5.0188
11	4.6524	0.21494	24.3493	0.04107	0.19107	5.2337
12	5.3503	0.18691	29.0017	0.03448	0.18448	5.4206
13	6.1528	0.16253	34.3519	0.02911	0.17911	5.5831
14	7.0757	0.14133	40.5047	0.02469	0.17469	5.7245
15	8.1371	0.12289	47.5804	0.02102	0.17102	5.8474
16	9.3576	0.10686	55.7175	0.01795	0.16795	5.9542
17	10.7613	0.09293	65.0751	0.01537	0.16537	6.0472
18	12.3755	0.08081	75.8364	0.01319	0.16319	6.1280
19	14.2318	0.07027	88.2118	0.01134	0.16134	6.1982
20	16.3665	0.06110	102.4436	0.00976	0.15976	6.2593
21	18.8215	0.05313	118.8101	0.00842	0.15842	6.3125
22	21.6447	0.04620	137.6316	0.00727	0.15727	6.3587
23	24.8915	0.04017	159.2764	0.00628	0.15628	6.3988
24	28.6252	0.03493	184.1678	0.00543	0.15543	6.4338
25	32.9190	0.03038	212.7930	0.00470	0.15470	6.4641
26	37.8568	0.02642	245.7120	0.00407	0.15407	6.4906
27	43.5353	0.02297	283.5688	0.00353	0.15353	6.5135
28	50.0656	0.01997	327.1041	0.00306	0.15306	6.5335
29	57.5755	0.01737	377.1697	0.00265	0.15265	6.5509
30	66.2118	0.01510	434.7451	0.00230	0.15230	6.5660
31	76.1435	0.01313	500.9569	0.00200	0.15200	6.5791
32	87.5651	0.01142	577.1005	0.00173	0.15173	6.5905
33	100.6998	0.00993	664.6655	0.00150	0.15150	6.6005

续表

年份 n	一次支付		等额支付系列			
	终值系数 $(F/P,i,n)$ $(1+i)^n$	现值系数 $(P/F,i,n)$ $\dfrac{1}{(1+i)^n}$	终值系数 $(F/A,i,n)$ $\dfrac{(1+i)^n-1}{i}$	偿债基金系数 $(A/F,i,n)$ $\dfrac{i}{(1+i)^n-1}$	资金回收系数 $(A/P,i,n)$ $\dfrac{i(1+i)^n}{(1+i)^n-1}$	现值系数 $(P/A,i,n)$ $\dfrac{(1+i)^n-1}{i(1+i)^n}$
34	115.8048	0.00864	765.3654	0.00131	0.15131	6.6091
35	133.1755	0.00751	881.1702	0.00113	0.15113	6.6166

表A16 复利系数表(16%)

年份 n	一次支付		等额支付系列			
	终值系数 $(F/P,i,n)$ $(1+i)^n$	现值系数 $(P/F,i,n)$ $\dfrac{1}{(1+i)^n}$	终值系数 $(F/A,i,n)$ $\dfrac{(1+i)^n-1}{i}$	偿债基金系数 $(A/F,i,n)$ $\dfrac{i}{(1+i)^n-1}$	资金回收系数 $(A/P,i,n)$ $\dfrac{i(1+i)^n}{(1+i)^n-1}$	现值系数 $(P/A,i,n)$ $\dfrac{(1+i)^n-1}{i(1+i)^n}$
1	1.1600	0.86207	1.0000	1.00000	1.16000	0.8621
2	1.3456	0.74316	2.1600	0.46296	0.62296	1.6052
3	1.5609	0.64066	3.5056	0.28526	0.44526	2.2459
4	1.8106	0.55229	5.0665	0.19738	0.35738	2.7982
5	2.1003	0.47611	6.8771	0.14541	0.30541	3.2743
6	2.4364	0.41044	8.9775	0.11139	0.27139	3.6847
7	2.8262	0.35383	11.4139	0.08761	0.24761	4.0386
8	3.2784	0.30503	14.2401	0.07022	0.23022	4.3436
9	3.8030	0.26295	17.5185	0.05708	0.21708	4.6065
10	4.4114	0.22668	21.3215	0.04690	0.20690	4.8332
11	5.1173	0.19542	25.7329	0.03886	0.19886	5.0286
12	5.9360	0.16846	30.8502	0.03241	0.19241	5.1971
13	6.8858	0.14523	36.7862	0.02718	0.18718	5.3423
14	7.9875	0.12520	43.6720	0.02290	0.18290	5.4675
15	9.2655	0.10793	51.6595	0.01936	0.17936	5.5755
16	10.7480	0.09304	60.9250	0.01641	0.17641	5.6685
17	12.4677	0.08021	71.6730	0.01395	0.17395	5.7487
18	14.4625	0.06914	84.1407	0.01188	0.17188	5.8178
19	16.7765	0.05961	98.6032	0.01014	0.17014	5.8775
20	19.4608	0.05139	115.3797	0.00867	0.16867	5.9288
21	22.5745	0.04430	134.8405	0.00742	0.16742	5.9731

续表

年份 n	一次支付		等额支付系列			
	终值系数 $(F/P,i,n)$ $(1+i)^n$	现值系数 $(P/F,i,n)$ $\frac{1}{(1+i)^n}$	终值系数 $(F/A,i,n)$ $\frac{(1+i)^n-1}{i}$	偿债基金系数 $(A/F,i,n)$ $\frac{i}{(1+i)^n-1}$	资金回收系数 $(A/P,i,n)$ $\frac{i(1+i)^n}{(1+i)^n-1}$	现值系数 $(P/A,i,n)$ $\frac{(1+i)^n-1}{i(1+i)^n}$
22	26.1864	0.03819	157.4150	0.00635	0.16635	6.0113
23	30.3762	0.03292	183.6014	0.00545	0.16545	6.0442
24	35.2364	0.02838	213.9776	0.00467	0.16467	6.0726
25	40.8742	0.02447	249.2140	0.00401	0.16401	6.0971
26	47.4141	0.02109	290.0883	0.00345	0.16345	6.1182
27	55.0004	0.01818	337.5024	0.00296	0.16296	6.1364
28	63.8004	0.01567	392.5028	0.00255	0.16255	6.1520
29	74.0085	0.01351	456.3032	0.00219	0.16219	6.1656
30	85.8499	0.01165	530.3117	0.00189	0.16189	6.1772
31	99.5859	0.01004	616.1616	0.00162	0.16162	6.1872
32	115.5196	0.00866	715.7475	0.00140	0.16140	6.1959
33	134.0027	0.00746	831.2671	0.00120	0.16120	6.2034
34	155.4432	0.00643	965.2698	0.00104	0.16104	6.2098
35	180.3141	0.00555	1120.7130	0.00089	0.16089	6.2153

表A17 复利系数表(17%)

年份 n	一次支付		等额支付系列			
	终值系数 $(F/P,i,n)$ $(1+i)^n$	现值系数 $(P/F,i,n)$ $\frac{1}{(1+i)^n}$	终值系数 $(F/A,i,n)$ $\frac{(1+i)^n-1}{i}$	偿债基金系数 $(A/F,i,n)$ $\frac{i}{(1+i)^n-1}$	资金回收系数 $(A/P,i,n)$ $\frac{i(1+i)^n}{(1+i)^n-1}$	现值系数 $(P/A,i,n)$ $\frac{(1+i)^n-1}{i(1+i)^n}$
1	1.1700	0.85470	1.0000	1.00000	1.17000	0.8547
2	1.3689	0.73051	2.1700	0.46083	0.63083	1.5852
3	1.6016	0.62437	3.5389	0.28257	0.45257	2.2096
4	1.8739	0.53365	5.1405	0.19453	0.36453	2.7432
5	2.1924	0.45611	7.0144	0.14256	0.31256	3.1993
6	2.5652	0.38984	9.2068	0.10861	0.27861	3.5892
7	3.0012	0.33320	11.7720	0.08495	0.25495	3.9224
8	3.5115	0.28478	14.7733	0.06769	0.23769	4.2072

续表

年份 n	一次支付		等额支付系列			
	终值系数 $(F/P,i,n)$	现值系数 $(P/F,i,n)$	终值系数 $(F/A,i,n)$	偿债基金系数 $(A/F,i,n)$	资金回收系数 $(A/P,i,n)$	现值系数 $(P/A,i,n)$
	$(1+i)^n$	$\dfrac{1}{(1+i)^n}$	$\dfrac{(1+i)^n-1}{i}$	$\dfrac{i}{(1+i)^n-1}$	$\dfrac{i(1+i)^n}{(1+i)^n-1}$	$\dfrac{(1+i)^n-1}{i(1+i)^n}$
9	4.1084	0.24340	18.2847	0.05469	0.22469	4.4506
10	4.8068	0.20804	22.3931	0.04466	0.21466	4.6586
11	5.6240	0.17781	27.1999	0.03676	0.20676	4.8364
12	6.5801	0.15197	32.8239	0.03047	0.20047	4.9884
13	7.6987	0.12989	39.4040	0.02538	0.19538	5.1183
14	9.0075	0.11102	47.1027	0.02123	0.19123	5.2293
15	10.5387	0.09489	56.1101	0.01782	0.18782	5.3242
16	12.3303	0.08110	66.6488	0.01500	0.18500	5.4053
17	14.4265	0.06932	78.9792	0.01266	0.18266	5.4746
18	16.8790	0.05925	93.4056	0.01071	0.18071	5.5339
19	19.7484	0.05064	110.2846	0.00907	0.17907	5.5845
20	23.1056	0.04328	130.0329	0.00769	0.17769	5.6278
21	27.0336	0.03699	153.1385	0.00653	0.17653	5.6648
22	31.6293	0.03162	180.1721	0.00555	0.17555	5.6964
23	37.0062	0.02702	211.8013	0.00472	0.17472	5.7234
24	43.2973	0.02310	248.8076	0.00402	0.17402	5.7465
25	50.6578	0.01974	292.1049	0.00342	0.17342	5.7662
26	59.2697	0.01687	342.7627	0.00292	0.17292	5.7831
27	69.3455	0.01442	402.0323	0.00249	0.17249	5.7975
28	81.1342	0.01233	471.3778	0.00212	0.17212	5.8099
29	94.9271	0.01053	552.5121	0.00181	0.17181	5.8204
30	111.0647	0.00900	647.4391	0.00154	0.17154	5.8294
31	129.9456	0.00770	758.5038	0.00132	0.17132	5.8371
32	152.0364	0.00658	888.4494	0.00113	0.17113	5.8437
33	177.8826	0.00562	1040.4858	0.00096	0.17096	5.8493
34	208.1226	0.00480	1218.3684	0.00082	0.17082	5.8541

续表

年份 n	一次支付		等额支付系列			
	终值系数 $(F/P,i,n)$	现值系数 $(P/F,i,n)$	终值系数 $(F/A,i,n)$	偿债基金系数 $(A/F,i,n)$	资金回收系数 $(A/P,i,n)$	现值系数 $(P/A,i,n)$
	$(1+i)^n$	$\dfrac{1}{(1+i)^n}$	$\dfrac{(1+i)^n-1}{i}$	$\dfrac{i}{(1+i)^n-1}$	$\dfrac{i(1+i)^n}{(1+i)^n-1}$	$\dfrac{(1+i)^n-1}{i(1+i)^n}$
35	243.5035	0.00411	1426.4910	0.00070	0.17070	5.8582

表A18　复利系数表(18%)

年份 n	一次支付		等额支付系列			
	终值系数 $(F/P,i,n)$	现值系数 $(P/F,i,n)$	终值系数 $(F/A,i,n)$	偿债基金系数 $(A/F,i,n)$	资金回收系数 $(A/P,i,n)$	现值系数 $(P/A,i,n)$
	$(1+i)^n$	$\dfrac{1}{(1+i)^n}$	$\dfrac{(1+i)^n-1}{i}$	$\dfrac{i}{(1+i)^n-1}$	$\dfrac{i(1+i)^n}{(1+i)^n-1}$	$\dfrac{(1+i)^n-1}{i(1+i)^n}$
1	1.1800	0.84746	1.0000	1.00000	1.18000	0.8475
2	1.3924	0.71818	2.1800	0.45872	0.63872	1.5656
3	1.6430	0.60863	3.5724	0.27992	0.45992	2.1743
4	1.9388	0.51579	5.2154	0.19174	0.37174	2.6901
5	2.2878	0.43711	7.1542	0.13978	0.31978	3.1272
6	2.6996	0.37043	9.4420	0.10591	0.28591	3.4976
7	3.1855	0.31393	12.1415	0.08236	0.26236	3.8115
8	3.7589	0.26604	15.3270	0.06524	0.24524	4.0776
9	4.4355	0.22546	19.0859	0.05239	0.23239	4.3030
10	5.2338	0.19106	23.5213	0.04251	0.22251	4.4941
11	6.1759	0.16192	28.7551	0.03478	0.21478	4.6560
12	7.2876	0.13722	34.9311	0.02863	0.20863	4.7932
13	8.5994	0.11629	42.2187	0.02369	0.20369	4.9095
14	10.1472	0.09855	50.8180	0.01968	0.19968	5.0081
15	11.9737	0.08352	60.9653	0.01640	0.19640	5.0916
16	14.1290	0.07078	72.9390	0.01371	0.19371	5.1624
17	16.6722	0.05998	87.0680	0.01149	0.19149	5.2223
18	19.6733	0.05083	103.7403	0.00964	0.18964	5.2732
19	23.2144	0.04308	123.4135	0.00810	0.18810	5.3162
20	27.3930	0.03651	146.6280	0.00682	0.18682	5.3527
21	32.3238	0.03094	174.0210	0.00575	0.18575	5.3837
22	38.1421	0.02622	206.3448	0.00485	0.18485	5.4099
23	45.0076	0.02222	244.4868	0.00409	0.18409	5.4321

续表

年份 n	一次支付		等额支付系列			
	终值系数 $(F/P,i,n)$	现值系数 $(P/F,i,n)$	终值系数 $(F/A,i,n)$	偿债基金系数 $(A/F,i,n)$	资金回收系数 $(A/P,i,n)$	现值系数 $(P/A,i,n)$
	$(1+i)^n$	$\dfrac{1}{(1+i)^n}$	$\dfrac{(1+i)^n-1}{i}$	$\dfrac{i}{(1+i)^n-1}$	$\dfrac{i(1+i)^n}{(1+i)^n-1}$	$\dfrac{(1+i)^n-1}{i(1+i)^n}$
24	53.1090	0.01883	289.4945	0.00345	0.18345	5.4509
25	62.6686	0.01596	342.6035	0.00292	0.18292	5.4669
26	73.9490	0.01352	405.2721	0.00247	0.18247	5.4804
27	87.2598	0.01146	479.2211	0.00209	0.18209	5.4919
28	102.9666	0.00971	566.4809	0.00177	0.18177	5.5016
29	121.5005	0.00823	669.4475	0.00149	0.18149	5.5098
30	143.3706	0.00697	790.9480	0.00126	0.18126	5.5168
31	169.1774	0.00591	934.3186	0.00107	0.18107	5.5227
32	199.6293	0.00501	1103.4960	0.00091	0.18091	5.5277
33	235.5625	0.00425	1303.1253	0.00077	0.18077	5.5320
34	277.9638	0.00360	1538.6878	0.00065	0.18065	5.5356
35	327.9973	0.00305	1816.6516	0.00055	0.18055	5.5386

表A19 复利系数表(19%)

年份 n	一次支付		等额支付系列			
	终值系数 $(F/P,i,n)$	现值系数 $(P/F,i,n)$	终值系数 $(F/A,i,n)$	偿债基金系数 $(A/F,i,n)$	资金回收系数 $(A/P,i,n)$	现值系数 $(P/A,i,n)$
	$(1+i)^n$	$\dfrac{1}{(1+i)^n}$	$\dfrac{(1+i)^n-1}{i}$	$\dfrac{i}{(1+i)^n-1}$	$\dfrac{i(1+i)^n}{(1+i)^n-1}$	$\dfrac{(1+i)^n-1}{i(1+i)^n}$
1	1.1900	0.84034	1.0000	1.00000	1.19000	0.8403
2	1.4161	0.70616	2.1900	0.45662	0.64662	1.5465
3	1.6852	0.59342	3.6061	0.27731	0.46731	2.1399
4	2.0053	0.49867	5.2913	0.18899	0.37899	2.6386
5	2.3864	0.41905	7.2966	0.13705	0.32705	3.0576
6	2.8398	0.35214	9.6830	0.10327	0.29327	3.4098
7	3.3793	0.29592	12.5227	0.07985	0.26985	3.7057
8	4.0214	0.24867	15.9020	0.06289	0.25289	3.9544
9	4.7854	0.20897	19.9234	0.05019	0.24019	4.1633
10	5.6947	0.17560	24.7089	0.04047	0.23047	4.3389
11	6.7767	0.14757	30.4035	0.03289	0.22289	4.4865
12	8.0642	0.12400	37.1802	0.02690	0.21690	4.6105

续表

年份 n	一次支付		等额支付系列			
	终值系数 $(F/P,i,n)$	现值系数 $(P/F,i,n)$	终值系数 $(F/A,i,n)$	偿债基金系数 $(A/F,i,n)$	资金回收系数 $(A/P,i,n)$	现值系数 $(P/A,i,n)$
	$(1+i)^n$	$\dfrac{1}{(1+i)^n}$	$\dfrac{(1+i)^n-1}{i}$	$\dfrac{i}{(1+i)^n-1}$	$\dfrac{i(1+i)^n}{(1+i)^n-1}$	$\dfrac{(1+i)^n-1}{i(1+i)^n}$
13	9.5964	0.10421	45.2445	0.02210	0.21210	4.7147
14	11.4198	0.08757	54.8409	0.01823	0.20823	4.8023
15	13.5895	0.07359	66.2607	0.01509	0.20509	4.8759
16	16.1715	0.06184	79.8502	0.01252	0.20252	4.9377
17	19.2441	0.05196	96.0218	0.01041	0.20041	4.9897
18	22.9005	0.04367	115.2659	0.00868	0.19868	5.0333
19	27.2516	0.03670	138.1664	0.00724	0.19724	5.0700
20	32.4294	0.03084	165.4180	0.00605	0.19605	5.1009
21	38.5910	0.02591	197.8474	0.00505	0.19505	5.1268
22	45.9233	0.02178	236.4385	0.00423	0.19423	5.1486
23	54.6487	0.01830	282.3618	0.00354	0.19354	5.1668
24	65.0320	0.01538	337.0105	0.00297	0.19297	5.1822
25	77.3881	0.01292	402.0425	0.00249	0.19249	5.1951
26	92.0918	0.01086	479.4306	0.00209	0.19209	5.2060
27	109.5893	0.00912	571.5224	0.00175	0.19175	5.2151
28	130.4112	0.00767	681.1116	0.00147	0.19147	5.2228
29	155.1893	0.00644	811.5228	0.00123	0.19123	5.2292
30	184.6753	0.00541	966.7122	0.00103	0.19103	5.2347
31	219.7636	0.00455	1151.3875	0.00087	0.19087	5.2392
32	261.5187	0.00382	1371.1511	0.00073	0.19073	5.2430
33	311.2073	0.00321	1632.6698	0.00061	0.19061	5.2462
34	370.3366	0.00270	1943.8771	0.00051	0.19051	5.2489
35	440.7006	0.00227	2314.2137	0.00043	0.19043	5.2512

表A20 复利系数表(20%)

年份 n	一次支付		等额支付系列			
	终值系数 $(F/P,i,n)$	现值系数 $(P/F,i,n)$	终值系数 $(F/A,i,n)$	偿债基金系数 $(A/F,i,n)$	资金回收系数 $(A/P,i,n)$	现值系数 $(P/A,i,n)$
	$(1+i)^n$	$\dfrac{1}{(1+i)^n}$	$\dfrac{(1+i)^n-1}{i}$	$\dfrac{i}{(1+i)^n-1}$	$\dfrac{i(1+i)^n}{(1+i)^n-1}$	$\dfrac{(1+i)^n-1}{i(1+i)^n}$
1	1.2000	0.83333	1.0000	1.00000	1.20000	0.8333

续表

年份 n	一次支付		等额支付系列			
	终值系数 $(F/P,i,n)$	现值系数 $(P/F,i,n)$	终值系数 $(F/A,i,n)$	偿债基金系数 $(A/F,i,n)$	资金回收系数 $(A/P,i,n)$	现值系数 $(P/A,i,n)$
	$(1+i)^n$	$\dfrac{1}{(1+i)^n}$	$\dfrac{(1+i)^n-1}{i}$	$\dfrac{i}{(1+i)^n-1}$	$\dfrac{i(1+i)^n}{(1+i)^n-1}$	$\dfrac{(1+i)^n-1}{i(1+i)^n}$
2	1.4400	0.69444	2.2000	0.45455	0.65455	1.5278
3	1.7280	0.57870	3.6400	0.27473	0.47473	2.1065
4	2.0736	0.48225	5.3680	0.18629	0.38629	2.5887
5	2.4883	0.40188	7.4416	0.13438	0.33438	2.9906
6	2.9860	0.33490	9.9299	0.10071	0.30071	3.3255
7	3.5832	0.27908	12.9159	0.07742	0.27742	3.6046
8	4.2998	0.23257	16.4991	0.06061	0.26061	3.8372
9	5.1598	0.19381	20.7989	0.04808	0.24808	4.0310
10	6.1917	0.16151	25.9587	0.03852	0.23852	4.1925
11	7.4301	0.13459	32.1504	0.03110	0.23110	4.3271
12	8.9161	0.11216	39.5805	0.02526	0.22526	4.4392
13	10.6993	0.09346	48.4966	0.02062	0.22062	4.5327
14	12.8392	0.07789	59.1959	0.01689	0.21689	4.6106
15	15.4070	0.06491	72.0351	0.01388	0.21388	4.6755
16	18.4884	0.05409	87.4421	0.01144	0.21144	4.7296
17	22.1861	0.04507	105.9306	0.00944	0.20944	4.7746
18	26.6233	0.03756	128.1167	0.00781	0.20781	4.8122
19	31.9480	0.03130	154.7400	0.00646	0.20646	4.8435
20	38.3376	0.02608	186.6880	0.00536	0.20536	4.8696
21	46.0051	0.02174	225.0256	0.00444	0.20444	4.8913
22	55.2061	0.01811	271.0307	0.00369	0.20369	4.9094
23	66.2474	0.01509	326.2369	0.00307	0.20307	4.9245
24	79.4968	0.01258	392.4842	0.00255	0.20255	4.9371
25	95.3962	0.01048	471.9811	0.00212	0.20212	4.9476
26	114.4755	0.00874	567.3773	0.00176	0.20176	4.9563
27	137.3706	0.00728	681.8528	0.00147	0.20147	4.9636
28	164.8447	0.00607	819.2233	0.00122	0.20122	4.9697
29	197.8136	0.00506	984.0680	0.00102	0.20102	4.9747
30	237.3763	0.00421	1181.8816	0.00085	0.20085	4.9789
31	284.8516	0.00351	1419.2579	0.00070	0.20070	4.9824

续表

年份 n	一次支付		等额支付系列			
	终值系数 $(F/P,i,n)$	现值系数 $(P/F,i,n)$	终值系数 $(F/A,i,n)$	偿债基金系数 $(A/F,i,n)$	资金回收系数 $(A/P,i,n)$	现值系数 $(P/A,i,n)$
	$(1+i)^n$	$\dfrac{1}{(1+i)^n}$	$\dfrac{(1+i)^n-1}{i}$	$\dfrac{i}{(1+i)^n-1}$	$\dfrac{i(1+i)^n}{(1+i)^n-1}$	$\dfrac{(1+i)^n-1}{i(1+i)^n}$
32	341.8219	0.00293	1704.1095	0.00059	0.20059	4.9854
33	410.1863	0.00244	2045.9314	0.00049	0.20049	4.9878
34	492.2235	0.00203	2456.1176	0.00041	0.20041	4.9898
35	590.6682	0.00169	2948.3411	0.00034	0.20034	4.9915

表A21　复利系数表(21%)

年份 n	一次支付		等额支付系列			
	终值系数 $(F/P,i,n)$	现值系数 $(P/F,i,n)$	终值系数 $(F/A,i,n)$	偿债基金系数 $(A/F,i,n)$	资金回收系数 $(A/P,i,n)$	现值系数 $(P/A,i,n)$
	$(1+i)^n$	$\dfrac{1}{(1+i)^n}$	$\dfrac{(1+i)^n-1}{i}$	$\dfrac{i}{(1+i)^n-1}$	$\dfrac{i(1+i)^n}{(1+i)^n-1}$	$\dfrac{(1+i)^n-1}{i(1+i)^n}$
1	1.2100	0.82645	1.0000	1.00000	1.21000	0.8264
2	1.4641	0.68301	2.2100	0.45249	0.66249	1.5095
3	1.7716	0.56447	3.6741	0.27218	0.48218	2.0739
4	2.1436	0.46651	5.4457	0.18363	0.39363	2.5404
5	2.5937	0.38554	7.5892	0.13177	0.34177	2.9260
6	3.1384	0.31863	10.1830	0.09820	0.30820	3.2446
7	3.7975	0.26333	13.3214	0.07507	0.28507	3.5079
8	4.5950	0.21763	17.1189	0.05841	0.26841	3.7256
9	5.5599	0.17986	21.7139	0.04605	0.25605	3.9054
10	6.7275	0.14864	27.2738	0.03667	0.24667	4.0541
11	8.1403	0.12285	34.0013	0.02941	0.23941	4.1769
12	9.8497	0.10153	42.1416	0.02373	0.23373	4.2784
13	11.9182	0.08391	51.9913	0.01923	0.22923	4.3624
14	14.4210	0.06934	63.9095	0.01565	0.22565	4.4317
15	17.4494	0.05731	78.3305	0.01277	0.22277	4.4890
16	21.1138	0.04736	95.7799	0.01044	0.22044	4.5364
17	25.5477	0.03914	116.8937	0.00855	0.21855	4.5755
18	30.9127	0.03235	142.4413	0.00702	0.21702	4.6079
19	37.4043	0.02673	173.3540	0.00577	0.21577	4.6346
20	45.2593	0.02209	210.7584	0.00474	0.21474	4.6567

续表

年份 n	一次支付		等额支付系列			
	终值系数 $(F/P,i,n)$	现值系数 $(P/F,i,n)$	终值系数 $(F/A,i,n)$	偿债基金系数 $(A/F,i,n)$	资金回收系数 $(A/P,i,n)$	现值系数 $(P/A,i,n)$
	$(1+i)^n$	$\dfrac{1}{(1+i)^n}$	$\dfrac{(1+i)^n-1}{i}$	$\dfrac{i}{(1+i)^n-1}$	$\dfrac{i(1+i)^n}{(1+i)^n-1}$	$\dfrac{(1+i)^n-1}{i(1+i)^n}$
21	54.7637	0.01826	256.0176	0.00391	0.21391	4.6750
22	66.2641	0.01509	310.7813	0.00322	0.21322	4.6900
23	80.1795	0.01247	377.0454	0.00265	0.21265	4.7025
24	97.0172	0.01031	457.2249	0.00219	0.21219	4.7128
25	117.3909	0.00852	554.2422	0.00180	0.21180	4.7213
26	142.0429	0.00704	671.6330	0.00149	0.21149	4.7284
27	171.8719	0.00582	813.6759	0.00123	0.21123	4.7342
28	207.9651	0.00481	985.5479	0.00101	0.21101	4.7390
29	251.6377	0.00397	1193.5129	0.00084	0.21084	4.7430
30	304.4816	0.00328	1445.1507	0.00069	0.21069	4.7463
31	368.4228	0.00271	1749.6323	0.00057	0.21057	4.7490
32	445.7916	0.00224	2118.0551	0.00047	0.21047	4.7512
33	539.4078	0.00185	2563.8467	0.00039	0.21039	4.7531
34	652.6834	0.00153	3103.2545	0.00032	0.21032	4.7546
35	789.7470	0.00127	3755.9379	0.00027	0.21027	4.7559

表A22 复利系数表(22%)

年份 n	一次支付		等额支付系列			
	终值系数 $(F/P,i,n)$	现值系数 $(P/F,i,n)$	终值系数 $(F/A,i,n)$	偿债基金系数 $(A/F,i,n)$	资金回收系数 $(A/P,i,n)$	现值系数 $(P/A,i,n)$
	$(1+i)^n$	$\dfrac{1}{(1+i)^n}$	$\dfrac{(1+i)^n-1}{i}$	$\dfrac{i}{(1+i)^n-1}$	$\dfrac{i(1+i)^n}{(1+i)^n-1}$	$\dfrac{(1+i)^n-1}{i(1+i)^n}$
1	1.2200	0.81967	1.0000	1.00000	1.22000	0.8197
2	1.4884	0.67186	2.2200	0.45045	0.67045	1.4915
3	1.8158	0.55071	3.7084	0.26966	0.48966	2.0422
4	2.2153	0.45140	5.5242	0.18102	0.40102	2.4936
5	2.7027	0.37000	7.7396	0.12921	0.34921	2.8636
6	3.2973	0.30328	10.4423	0.09576	0.31576	3.1669
7	4.0227	0.24859	13.7396	0.07278	0.29278	3.4155

续表

年份 n	一次支付		等额支付系列			
	终值系数 $(F/P,i,n)$ $(1+i)^n$	现值系数 $(P/F,i,n)$ $\dfrac{1}{(1+i)^n}$	终值系数 $(F/A,i,n)$ $\dfrac{(1+i)^n-1}{i}$	偿债基金系数 $(A/F,i,n)$ $\dfrac{i}{(1+i)^n-1}$	资金回收系数 $(A/P,i,n)$ $\dfrac{i(1+i)^n}{(1+i)^n-1}$	现值系数 $(P/A,i,n)$ $\dfrac{(1+i)^n-1}{i(1+i)^n}$
8	4.9077	0.20376	17.7623	0.05630	0.27630	3.6193
9	5.9874	0.16702	22.6700	0.04411	0.26411	3.7863
10	7.3046	0.13690	28.6574	0.03489	0.25489	3.9232
11	8.9117	0.11221	35.9620	0.02781	0.24781	4.0354
12	10.8722	0.09198	44.8737	0.02228	0.24228	4.1274
13	13.2641	0.07539	55.7459	0.01794	0.23794	4.2028
14	16.1822	0.06180	69.0100	0.01449	0.23449	4.2646
15	19.7423	0.05065	85.1922	0.01174	0.23174	4.3152
16	24.0856	0.04152	104.9345	0.00953	0.22953	4.3567
17	29.3844	0.03403	129.0201	0.00775	0.22775	4.3908
18	35.8490	0.02789	158.4045	0.00631	0.22631	4.4187
19	43.7358	0.02286	194.2535	0.00515	0.22515	4.4415
20	53.3576	0.01874	237.9893	0.00420	0.22420	4.4603
21	65.0963	0.01536	291.3469	0.00343	0.22343	4.4756
22	79.4175	0.01259	356.4432	0.00281	0.22281	4.4882
23	96.8894	0.01032	435.8607	0.00229	0.22229	4.4985
24	118.2050	0.00846	532.7501	0.00188	0.22188	4.5070
25	144.2101	0.00693	650.9551	0.00154	0.22154	4.5139
26	175.9364	0.00568	795.1653	0.00126	0.22126	4.5196
27	214.6424	0.00466	971.1016	0.00103	0.22103	4.5243
28	261.8637	0.00382	1185.7440	0.00084	0.22084	4.5281
29	319.4737	0.00313	1447.6077	0.00069	0.22069	4.5312
30	389.7579	0.00257	1767.0813	0.00057	0.22057	4.5338
31	475.5046	0.00210	2156.8392	0.00046	0.22046	4.5359
32	580.1156	0.00172	2632.3439	0.00038	0.22038	4.5376
33	707.7411	0.00141	3212.4595	0.00031	0.22031	4.5390

续表

年份 n	一次支付		等额支付系列			
	终值系数 $(F/P,i,n)$ $(1+i)^n$	现值系数 $(P/F,i,n)$ $\dfrac{1}{(1+i)^n}$	终值系数 $(F/A,i,n)$ $\dfrac{(1+i)^n-1}{i}$	偿债基金系数 $(A/F,i,n)$ $\dfrac{i}{(1+i)^n-1}$	资金回收系数 $(A/P,i,n)$ $\dfrac{i(1+i)^n}{(1+i)^n-1}$	现值系数 $(P/A,i,n)$ $\dfrac{(1+i)^n-1}{i(1+i)^n}$
34	863.4441	0.00116	3920.2006	0.00026	0.22026	4.5402
35	1053.4018	0.00095	4783.6447	0.00021	0.22021	4.5411

表A23 复利系数表(23%)

年份 n	一次支付		等额支付系列			
	终值系数 $(F/P,i,n)$ $(1+i)^n$	现值系数 $(P/F,i,n)$ $\dfrac{1}{(1+i)^n}$	终值系数 $(F/A,i,n)$ $\dfrac{(1+i)^n-1}{i}$	偿债基金系数 $(A/F,i,n)$ $\dfrac{i}{(1+i)^n-1}$	资金回收系数 $(A/P,i,n)$ $\dfrac{i(1+i)^n}{(1+i)^n-1}$	现值系数 $(P/A,i,n)$ $\dfrac{(1+i)^n-1}{i(1+i)^n}$
1	1.2300	0.81301	1.0000	1.00000	1.23000	0.8130
2	1.5129	0.66098	2.2300	0.44843	0.67843	1.4740
3	1.8609	0.53738	3.7429	0.26717	0.49717	2.0114
4	2.2889	0.43690	5.6038	0.17845	0.40845	2.4483
5	2.8153	0.35520	7.8926	0.12670	0.35670	2.8035
6	3.4628	0.28878	10.7079	0.09339	0.32339	3.0923
7	4.2593	0.23478	14.1708	0.07057	0.30057	3.3270
8	5.2389	0.19088	18.4300	0.05426	0.28426	3.5179
9	6.4439	0.15519	23.6690	0.04225	0.27225	3.6731
10	7.9259	0.12617	30.1128	0.03321	0.26321	3.7993
11	9.7489	0.10258	38.0388	0.02629	0.25629	3.9018
12	11.9912	0.08339	47.7877	0.02093	0.25093	3.9852
13	14.7491	0.06780	59.7788	0.01673	0.24673	4.0530
14	18.1414	0.05512	74.5280	0.01342	0.24342	4.1082
15	22.3140	0.04481	92.6694	0.01079	0.24079	4.1530
16	27.4462	0.03643	114.9834	0.00870	0.23870	4.1894
17	33.7588	0.02962	142.4295	0.00702	0.23702	4.2190
18	41.5233	0.02408	176.1883	0.00568	0.23568	4.2431
19	51.0737	0.01958	217.7116	0.00459	0.23459	4.2627
20	62.8206	0.01592	268.7853	0.00372	0.23372	4.2786
21	77.2694	0.01294	331.6059	0.00302	0.23302	4.2916

续表

年份 n	一次支付		等额支付系列			
	终值系数 $(F/P,i,n)$	现值系数 $(P/F,i,n)$	终值系数 $(F/A,i,n)$	偿债基金系数 $(A/F,i,n)$	资金回收系数 $(A/P,i,n)$	现值系数 $(P/A,i,n)$
	$(1+i)^n$	$\dfrac{1}{(1+i)^n}$	$\dfrac{(1+i)^n-1}{i}$	$\dfrac{i}{(1+i)^n-1}$	$\dfrac{i(1+i)^n}{(1+i)^n-1}$	$\dfrac{(1+i)^n-1}{i(1+i)^n}$
22	95.0413	0.01052	408.8753	0.00245	0.23245	4.3021
23	116.9008	0.00855	503.9166	0.00198	0.23198	4.3106
24	143.7880	0.00695	620.8174	0.00161	0.23161	4.3176
25	176.8593	0.00565	764.6054	0.00131	0.23131	4.3232
26	217.5369	0.00460	941.4647	0.00106	0.23106	4.3278
27	267.5704	0.00374	1159.0016	0.00086	0.23086	4.3316
28	329.1115	0.00304	1426.5719	0.00070	0.23070	4.3346
29	404.8072	0.00247	1755.6835	0.00057	0.23057	4.3371
30	497.9129	0.00201	2160.4907	0.00046	0.23046	4.3391
31	612.4328	0.00163	2658.4036	0.00038	0.23038	4.3407
32	753.2924	0.00133	3270.8364	0.00031	0.23031	4.3421
33	926.5496	0.00108	4024.1287	0.00025	0.23025	4.3431
34	1139.6560	0.00088	4950.6783	0.00020	0.23020	4.3440
35	1401.7769	0.00071	6090.3344	0.00016	0.23016	4.3447

表A24 复利系数表(24%)

年份 n	一次支付		等额支付系列			
	终值系数 $(F/P,i,n)$	现值系数 $(P/F,i,n)$	终值系数 $(F/A,i,n)$	偿债基金系数 $(A/F,i,n)$	资金回收系数 $(A/P,i,n)$	现值系数 $(P/A,i,n)$
	$(1+i)^n$	$\dfrac{1}{(1+i)^n}$	$\dfrac{(1+i)^n-1}{i}$	$\dfrac{i}{(1+i)^n-1}$	$\dfrac{i(1+i)^n}{(1+i)^n-1}$	$\dfrac{(1+i)^n-1}{i(1+i)^n}$
1	1.2400	0.80645	1.0000	1.00000	1.24000	0.8065
2	1.5376	0.65036	2.2400	0.44643	0.68643	1.4568
3	1.9066	0.52449	3.7776	0.26472	0.50472	1.9813
4	2.3642	0.42297	5.6842	0.17593	0.41593	2.4043
5	2.9316	0.34111	8.0484	0.12425	0.36425	2.7454
6	3.6352	0.27509	10.9801	0.09107	0.33107	3.0205
7	4.5077	0.22184	14.6153	0.06842	0.30842	3.2423
8	5.5895	0.17891	19.1229	0.05229	0.29229	3.4212

续表

年份 n	一次支付		等额支付系列			
	终值系数 $(F/P,i,n)$	现值系数 $(P/F,i,n)$	终值系数 $(F/A,i,n)$	偿债基金系数 $(A/F,i,n)$	资金回收系数 $(A/P,i,n)$	现值系数 $(P/A,i,n)$
	$(1+i)^n$	$\dfrac{1}{(1+i)^n}$	$\dfrac{(1+i)^n-1}{i}$	$\dfrac{i}{(1+i)^n-1}$	$\dfrac{i(1+i)^n}{(1+i)^n-1}$	$\dfrac{(1+i)^n-1}{i(1+i)^n}$
9	6.9310	0.14428	24.7125	0.04047	0.28047	3.5655
10	8.5944	0.11635	31.6434	0.03160	0.27160	3.6819
11	10.6571	0.09383	40.2379	0.02485	0.26485	3.7757
12	13.2148	0.07567	50.8950	0.01965	0.25965	3.8514
13	16.3863	0.06103	64.1097	0.01560	0.25560	3.9124
14	20.3191	0.04921	80.4961	0.01242	0.25242	3.9616
15	25.1956	0.03969	100.8151	0.00992	0.24992	4.0013
16	31.2426	0.03201	126.0108	0.00794	0.24794	4.0333
17	38.7408	0.02581	157.2534	0.00636	0.24636	4.0591
18	48.0386	0.02082	195.9942	0.00510	0.24510	4.0799
19	59.5679	0.01679	244.0328	0.00410	0.24410	4.0967
20	73.8641	0.01354	303.6006	0.00329	0.24329	4.1103
21	91.5915	0.01092	377.4648	0.00265	0.24265	4.1212
22	113.5735	0.00880	469.0563	0.00213	0.24213	4.1300
23	140.8312	0.00710	582.6298	0.00172	0.24172	4.1371
24	174.6306	0.00573	723.4610	0.00138	0.24138	4.1428
25	216.5420	0.00462	898.0916	0.00111	0.24111	4.1474
26	268.5121	0.00372	1114.6336	0.00090	0.24090	4.1511
27	332.9550	0.00300	1383.1457	0.00072	0.24072	4.1542
28	412.8642	0.00242	1716.1007	0.00058	0.24058	4.1566
29	511.9516	0.00195	2128.9648	0.00047	0.24047	4.1585
30	634.8199	0.00158	2640.9164	0.00038	0.24038	4.1601
31	787.1767	0.00127	3275.7363	0.00031	0.24031	4.1614
32	976.0991	0.00102	4062.9130	0.00025	0.24025	4.1624
33	1210.3629	0.00083	5039.0122	0.00020	0.24020	4.1632
34	1500.8500	0.00067	6249.3751	0.00016	0.24016	4.1639

续表

年份 n	一次支付		等额支付系列			
	终值系数 $(F/P,i,n)$ $(1+i)^n$	现值系数 $(P/F,i,n)$ $\dfrac{1}{(1+i)^n}$	终值系数 $(F/A,i,n)$ $\dfrac{(1+i)^n-1}{i}$	偿债基金系数 $(A/F,i,n)$ $\dfrac{i}{(1+i)^n-1}$	资金回收系数 $(A/P,i,n)$ $\dfrac{i(1+i)^n}{(1+i)^n-1}$	现值系数 $(P/A,i,n)$ $\dfrac{(1+i)^n-1}{i(1+i)^n}$
35	1861.0540	0.00054	7750.2251	0.00013	0.24013	4.1644

表A25　复利系数表(25%)

年份 n	一次支付		等额支付系列			
	终值系数 $(F/P,i,n)$ $(1+i)^n$	现值系数 $(P/F,i,n)$ $\dfrac{1}{(1+i)^n}$	终值系数 $(F/A,i,n)$ $\dfrac{(1+i)^n-1}{i}$	偿债基金系数 $(A/F,i,n)$ $\dfrac{i}{(1+i)^n-1}$	资金回收系数 $(A/P,i,n)$ $\dfrac{i(1+i)^n}{(1+i)^n-1}$	现值系数 $(P/A,i,n)$ $\dfrac{(1+i)^n-1}{i(1+i)^n}$
1	1.2500	0.80000	1.0000	1.00000	1.25000	0.8000
2	1.5625	0.64000	2.2500	0.44444	0.69444	1.4400
3	1.9531	0.51200	3.8125	0.26230	0.51230	1.9520
4	2.4414	0.40960	5.7656	0.17344	0.42344	2.3616
5	3.0518	0.32768	8.2070	0.12185	0.37185	2.6893
6	3.8147	0.26214	11.2588	0.08882	0.33882	2.9514
7	4.7684	0.20972	15.0735	0.06634	0.31634	3.1611
8	5.9605	0.16777	19.8419	0.05040	0.30040	3.3289
9	7.4506	0.13422	25.8023	0.03876	0.28876	3.4631
10	9.3132	0.10737	33.2529	0.03007	0.28007	3.5705
11	11.6415	0.08590	42.5661	0.02349	0.27349	3.6564
12	14.5519	0.06872	54.2077	0.01845	0.26845	3.7251
13	18.1899	0.05498	68.7596	0.01454	0.26454	3.7801
14	22.7374	0.04398	86.9495	0.01150	0.26150	3.8241
15	28.4217	0.03518	109.6868	0.00912	0.25912	3.8593
16	35.5271	0.02815	138.1085	0.00724	0.25724	3.8874
17	44.4089	0.02252	173.6357	0.00576	0.25576	3.9099
18	55.5112	0.01801	218.0446	0.00459	0.25459	3.9279
19	69.3889	0.01441	273.5558	0.00366	0.25366	3.9424
20	86.7362	0.01153	342.9447	0.00292	0.25292	3.9539
21	108.4202	0.00922	429.6809	0.00233	0.25233	3.9631
22	135.5253	0.00738	538.1011	0.00186	0.25186	3.9705
23	169.4066	0.00590	673.6264	0.00148	0.25148	3.9764

续表

年份 n	一次支付		等额支付系列			
	终值系数 $(F/P,i,n)$	现值系数 $(P/F,i,n)$	终值系数 $(F/A,i,n)$	偿债基金系数 $(A/F,i,n)$	资金回收系数 $(A/P,i,n)$	现值系数 $(P/A,i,n)$
	$(1+i)^n$	$\dfrac{1}{(1+i)^n}$	$\dfrac{(1+i)^n-1}{i}$	$\dfrac{i}{(1+i)^n-1}$	$\dfrac{i(1+i)^n}{(1+i)^n-1}$	$\dfrac{(1+i)^n-1}{i(1+i)^n}$
24	211.7582	0.00472	843.0329	0.00119	0.25119	3.9811
25	264.6978	0.00378	1054.7912	0.00095	0.25095	3.9849
26	330.8722	0.00302	1319.4890	0.00076	0.25076	3.9879
27	413.5903	0.00242	1650.3612	0.00061	0.25061	3.9903
28	516.9879	0.00193	2063.9515	0.00048	0.25048	3.9923
29	646.2349	0.00155	2580.9394	0.00039	0.25039	3.9938
30	807.7936	0.00124	3227.1743	0.00031	0.25031	3.9950
31	1009.7420	0.00099	4034.9678	0.00025	0.25025	3.9960
32	1262.1774	0.00079	5044.7098	0.00020	0.25020	3.9968
33	1577.7218	0.00063	6306.8872	0.00016	0.25016	3.9975
34	1972.1523	0.00051	7884.6091	0.00013	0.25013	3.9980
35	2465.1903	0.00041	9856.7613	0.00010	0.25010	3.9984

表A26 复利系数表(26%)

年份 n	一次支付		等额支付系列			
	终值系数 $(F/P,i,n)$	现值系数 $(P/F,i,n)$	终值系数 $(F/A,i,n)$	偿债基金系数 $(A/F,i,n)$	资金回收系数 $(A/P,i,n)$	现值系数 $(P/A,i,n)$
	$(1+i)^n$	$\dfrac{1}{(1+i)^n}$	$\dfrac{(1+i)^n-1}{i}$	$\dfrac{i}{(1+i)^n-1}$	$\dfrac{i(1+i)^n}{(1+i)^n-1}$	$\dfrac{(1+i)^n-1}{i(1+i)^n}$
1	1.2600	0.79365	1.0000	1.00000	1.26000	0.7937
2	1.5876	0.62988	2.2600	0.44248	0.70248	1.4235
3	2.0004	0.49991	3.8476	0.25990	0.51990	1.9234
4	2.5205	0.39675	5.8480	0.17100	0.43100	2.3202
5	3.1758	0.31488	8.3684	0.11950	0.37950	2.6351
6	4.0015	0.24991	11.5442	0.08662	0.34662	2.8850
7	5.0419	0.19834	15.5458	0.06433	0.32433	3.0833
8	6.3528	0.15741	20.5876	0.04857	0.30857	3.2407
9	8.0045	0.12493	26.9404	0.03712	0.29712	3.3657
10	10.0857	0.09915	34.9449	0.02862	0.28862	3.4648
11	12.7080	0.07869	45.0306	0.02221	0.28221	3.5435
12	16.0120	0.06245	57.7386	0.01732	0.27732	3.6059

续表

年份 n	一次支付		等额支付系列			
	终值系数 $(F/P,i,n)$	现值系数 $(P/F,i,n)$	终值系数 $(F/A,i,n)$	偿债基金系数 $(A/F,i,n)$	资金回收系数 $(A/P,i,n)$	现值系数 $(P/A,i,n)$
	$(1+i)^n$	$\dfrac{1}{(1+i)^n}$	$\dfrac{(1+i)^n-1}{i}$	$\dfrac{i}{(1+i)^n-1}$	$\dfrac{i(1+i)^n}{(1+i)^n-1}$	$\dfrac{(1+i)^n-1}{i(1+i)^n}$
13	20.1752	0.04957	73.7506	0.01356	0.27356	3.6555
14	25.4207	0.03934	93.9258	0.01065	0.27065	3.6949
15	32.0301	0.03122	119.3465	0.00838	0.26838	3.7261
16	40.3579	0.02478	151.3766	0.00661	0.26661	3.7509
17	50.8510	0.01967	191.7345	0.00522	0.26522	3.7705
18	64.0722	0.01561	242.5855	0.00412	0.26412	3.7861
19	80.7310	0.01239	306.6577	0.00326	0.26326	3.7985
20	101.7211	0.00983	387.3887	0.00258	0.26258	3.8083
21	128.1685	0.00780	489.1098	0.00204	0.26204	3.8161
22	161.4924	0.00619	617.2783	0.00162	0.26162	3.8223
23	203.4804	0.00491	778.7707	0.00128	0.26128	3.8273
24	256.3853	0.00390	982.2511	0.00102	0.26102	3.8312
25	323.0454	0.00310	1238.6363	0.00081	0.26081	3.8342
26	407.0373	0.00246	1561.6818	0.00064	0.26064	3.8367
27	512.8670	0.00195	1968.7191	0.00051	0.26051	3.8387
28	646.2124	0.00155	2481.5860	0.00040	0.26040	3.8402
29	814.2276	0.00123	3127.7984	0.00032	0.26032	3.8414
30	1025.9267	0.00097	3942.0260	0.00025	0.26025	3.8424
31	1292.6677	0.00077	4967.9527	0.00020	0.26020	3.8432
32	1628.7613	0.00061	6260.6204	0.00016	0.26016	3.8438
33	2052.2392	0.00049	7889.3817	0.00013	0.26013	3.8443
34	2585.8215	0.00039	9941.6210	0.00010	0.26010	3.8447
35	3258.1350	0.00031	12527.4424	0.00008	0.26008	3.8450

表A27 复利系数表(27%)

年份 n	一次支付		等额支付系列			
	终值系数 $(F/P,i,n)$	现值系数 $(P/F,i,n)$	终值系数 $(F/A,i,n)$	偿债基金系数 $(A/F,i,n)$	资金回收系数 $(A/P,i,n)$	现值系数 $(P/A,i,n)$
	$(1+i)^n$	$\dfrac{1}{(1+i)^n}$	$\dfrac{(1+i)^n-1}{i}$	$\dfrac{i}{(1+i)^n-1}$	$\dfrac{i(1+i)^n}{(1+i)^n-1}$	$\dfrac{(1+i)^n-1}{i(1+i)^n}$
1	1.2700	0.78740	1.0000	1.00000	1.27000	0.7874

续表

年份 n	一次支付		等额支付系列			
	终值系数 $(F/P,i,n)$	现值系数 $(P/F,i,n)$	终值系数 $(F/A,i,n)$	偿债基金系数 $(A/F,i,n)$	资金回收系数 $(A/P,i,n)$	现值系数 $(P/A,i,n)$
	$(1+i)^n$	$\dfrac{1}{(1+i)^n}$	$\dfrac{(1+i)^n-1}{i}$	$\dfrac{i}{(1+i)^n-1}$	$\dfrac{i(1+i)^n}{(1+i)^n-1}$	$\dfrac{(1+i)^n-1}{i(1+i)^n}$
2	1.6129	0.62000	2.2700	0.44053	0.71053	1.4074
3	2.0484	0.48819	3.8829	0.25754	0.52754	1.8956
4	2.6014	0.38440	5.9313	0.16860	0.43860	2.2800
5	3.3038	0.30268	8.5327	0.11720	0.38720	2.5827
6	4.1959	0.23833	11.8366	0.08448	0.35448	2.8210
7	5.3288	0.18766	16.0324	0.06237	0.33237	3.0087
8	6.7675	0.14776	21.3612	0.04681	0.31681	3.1564
9	8.5948	0.11635	28.1287	0.03555	0.30555	3.2728
10	10.9153	0.09161	36.7235	0.02723	0.29723	3.3644
11	13.8625	0.07214	47.6388	0.02099	0.29099	3.4365
12	17.6053	0.05680	61.5013	0.01626	0.28626	3.4933
13	22.3588	0.04473	79.1066	0.01264	0.28264	3.5381
14	28.3957	0.03522	101.4654	0.00986	0.27986	3.5733
15	36.0625	0.02773	129.8611	0.00770	0.27770	3.6010
16	45.7994	0.02183	165.9236	0.00603	0.27603	3.6228
17	58.1652	0.01719	211.7230	0.00472	0.27472	3.6400
18	73.8698	0.01354	269.8882	0.00371	0.27371	3.6536
19	93.8147	0.01066	343.7580	0.00291	0.27291	3.6642
20	119.1446	0.00839	437.5726	0.00229	0.27229	3.6726
21	151.3137	0.00661	556.7173	0.00180	0.27180	3.6792
22	192.1683	0.00520	708.0309	0.00141	0.27141	3.6844
23	244.0538	0.00410	900.1993	0.00111	0.27111	3.6885
24	309.9483	0.00323	1144.2531	0.00087	0.27087	3.6918
25	393.6344	0.00254	1454.2014	0.00069	0.27069	3.6943
26	499.9157	0.00200	1847.8358	0.00054	0.27054	3.6963
27	634.8929	0.00158	2347.7515	0.00043	0.27043	3.6979
28	806.3140	0.00124	2982.6443	0.00034	0.27034	3.6991
29	1024.0187	0.00098	3788.9583	0.00026	0.27026	3.7001
30	1300.5038	0.00077	4812.9771	0.00021	0.27021	3.7009
31	1651.6398	0.00061	6113.4809	0.00016	0.27016	3.7015

续表

年份 n	一次支付		等额支付系列			
	终值系数 $(F/P,i,n)$	现值系数 $(P/F,i,n)$	终值系数 $(F/A,i,n)$	偿债基金系数 $(A/F,i,n)$	资金回收系数 $(A/P,i,n)$	现值系数 $(P/A,i,n)$
	$(1+i)^n$	$\dfrac{1}{(1+i)^n}$	$\dfrac{(1+i)^n-1}{i}$	$\dfrac{i}{(1+i)^n-1}$	$\dfrac{i(1+i)^n}{(1+i)^n-1}$	$\dfrac{(1+i)^n-1}{i(1+i)^n}$
32	2097.5826	0.00048	7765.1207	0.00013	0.27013	3.7019
33	2663.9299	0.00038	9862.7033	0.00010	0.27010	3.7023
34	3383.1910	0.00030	12526.6332	0.00008	0.27008	3.7026
35	4296.6525	0.00023	15909.8242	0.00006	0.27006	3.7028

表A28　复利系数表(28%)

年份 n	一次支付		等额支付系列			
	终值系数 $(F/P,i,n)$	现值系数 $(P/F,i,n)$	终值系数 $(F/A,i,n)$	偿债基金系数 $(A/F,i,n)$	资金回收系数 $(A/P,i,n)$	现值系数 $(P/A,i,n)$
	$(1+i)^n$	$\dfrac{1}{(1+i)^n}$	$\dfrac{(1+i)^n-1}{i}$	$\dfrac{i}{(1+i)^n-1}$	$\dfrac{i(1+i)^n}{(1+i)^n-1}$	$\dfrac{(1+i)^n-1}{i(1+i)^n}$
1	1.2800	0.78125	1.0000	1.00000	1.28000	0.7813
2	1.6384	0.61035	2.2800	0.43860	0.71860	1.3916
3	2.0972	0.47684	3.9184	0.25521	0.53521	1.8684
4	2.6844	0.37253	6.0156	0.16624	0.44624	2.2410
5	3.4360	0.29104	8.6999	0.11494	0.39494	2.5320
6	4.3980	0.22737	12.1359	0.08240	0.36240	2.7594
7	5.6295	0.17764	16.5339	0.06048	0.34048	2.9370
8	7.2058	0.13878	22.1634	0.04512	0.32512	3.0758
9	9.2234	0.10842	29.3692	0.03405	0.31405	3.1842
10	11.8059	0.08470	38.5926	0.02591	0.30591	3.2689
11	15.1116	0.06617	50.3985	0.01984	0.29984	3.3351
12	19.3428	0.05170	65.5100	0.01526	0.29526	3.3868
13	24.7588	0.04039	84.8529	0.01179	0.29179	3.4272
14	31.6913	0.03155	109.6117	0.00912	0.28912	3.4587
15	40.5648	0.02465	141.3029	0.00708	0.28708	3.4834
16	51.9230	0.01926	181.8677	0.00550	0.28550	3.5026
17	66.4614	0.01505	233.7907	0.00428	0.28428	3.5177
18	85.0706	0.01175	300.2521	0.00333	0.28333	3.5294
19	108.8904	0.00918	385.3227	0.00260	0.28260	3.5386
20	139.3797	0.00717	494.2131	0.00202	0.28202	3.5458

续表

年份 n	一次支付		等额支付系列			
	终值系数 $(F/P,i,n)$	现值系数 $(P/F,i,n)$	终值系数 $(F/A,i,n)$	偿债基金系数 $(A/F,i,n)$	资金回收系数 $(A/P,i,n)$	现值系数 $(P/A,i,n)$
	$(1+i)^n$	$\dfrac{1}{(1+i)^n}$	$\dfrac{(1+i)^n-1}{i}$	$\dfrac{i}{(1+i)^n-1}$	$\dfrac{i(1+i)^n}{(1+i)^n-1}$	$\dfrac{(1+i)^n-1}{i(1+i)^n}$
21	178.4060	0.00561	633.5927	0.00158	0.28158	3.5514
22	228.3596	0.00438	811.9987	0.00123	0.28123	3.5558
23	292.3003	0.00342	1040.3583	0.00096	0.28096	3.5592
24	374.1444	0.00267	1332.6586	0.00075	0.28075	3.5619
25	478.9049	0.00209	1706.8031	0.00059	0.28059	3.5640
26	612.9982	0.00163	2185.7079	0.00046	0.28046	3.5656
27	784.6377	0.00127	2798.7061	0.00036	0.28036	3.5669
28	1004.3363	0.00100	3583.3438	0.00028	0.28028	3.5679
29	1285.5504	0.00078	4587.6801	0.00022	0.28022	3.5687
30	1645.5046	0.00061	5873.2306	0.00017	0.28017	3.5693
31	2106.2458	0.00047	7518.7351	0.00013	0.28013	3.5697
32	2695.9947	0.00037	9624.9810	0.00010	0.28010	3.5701
33	3450.8732	0.00029	12320.9756	0.00008	0.28008	3.5704
34	4417.1177	0.00023	15771.8488	0.00006	0.28006	3.5706
35	5653.9106	0.00018	20188.9665	0.00005	0.28005	3.5708

表A29　复利系数表(29%)

年份 n	一次支付		等额支付系列			
	终值系数 $(F/P,i,n)$	现值系数 $(P/F,i,n)$	终值系数 $(F/A,i,n)$	偿债基金系数 $(A/F,i,n)$	资金回收系数 $(A/P,i,n)$	现值系数 $(P/A,i,n)$
	$(1+i)^n$	$\dfrac{1}{(1+i)^n}$	$\dfrac{(1+i)^n-1}{i}$	$\dfrac{i}{(1+i)^n-1}$	$\dfrac{i(1+i)^n}{(1+i)^n-1}$	$\dfrac{(1+i)^n-1}{i(1+i)^n}$
1	1.2900	0.77519	1.0000	1.00000	1.29000	0.7752
2	1.6641	0.60093	2.2900	0.43668	0.72668	1.3761
3	2.1467	0.46583	3.9541	0.25290	0.54290	1.8420
4	2.7692	0.36111	6.1008	0.16391	0.45391	2.2031
5	3.5723	0.27993	8.8700	0.11274	0.40274	2.4830
6	4.6083	0.21700	12.4423	0.08037	0.37037	2.7000
7	5.9447	0.16822	17.0506	0.05865	0.34865	2.8682

续表

年份 n	一次支付		等额支付系列			
	终值系数 $(F/P,i,n)$ $(1+i)^n$	现值系数 $(P/F,i,n)$ $\dfrac{1}{(1+i)^n}$	终值系数 $(F/A,i,n)$ $\dfrac{(1+i)^n-1}{i}$	偿债基金系数 $(A/F,i,n)$ $\dfrac{i}{(1+i)^n-1}$	资金回收系数 $(A/P,i,n)$ $\dfrac{i(1+i)^n}{(1+i)^n-1}$	现值系数 $(P/A,i,n)$ $\dfrac{(1+i)^n-1}{i(1+i)^n}$
8	7.6686	0.13040	22.9953	0.04349	0.33349	2.9986
9	9.8925	0.10109	30.6639	0.03261	0.32261	3.0997
10	12.7614	0.07836	40.5564	0.02466	0.31466	3.1781
11	16.4622	0.06075	53.3178	0.01876	0.30876	3.2388
12	21.2362	0.04709	69.7800	0.01433	0.30433	3.2859
13	27.3947	0.03650	91.0161	0.01099	0.30099	3.3224
14	35.3391	0.02830	118.4108	0.00845	0.29845	3.3507
15	45.5875	0.02194	153.7500	0.00650	0.29650	3.3726
16	58.8079	0.01700	199.3374	0.00502	0.29502	3.3896
17	75.8621	0.01318	258.1453	0.00387	0.29387	3.4028
18	97.8622	0.01022	334.0074	0.00299	0.29299	3.4130
19	126.2422	0.00792	431.8696	0.00232	0.29232	3.4210
20	162.8524	0.00614	558.1118	0.00179	0.29179	3.4271
21	210.0796	0.00476	720.9642	0.00139	0.29139	3.4319
22	271.0027	0.00369	931.0438	0.00107	0.29107	3.4356
23	349.5935	0.00286	1202.0465	0.00083	0.29083	3.4384
24	450.9756	0.00222	1551.6400	0.00064	0.29064	3.4406
25	581.7585	0.00172	2002.6156	0.00050	0.29050	3.4423
26	750.4685	0.00133	2584.3741	0.00039	0.29039	3.4437
27	968.1044	0.00103	3334.8426	0.00030	0.29030	3.4447
28	1248.8546	0.00080	4302.9470	0.00023	0.29023	3.4455
29	1611.0225	0.00062	5551.8016	0.00018	0.29018	3.4461
30	2078.2190	0.00048	7162.8241	0.00014	0.29014	3.4466
31	2680.9025	0.00037	9241.0431	0.00011	0.29011	3.4470
32	3458.3642	0.00029	11921.9456	0.00008	0.29008	3.4473
33	4461.2898	0.00022	15380.3098	0.00007	0.29007	3.4475

续表

年份 n	一次支付		等额支付系列			
	终值系数 $(F/P,i,n)$	现值系数 $(P/F,i,n)$	终值系数 $(F/A,i,n)$	偿债基金系数 $(A/F,i,n)$	资金回收系数 $(A/P,i,n)$	现值系数 $(P/A,i,n)$
	$(1+i)^n$	$\dfrac{1}{(1+i)^n}$	$\dfrac{(1+i)^n-1}{i}$	$\dfrac{i}{(1+i)^n-1}$	$\dfrac{i(1+i)^n}{(1+i)^n-1}$	$\dfrac{(1+i)^n-1}{i(1+i)^n}$
34	5755.0639	0.00017	19841.5997	0.00005	0.29005	3.4477
35	7424.0324	0.00013	25596.6636	0.00004	0.29004	3.4478

表A30　复利系数表(30%)

年份 n	一次支付		等额支付系列			
	终值系数 $(F/P,i,n)$	现值系数 $(P/F,i,n)$	终值系数 $(F/A,i,n)$	偿债基金系数 $(A/F,i,n)$	资金回收系数 $(A/P,i,n)$	现值系数 $(P/A,i,n)$
	$(1+i)^n$	$\dfrac{1}{(1+i)^n}$	$\dfrac{(1+i)^n-1}{i}$	$\dfrac{i}{(1+i)^n-1}$	$\dfrac{i(1+i)^n}{(1+i)^n-1}$	$\dfrac{(1+i)^n-1}{i(1+i)^n}$
1	1.3000	0.76923	1.0000	1.00000	1.30000	0.7692
2	1.6900	0.59172	2.3000	0.43478	0.73478	1.3609
3	2.1970	0.45517	3.9900	0.25063	0.55063	1.8161
4	2.8561	0.35013	6.1870	0.16163	0.46163	2.1662
5	3.7129	0.26933	9.0431	0.11058	0.41058	2.4356
6	4.8268	0.20718	12.7560	0.07839	0.37839	2.6427
7	6.2749	0.15937	17.5828	0.05687	0.35687	2.8021
8	8.1573	0.12259	23.8577	0.04192	0.34192	2.9247
9	10.6045	0.09430	32.0150	0.03124	0.33124	3.0190
10	13.7858	0.07254	42.6195	0.02346	0.32346	3.0915
11	17.9216	0.05580	56.4053	0.01773	0.31773	3.1473
12	23.2981	0.04292	74.3270	0.01345	0.31345	3.1903
13	30.2875	0.03302	97.6250	0.01024	0.31024	3.2233
14	39.3738	0.02540	127.9125	0.00782	0.30782	3.2487
15	51.1859	0.01954	167.2863	0.00598	0.30598	3.2682
16	66.5417	0.01503	218.4722	0.00458	0.30458	3.2832
17	86.5042	0.01156	285.0139	0.00351	0.30351	3.2948
18	112.4554	0.00889	371.5180	0.00269	0.30269	3.3037
19	146.1920	0.00684	483.9734	0.00207	0.30207	3.3105
20	190.0496	0.00526	630.1655	0.00159	0.30159	3.3158
21	247.0645	0.00405	820.2151	0.00122	0.30122	3.3198

续表

年份 n	一次支付		等额支付系列			
	终值系数 $(F/P,i,n)$	现值系数 $(P/F,i,n)$	终值系数 $(F/A,i,n)$	偿债基金系数 $(A/F,i,n)$	资金回收系数 $(A/P,i,n)$	现值系数 $(P/A,i,n)$
	$(1+i)^n$	$\dfrac{1}{(1+i)^n}$	$\dfrac{(1+i)^n-1}{i}$	$\dfrac{i}{(1+i)^n-1}$	$\dfrac{i(1+i)^n}{(1+i)^n-1}$	$\dfrac{(1+i)^n-1}{i(1+i)^n}$
22	321.1839	0.00311	1067.2796	0.00094	0.30094	3.3230
23	417.5391	0.00239	1388.4635	0.00072	0.30072	3.3254
24	542.8008	0.00184	1806.0026	0.00055	0.30055	3.3272
25	705.6410	0.00142	2348.8033	0.00043	0.30043	3.3286
26	917.3333	0.00109	3054.4443	0.00033	0.30033	3.3297
27	1192.5333	0.00084	3971.7776	0.00025	0.30025	3.3305
28	1550.2933	0.00065	5164.3109	0.00019	0.30019	3.3312
29	2015.3813	0.00050	6714.6042	0.00015	0.30015	3.3317
30	2619.9956	0.00038	8729.9855	0.00011	0.30011	3.3321
31	3405.9943	0.00029	11349.9811	0.00009	0.30009	3.3324
32	4427.7926	0.00023	14755.9755	0.00007	0.30007	3.3326
33	5756.1304	0.00017	19183.7681	0.00005	0.30005	3.3328
34	7482.9696	0.00013	24939.8985	0.00004	0.30004	3.3329
35	9727.8604	0.00010	32422.8681	0.00003	0.30003	3.3330

表A31 复利系数表(31%)

年份 n	一次支付		等额支付系列			
	终值系数 $(F/P,i,n)$	现值系数 $(P/F,i,n)$	终值系数 $(F/A,i,n)$	偿债基金系数 $(A/F,i,n)$	资金回收系数 $(A/P,i,n)$	现值系数 $(P/A,i,n)$
	$(1+i)^n$	$\dfrac{1}{(1+i)^n}$	$\dfrac{(1+i)^n-1}{i}$	$\dfrac{i}{(1+i)^n-1}$	$\dfrac{i(1+i)^n}{(1+i)^n-1}$	$\dfrac{(1+i)^n-1}{i(1+i)^n}$
1	1.3100	0.76336	1.0000	1.00000	1.31000	0.7634
2	1.7161	0.58272	2.3100	0.43290	0.74290	1.3461
3	2.2481	0.44482	4.0261	0.24838	0.55838	1.7909
4	2.9450	0.33956	6.2742	0.15938	0.46938	2.1305
5	3.8579	0.25921	9.2192	0.10847	0.41847	2.3897
6	5.0539	0.19787	13.0771	0.07647	0.38647	2.5875
7	6.6206	0.15104	18.1311	0.05515	0.36515	2.7386
8	8.6730	0.11530	24.7517	0.04040	0.35040	2.8539

续表

年份 n	一次支付		等额支付系列			
	终值系数 $(F/P,i,n)$	现值系数 $(P/F,i,n)$	终值系数 $(F/A,i,n)$	偿债基金系数 $(A/F,i,n)$	资金回收系数 $(A/P,i,n)$	现值系数 $(P/A,i,n)$
	$(1+i)^n$	$\dfrac{1}{(1+i)^n}$	$\dfrac{(1+i)^n-1}{i}$	$\dfrac{i}{(1+i)^n-1}$	$\dfrac{i(1+i)^n}{(1+i)^n-1}$	$\dfrac{(1+i)^n-1}{i(1+i)^n}$
9	11.3617	0.08802	33.4247	0.02992	0.33992	2.9419
10	14.8838	0.06719	44.7864	0.02233	0.33233	3.0091
11	19.4977	0.05129	59.6701	0.01676	0.32676	3.0604
12	25.5420	0.03915	79.1679	0.01263	0.32263	3.0995
13	33.4601	0.02989	104.7099	0.00955	0.31955	3.1294
14	43.8327	0.02281	138.1700	0.00724	0.31724	3.1522
15	57.4208	0.01742	182.0027	0.00549	0.31549	3.1696
16	75.2213	0.01329	239.4235	0.00418	0.31418	3.1829
17	98.5399	0.01015	314.6448	0.00318	0.31318	3.1931
18	129.0872	0.00775	413.1847	0.00242	0.31242	3.2008
19	169.1043	0.00591	542.2719	0.00184	0.31184	3.2067
20	221.5266	0.00451	711.3762	0.00141	0.31141	3.2112
21	290.1999	0.00345	932.9028	0.00107	0.31107	3.2147
22	380.1618	0.00263	1223.1027	0.00082	0.31082	3.2173
23	498.0120	0.00201	1603.2645	0.00062	0.31062	3.2193
24	652.3957	0.00153	2101.2765	0.00048	0.31048	3.2209
25	854.6384	0.00117	2753.6722	0.00036	0.31036	3.2220
26	1119.5763	0.00089	3608.3106	0.00028	0.31028	3.2229
27	1466.6449	0.00068	4727.8868	0.00021	0.31021	3.2236
28	1921.3048	0.00052	6194.5318	0.00016	0.31016	3.2241
29	2516.9093	0.00040	8115.8366	0.00012	0.31012	3.2245
30	3297.1512	0.00030	10632.7460	0.00009	0.31009	3.2248
31	4319.2681	0.00023	13929.8972	0.00007	0.31007	3.2251
32	5658.2413	0.00018	18249.1653	0.00005	0.31005	3.2252
33	7412.2960	0.00013	23907.4066	0.00004	0.31004	3.2254
34	9710.1078	0.00010	31319.7026	0.00003	0.31003	3.2255

续表

年份 n	一次支付		等额支付系列			
	终值系数 $(F/P,i,n)$	现值系数 $(P/F,i,n)$	终值系数 $(F/A,i,n)$	偿债基金系数 $(A/F,i,n)$	资金回收系数 $(A/P,i,n)$	现值系数 $(P/A,i,n)$
	$(1+i)^n$	$\dfrac{1}{(1+i)^n}$	$\dfrac{(1+i)^n-1}{i}$	$\dfrac{i}{(1+i)^n-1}$	$\dfrac{i(1+i)^n}{(1+i)^n-1}$	$\dfrac{(1+i)^n-1}{i(1+i)^n}$
35	12720.2412	0.00008	41029.8105	0.00002	0.31002	3.2256

表A32　复利系数表(32%)

年份 n	一次支付		等额支付系列			
	终值系数 $(F/P,i,n)$	现值系数 $(P/F,i,n)$	终值系数 $(F/A,i,n)$	偿债基金系数 $(A/F,i,n)$	资金回收系数 $(A/P,i,n)$	现值系数 $(P/A,i,n)$
	$(1+i)^n$	$\dfrac{1}{(1+i)^n}$	$\dfrac{(1+i)^n-1}{i}$	$\dfrac{i}{(1+i)^n-1}$	$\dfrac{i(1+i)^n}{(1+i)^n-1}$	$\dfrac{(1+i)^n-1}{i(1+i)^n}$
1	1.3200	0.75758	1.0000	1.00000	1.32000	0.7576
2	1.7424	0.57392	2.3200	0.43103	0.75103	1.3315
3	2.3000	0.43479	4.0624	0.24616	0.56616	1.7663
4	3.0360	0.32939	6.3624	0.15717	0.47717	2.0957
5	4.0075	0.24953	9.3983	0.10640	0.42640	2.3452
6	5.2899	0.18904	13.4058	0.07459	0.39459	2.5342
7	6.9826	0.14321	18.6956	0.05349	0.37349	2.6775
8	9.2170	0.10849	25.6782	0.03894	0.35894	2.7860
9	12.1665	0.08219	34.8953	0.02866	0.34866	2.8681
10	16.0598	0.06227	47.0618	0.02125	0.34125	2.9304
11	21.1989	0.04717	63.1215	0.01584	0.33584	2.9776
12	27.9825	0.03574	84.3204	0.01186	0.33186	3.0133
13	36.9370	0.02707	112.3030	0.00890	0.32890	3.0404
14	48.7568	0.02051	149.2399	0.00670	0.32670	3.0609
15	64.3590	0.01554	197.9967	0.00505	0.32505	3.0764
16	84.9538	0.01177	262.3557	0.00381	0.32381	3.0882
17	112.1390	0.00892	347.3095	0.00288	0.32288	3.0971
18	148.0235	0.00676	459.4485	0.00218	0.32218	3.1039
19	195.3911	0.00512	607.4721	0.00165	0.32165	3.1090
20	257.9162	0.00388	802.8631	0.00125	0.32125	3.1129
21	340.4494	0.00294	1060.7793	0.00094	0.32094	3.1158
22	449.3932	0.00223	1401.2287	0.00071	0.32071	3.1180
23	593.1990	0.00169	1850.6219	0.00054	0.32054	3.1197

续表

年份 n	一次支付		等额支付系列			
	终值系数 $(F/P,i,n)$	现值系数 $(P/F,i,n)$	终值系数 $(F/A,i,n)$	偿债基金系数 $(A/F,i,n)$	资金回收系数 $(A/P,i,n)$	现值系数 $(P/A,i,n)$
	$(1+i)^n$	$\dfrac{1}{(1+i)^n}$	$\dfrac{(1+i)^n-1}{i}$	$\dfrac{i}{(1+i)^n-1}$	$\dfrac{i(1+i)^n}{(1+i)^n-1}$	$\dfrac{(1+i)^n-1}{i(1+i)^n}$
24	783.0227	0.00128	2443.8209	0.00041	0.32041	3.1210
25	1033.5900	0.00097	3226.8436	0.00031	0.32031	3.1220
26	1364.3387	0.00073	4260.4336	0.00023	0.32023	3.1227
27	1800.9271	0.00056	5624.7723	0.00018	0.32018	3.1233
28	2377.2238	0.00042	7425.6994	0.00013	0.32013	3.1237
29	3137.9354	0.00032	9802.9233	0.00010	0.32010	3.1240
30	4142.0748	0.00024	12940.8587	0.00008	0.32008	3.1242
31	5467.5387	0.00018	17082.9335	0.00006	0.32006	3.1244
32	7217.1511	0.00014	22550.4722	0.00004	0.32004	3.1246
33	9526.6395	0.00010	29767.6233	0.00003	0.32003	3.1247
34	12575.1641	0.00008	39294.2628	0.00003	0.32003	3.1248
35	16599.2166	0.00006	51869.4269	0.00002	0.32002	3.1248

表A33 复利系数表(33%)

年份 n	一次支付		等额支付系列			
	终值系数 $(F/P,i,n)$	现值系数 $(P/F,i,n)$	终值系数 $(F/A,i,n)$	偿债基金系数 $(A/F,i,n)$	资金回收系数 $(A/P,i,n)$	现值系数 $(P/A,i,n)$
	$(1+i)^n$	$\dfrac{1}{(1+i)^n}$	$\dfrac{(1+i)^n-1}{i}$	$\dfrac{i}{(1+i)^n-1}$	$\dfrac{i(1+i)^n}{(1+i)^n-1}$	$\dfrac{(1+i)^n-1}{i(1+i)^n}$
1	1.3300	0.75188	1.0000	1.00000	1.33000	0.7519
2	1.7689	0.56532	2.3300	0.42918	0.75918	1.3172
3	2.3526	0.42505	4.0989	0.24397	0.57397	1.7423
4	3.1290	0.31959	6.4515	0.15500	0.48500	2.0618
5	4.1616	0.24029	9.5805	0.10438	0.43438	2.3021
6	5.5349	0.18067	13.7421	0.07277	0.40277	2.4828
7	7.3614	0.13584	19.2770	0.05188	0.38188	2.6187
8	9.7907	0.10214	26.6384	0.03754	0.36754	2.7208
9	13.0216	0.07680	36.4291	0.02745	0.35745	2.7976
10	17.3187	0.05774	49.4507	0.02022	0.35022	2.8553
11	23.0339	0.04341	66.7695	0.01498	0.34498	2.8987
12	30.6351	0.03264	89.8034	0.01114	0.34114	2.9314

续表

年份 n	一次支付		等额支付系列			
	终值系数 $(F/P,i,n)$ $(1+i)^n$	现值系数 $(P/F,i,n)$ $\dfrac{1}{(1+i)^n}$	终值系数 $(F/A,i,n)$ $\dfrac{(1+i)^n-1}{i}$	偿债基金系数 $(A/F,i,n)$ $\dfrac{i}{(1+i)^n-1}$	资金回收系数 $(A/P,i,n)$ $\dfrac{i(1+i)^n}{(1+i)^n-1}$	现值系数 $(P/A,i,n)$ $\dfrac{(1+i)^n-1}{i(1+i)^n}$
13	40.7447	0.02454	120.4385	0.00830	0.33830	2.9559
14	54.1905	0.01845	161.1833	0.00620	0.33620	2.9744
15	72.0733	0.01387	215.3737	0.00464	0.33464	2.9883
16	95.8575	0.01043	287.4471	0.00348	0.33348	2.9987
17	127.4905	0.00784	383.3046	0.00261	0.33261	3.0065
18	169.5624	0.00590	510.7951	0.00196	0.33196	3.0124
19	225.5180	0.00443	680.3575	0.00147	0.33147	3.0169
20	299.9389	0.00333	905.8755	0.00110	0.33110	3.0202
21	398.9188	0.00251	1205.8144	0.00083	0.33083	3.0227
22	530.5620	0.00188	1604.7332	0.00062	0.33062	3.0246
23	705.6474	0.00142	2135.2951	0.00047	0.33047	3.0260
24	938.5110	0.00107	2840.9425	0.00035	0.33035	3.0271
25	1248.2197	0.00080	3779.4536	0.00026	0.33026	3.0279
26	1660.1322	0.00060	5027.6732	0.00020	0.33020	3.0285
27	2207.9758	0.00045	6687.8054	0.00015	0.33015	3.0289
28	2936.6078	0.00034	8895.7812	0.00011	0.33011	3.0293
29	3905.6884	0.00026	11832.3890	0.00008	0.33008	3.0295
30	5194.5655	0.00019	15738.0774	0.00006	0.33006	3.0297
31	6908.7722	0.00014	20932.6429	0.00005	0.33005	3.0299
32	9188.6670	0.00011	27841.4150	0.00004	0.33004	3.0300
33	12220.9271	0.00008	37030.0820	0.00003	0.33003	3.0301
34	16253.8330	0.00006	49251.0090	0.00002	0.33002	3.0301
35	21617.5979	0.00005	65504.8420	0.00002	0.33002	3.0302

表A34 复利系数表(34%)

年份 n	一次支付		等额支付系列			
	终值系数 $(F/P,i,n)$ $(1+i)^n$	现值系数 $(P/F,i,n)$ $\dfrac{1}{(1+i)^n}$	终值系数 $(F/A,i,n)$ $\dfrac{(1+i)^n-1}{i}$	偿债基金系数 $(A/F,i,n)$ $\dfrac{i}{(1+i)^n-1}$	资金回收系数 $(A/P,i,n)$ $\dfrac{i(1+i)^n}{(1+i)^n-1}$	现值系数 $(P/A,i,n)$ $\dfrac{(1+i)^n-1}{i(1+i)^n}$
1	1.3400	0.74627	1.0000	1.00000	1.34000	0.7463

续表

年份 n	一次支付		等额支付系列			
	终值系数 $(F/P,i,n)$	现值系数 $(P/F,i,n)$	终值系数 $(F/A,i,n)$	偿债基金系数 $(A/F,i,n)$	资金回收系数 $(A/P,i,n)$	现值系数 $(P/A,i,n)$
	$(1+i)^n$	$\dfrac{1}{(1+i)^n}$	$\dfrac{(1+i)^n-1}{i}$	$\dfrac{i}{(1+i)^n-1}$	$\dfrac{i(1+i)^n}{(1+i)^n-1}$	$\dfrac{(1+i)^n-1}{i(1+i)^n}$
2	1.7956	0.55692	2.3400	0.42735	0.76735	1.3032
3	2.4061	0.41561	4.1356	0.24180	0.58180	1.7188
4	3.2242	0.31016	6.5417	0.15287	0.49287	2.0290
5	4.3204	0.23146	9.7659	0.10240	0.44240	2.2604
6	5.7893	0.17273	14.0863	0.07099	0.41099	2.4331
7	7.7577	0.12890	19.8756	0.05031	0.39031	2.5620
8	10.3953	0.09620	27.6333	0.03619	0.37619	2.6582
9	13.9297	0.07179	38.0287	0.02630	0.36630	2.7300
10	18.6659	0.05357	51.9584	0.01925	0.35925	2.7836
11	25.0123	0.03998	70.6243	0.01416	0.35416	2.8236
12	33.5164	0.02984	95.6365	0.01046	0.35046	2.8534
13	44.9120	0.02227	129.1529	0.00774	0.34774	2.8757
14	60.1821	0.01662	174.0649	0.00574	0.34574	2.8923
15	80.6440	0.01240	234.2470	0.00427	0.34427	2.9047
16	108.0629	0.00925	314.8910	0.00318	0.34318	2.9140
17	144.8043	0.00691	422.9539	0.00236	0.34236	2.9209
18	194.0378	0.00515	567.7583	0.00176	0.34176	2.9260
19	260.0107	0.00385	761.7961	0.00131	0.34131	2.9299
20	348.4143	0.00287	1021.8068	0.00098	0.34098	2.9327
21	466.8752	0.00214	1370.2211	0.00073	0.34073	2.9349
22	625.6127	0.00160	1837.0962	0.00054	0.34054	2.9365
23	838.3210	0.00119	2462.7089	0.00041	0.34041	2.9377
24	1123.3502	0.00089	3301.0300	0.00030	0.34030	2.9386
25	1505.2892	0.00066	4424.3801	0.00023	0.34023	2.9392
26	2017.0876	0.00050	5929.6694	0.00017	0.34017	2.9397
27	2702.8974	0.00037	7946.7570	0.00013	0.34013	2.9401
28	3621.8825	0.00028	10649.6543	0.00009	0.34009	2.9404
29	4853.3225	0.00021	14271.5368	0.00007	0.34007	2.9406
30	6503.4522	0.00015	19124.8593	0.00005	0.34005	2.9407
31	8714.6259	0.00011	25628.3115	0.00004	0.34004	2.9408

续表

年份 n	一次支付		等额支付系列			
	终值系数 $(F/P,i,n)$	现值系数 $(P/F,i,n)$	终值系数 $(F/A,i,n)$	偿债基金系数 $(A/F,i,n)$	资金回收系数 $(A/P,i,n)$	现值系数 $(P/A,i,n)$
	$(1+i)^n$	$\dfrac{1}{(1+i)^n}$	$\dfrac{(1+i)^n-1}{i}$	$\dfrac{i}{(1+i)^n-1}$	$\dfrac{i(1+i)^n}{(1+i)^n-1}$	$\dfrac{(1+i)^n-1}{i(1+i)^n}$
32	11677.5987	0.00009	34342.9374	0.00003	0.34003	2.9409
33	15647.9823	0.00006	46020.5362	0.00002	0.34002	2.9410
34	20968.2963	0.00005	61668.5185	0.00002	0.34002	2.9410
35	28097.5170	0.00004	82636.8147	0.00001	0.34001	2.9411

表A35　复利系数表(35％)

年份 n	一次支付		等额支付系列			
	终值系数 $(F/P,i,n)$	现值系数 $(P/F,i,n)$	终值系数 $(F/A,i,n)$	偿债基金系数 $(A/F,i,n)$	资金回收系数 $(A/P,i,n)$	现值系数 $(P/A,i,n)$
	$(1+i)^n$	$\dfrac{1}{(1+i)^n}$	$\dfrac{(1+i)^n-1}{i}$	$\dfrac{i}{(1+i)^n-1}$	$\dfrac{i(1+i)^n}{(1+i)^n-1}$	$\dfrac{(1+i)^n-1}{i(1+i)^n}$
1	1.3500	0.74074	1.0000	1.00000	1.35000	0.7407
2	1.8225	0.54870	2.3500	0.42553	0.77553	1.2894
3	2.4604	0.40644	4.1725	0.23966	0.58966	1.6959
4	3.3215	0.30107	6.6329	0.15076	0.50076	1.9969
5	4.4840	0.22301	9.9544	0.10046	0.45046	2.2200
6	6.0534	0.16520	14.4384	0.06926	0.41926	2.3852
7	8.1722	0.12237	20.4919	0.04880	0.39880	2.5075
8	11.0324	0.09064	28.6640	0.03489	0.38489	2.5982
9	14.8937	0.06714	39.6964	0.02519	0.37519	2.6653
10	20.1066	0.04974	54.5902	0.01832	0.36832	2.7150
11	27.1439	0.03684	74.6967	0.01339	0.36339	2.7519
12	36.6442	0.02729	101.8406	0.00982	0.35982	2.7792
13	49.4697	0.02021	138.4848	0.00722	0.35722	2.7994
14	66.7841	0.01497	187.9544	0.00532	0.35532	2.8144
15	90.1585	0.01109	254.7385	0.00393	0.35393	2.8255
16	121.7139	0.00822	344.8970	0.00290	0.35290	2.8337
17	164.3138	0.00609	466.6109	0.00214	0.35214	2.8398
18	221.8236	0.00451	630.9247	0.00158	0.35158	2.8443
19	299.4619	0.00334	852.7483	0.00117	0.35117	2.8476
20	404.2736	0.00247	1152.2103	0.00087	0.35087	2.8501

续表

年份 n	一次支付		等额支付系列			
	终值系数 $(F/P,i,n)$ $(1+i)^n$	现值系数 $(P/F,i,n)$ $\dfrac{1}{(1+i)^n}$	终值系数 $(F/A,i,n)$ $\dfrac{(1+i)^n-1}{i}$	偿债基金系数 $(A/F,i,n)$ $\dfrac{i}{(1+i)^n-1}$	资金回收系数 $(A/P,i,n)$ $\dfrac{i(1+i)^n}{(1+i)^n-1}$	现值系数 $(P/A,i,n)$ $\dfrac{(1+i)^n-1}{i(1+i)^n}$
21	545.7693	0.00183	1556.4838	0.00064	0.35064	2.8519
22	736.7886	0.00136	2102.2532	0.00048	0.35048	2.8533
23	994.6646	0.00101	2839.0418	0.00035	0.35035	2.8543
24	1342.7973	0.00074	3833.7064	0.00026	0.35026	2.8550
25	1812.7763	0.00055	5176.5037	0.00019	0.35019	2.8556
26	2447.2480	0.00041	6989.2800	0.00014	0.35014	2.8560
27	3303.7848	0.00030	9436.5280	0.00011	0.35011	2.8563
28	4460.1095	0.00022	12740.3128	0.00008	0.35008	2.8565
29	6021.1478	0.00017	17200.4222	0.00006	0.35006	2.8567
30	8128.5495	0.00012	23221.5700	0.00004	0.35004	2.8568
31	10973.5418	0.00009	31350.1195	0.00003	0.35003	2.8569
32	14814.2815	0.00007	42323.6613	0.00002	0.35002	2.8569
33	19999.2800	0.00005	57137.9428	0.00002	0.35002	2.8570
34	26999.0280	0.00004	77137.2228	0.00001	0.35001	2.8570
35	36448.6878	0.00003	104136.2508	0.00001	0.35001	2.8571

表A36　复利系数表(36%)

年份 n	一次支付		等额支付系列			
	终值系数 $(F/P,i,n)$ $(1+i)^n$	现值系数 $(P/F,i,n)$ $\dfrac{1}{(1+i)^n}$	终值系数 $(F/A,i,n)$ $\dfrac{(1+i)^n-1}{i}$	偿债基金系数 $(A/F,i,n)$ $\dfrac{i}{(1+i)^n-1}$	资金回收系数 $(A/P,i,n)$ $\dfrac{i(1+i)^n}{(1+i)^n-1}$	现值系数 $(P/A,i,n)$ $\dfrac{(1+i)^n-1}{i(1+i)^n}$
1	1.3600	0.73529	1.0000	1.00000	1.36000	0.7353
2	1.8496	0.54066	2.3600	0.42373	0.78373	1.2760
3	2.5155	0.39754	4.2096	0.23755	0.59755	1.6735
4	3.4210	0.29231	6.7251	0.14870	0.50870	1.9658
5	4.6526	0.21493	10.1461	0.09856	0.45856	2.1807
6	6.3275	0.15804	14.7987	0.06757	0.42757	2.3388
7	8.6054	0.11621	21.1262	0.04733	0.40733	2.4550

续表

年份 n	一次支付		等额支付系列			
	终值系数 $(F/P,i,n)$ $(1+i)^n$	现值系数 $(P/F,i,n)$ $\dfrac{1}{(1+i)^n}$	终值系数 $(F/A,i,n)$ $\dfrac{(1+i)^n-1}{i}$	偿债基金系数 $(A/F,i,n)$ $\dfrac{i}{(1+i)^n-1}$	资金回收系数 $(A/P,i,n)$ $\dfrac{i(1+i)^n}{(1+i)^n-1}$	现值系数 $(P/A,i,n)$ $\dfrac{(1+i)^n-1}{i(1+i)^n}$
8	11.7034	0.08545	29.7316	0.03363	0.39363	2.5404
9	15.9166	0.06283	41.4350	0.02413	0.38413	2.6033
10	21.6466	0.04620	57.3516	0.01744	0.37744	2.6495
11	29.4393	0.03397	78.9982	0.01266	0.37266	2.6834
12	40.0375	0.02498	108.4375	0.00922	0.36922	2.7084
13	54.4510	0.01837	148.4750	0.00674	0.36674	2.7268
14	74.0534	0.01350	202.9260	0.00493	0.36493	2.7403
15	100.7126	0.00993	276.9793	0.00361	0.36361	2.7502
16	136.9691	0.00730	377.6919	0.00265	0.36265	2.7575
17	186.2779	0.00537	514.6610	0.00194	0.36194	2.7629
18	253.3380	0.00395	700.9389	0.00143	0.36143	2.7668
19	344.5397	0.00290	954.2769	0.00105	0.36105	2.7697
20	468.5740	0.00213	1298.8166	0.00077	0.36077	2.7718
21	637.2606	0.00157	1767.3906	0.00057	0.36057	2.7734
22	866.6744	0.00115	2404.6512	0.00042	0.36042	2.7746
23	1178.6772	0.00085	3271.3256	0.00031	0.36031	2.7754
24	1603.0010	0.00062	4450.0029	0.00022	0.36022	2.7760
25	2180.0814	0.00046	6053.0039	0.00017	0.36017	2.7765
26	2964.9107	0.00034	8233.0853	0.00012	0.36012	2.7768
27	4032.2786	0.00025	11197.9960	0.00009	0.36009	2.7771
28	5483.8988	0.00018	15230.2745	0.00007	0.36007	2.7773
29	7458.1024	0.00013	20714.1734	0.00005	0.36005	2.7774
30	10143.0193	0.00010	28172.2758	0.00004	0.36004	2.7775
31	13794.5062	0.00007	38315.2951	0.00003	0.36003	2.7776
32	18760.5285	0.00005	52109.8013	0.00002	0.36002	2.7776
33	25514.3187	0.00004	70870.3298	0.00001	0.36001	2.7777

续表

年份 n	一次支付		等额支付系列			
	终值系数 $(F/P,i,n)$	现值系数 $(P/F,i,n)$	终值系数 $(F/A,i,n)$	偿债基金系数 $(A/F,i,n)$	资金回收系数 $(A/P,i,n)$	现值系数 $(P/A,i,n)$
	$(1+i)^n$	$\dfrac{1}{(1+i)^n}$	$\dfrac{(1+i)^n-1}{i}$	$\dfrac{i}{(1+i)^n-1}$	$\dfrac{i(1+i)^n}{(1+i)^n-1}$	$\dfrac{(1+i)^n-1}{i(1+i)^n}$
34	34699.4734	0.00003	96384.6485	0.00001	0.36001	2.7777
35	47191.2839	0.00002	131084.1219	0.00001	0.36001	2.7777

表A37 复利系数表(37%)

年份 n	一次支付		等额支付系列			
	终值系数 $(F/P,i,n)$	现值系数 $(P/F,i,n)$	终值系数 $(F/A,i,n)$	偿债基金系数 $(A/F,i,n)$	资金回收系数 $(A/P,i,n)$	现值系数 $(P/A,i,n)$
	$(1+i)^n$	$\dfrac{1}{(1+i)^n}$	$\dfrac{(1+i)^n-1}{i}$	$\dfrac{i}{(1+i)^n-1}$	$\dfrac{i(1+i)^n}{(1+i)^n-1}$	$\dfrac{(1+i)^n-1}{i(1+i)^n}$
1	1.3700	0.72993	1.0000	1.00000	1.37000	0.7299
2	1.8769	0.53279	2.3700	0.42194	0.79194	1.2627
3	2.5714	0.38890	4.2469	0.23547	0.60547	1.6516
4	3.5228	0.28387	6.8183	0.14667	0.51667	1.9355
5	4.8262	0.20720	10.3410	0.09670	0.46670	2.1427
6	6.6119	0.15124	15.1672	0.06593	0.43593	2.2939
7	9.0582	0.11040	21.7790	0.04592	0.41592	2.4043
8	12.4098	0.08058	30.8373	0.03243	0.40243	2.4849
9	17.0014	0.05882	43.2471	0.02312	0.39312	2.5437
10	23.2919	0.04293	60.2485	0.01660	0.38660	2.5867
11	31.9100	0.03134	83.5404	0.01197	0.38197	2.6180
12	43.7166	0.02287	115.4504	0.00866	0.37866	2.6409
13	59.8918	0.01670	159.1670	0.00628	0.37628	2.6576
14	82.0518	0.01219	219.0588	0.00456	0.37456	2.6698
15	112.4109	0.00890	301.1106	0.00332	0.37332	2.6787
16	154.0030	0.00649	413.5215	0.00242	0.37242	2.6852
17	210.9841	0.00474	567.5245	0.00176	0.37176	2.6899
18	289.0482	0.00346	778.5085	0.00128	0.37128	2.6934
19	395.9960	0.00253	1067.5567	0.00094	0.37094	2.6959
20	542.5145	0.00184	1463.5527	0.00068	0.37068	2.6977
21	743.2449	0.00135	2006.0672	0.00050	0.37050	2.6991

续表

年份 n	一次支付		等额支付系列			
	终值系数 $(F/P,i,n)$	现值系数 $(P/F,i,n)$	终值系数 $(F/A,i,n)$	偿债基金系数 $(A/F,i,n)$	资金回收系数 $(A/P,i,n)$	现值系数 $(P/A,i,n)$
	$(1+i)^n$	$\dfrac{1}{(1+i)^n}$	$\dfrac{(1+i)^n-1}{i}$	$\dfrac{i}{(1+i)^n-1}$	$\dfrac{i(1+i)^n}{(1+i)^n-1}$	$\dfrac{(1+i)^n-1}{i(1+i)^n}$
22	1018.2454	0.00098	2749.3120	0.00036	0.37036	2.7000
23	1394.9963	0.00072	3767.5575	0.00027	0.37027	2.7008
24	1911.1449	0.00052	5162.5537	0.00019	0.37019	2.7013
25	2618.2685	0.00038	7073.6986	0.00014	0.37014	2.7017
26	3587.0278	0.00028	9691.9671	0.00010	0.37010	2.7019
27	4914.2281	0.00020	13278.9949	0.00008	0.37008	2.7022
28	6732.4925	0.00015	18193.2231	0.00005	0.37005	2.7023
29	9223.5148	0.00011	24925.7156	0.00004	0.37004	2.7024
30	12636.2152	0.00008	34149.2304	0.00003	0.37003	2.7025
31	17311.6149	0.00006	46785.4456	0.00002	0.37002	2.7025
32	23716.9124	0.00004	64097.0605	0.00002	0.37002	2.7026
33	32492.1700	0.00003	87813.9728	0.00001	0.37001	2.7026
34	44514.2728	0.00002	120306.1428	0.00001	0.37001	2.7026
35	60984.5538	0.00002	164820.4156	0.00001	0.37001	2.7027

表A38 复利系数表(38%)

年份 n	一次支付		等额支付系列			
	终值系数 $(F/P,i,n)$	现值系数 $(P/F,i,n)$	终值系数 $(F/A,i,n)$	偿债基金系数 $(A/F,i,n)$	资金回收系数 $(A/P,i,n)$	现值系数 $(P/A,i,n)$
	$(1+i)^n$	$\dfrac{1}{(1+i)^n}$	$\dfrac{(1+i)^n-1}{i}$	$\dfrac{i}{(1+i)^n-1}$	$\dfrac{i(1+i)^n}{(1+i)^n-1}$	$\dfrac{(1+i)^n-1}{i(1+i)^n}$
1	1.3800	0.72464	1.0000	1.00000	1.38000	0.7246
2	1.9044	0.52510	2.3800	0.42017	0.80017	1.2497
3	2.6281	0.38051	4.2844	0.23340	0.61340	1.6302
4	3.6267	0.27573	6.9125	0.14467	0.52467	1.9060
5	5.0049	0.19980	10.5392	0.09488	0.47488	2.1058
6	6.9068	0.14479	15.5441	0.06433	0.44433	2.2506
7	9.5313	0.10492	22.4509	0.04454	0.42454	2.3555
8	13.1532	0.07603	31.9822	0.03127	0.41127	2.4315

续表

年份 n	一次支付		等额支付系列			
	终值系数 $(F/P,i,n)$	现值系数 $(P/F,i,n)$	终值系数 $(F/A,i,n)$	偿债基金系数 $(A/F,i,n)$	资金回收系数 $(A/P,i,n)$	现值系数 $(P/A,i,n)$
	$(1+i)^n$	$\dfrac{1}{(1+i)^n}$	$\dfrac{(1+i)^n-1}{i}$	$\dfrac{i}{(1+i)^n-1}$	$\dfrac{i(1+i)^n}{(1+i)^n-1}$	$\dfrac{(1+i)^n-1}{i(1+i)^n}$
9	18.1515	0.05509	45.1354	0.02216	0.40216	2.4866
10	25.0490	0.03992	63.2869	0.01580	0.39580	2.5265
11	34.5677	0.02893	88.3359	0.01132	0.39132	2.5555
12	47.7034	0.02096	122.9036	0.00814	0.38814	2.5764
13	65.8306	0.01519	170.6070	0.00586	0.38586	2.5916
14	90.8463	0.01101	236.4376	0.00423	0.38423	2.6026
15	125.3679	0.00798	327.2839	0.00306	0.38306	2.6106
16	173.0077	0.00578	452.6518	0.00221	0.38221	2.6164
17	238.7506	0.00419	625.6595	0.00160	0.38160	2.6206
18	329.4758	0.00304	864.4101	0.00116	0.38116	2.6236
19	454.6766	0.00220	1193.8859	0.00084	0.38084	2.6258
20	627.4538	0.00159	1648.5625	0.00061	0.38061	2.6274
21	865.8862	0.00115	2276.0163	0.00044	0.38044	2.6285
22	1194.9229	0.00084	3141.9025	0.00032	0.38032	2.6294
23	1648.9937	0.00061	4336.8254	0.00023	0.38023	2.6300
24	2275.6113	0.00044	5985.8191	0.00017	0.38017	2.6304
25	3140.3435	0.00032	8261.4304	0.00012	0.38012	2.6307
26	4333.6741	0.00023	11401.7739	0.00009	0.38009	2.6310
27	5980.4702	0.00017	15735.4480	0.00006	0.38006	2.6311
28	8253.0489	0.00012	21715.9182	0.00005	0.38005	2.6313
29	11389.2075	0.00009	29968.9671	0.00003	0.38003	2.6313
30	15717.1064	0.00006	41358.1746	0.00002	0.38002	2.6314
31	21689.6068	0.00005	57075.2810	0.00002	0.38002	2.6315
32	29931.6573	0.00003	78764.8878	0.00001	0.38001	2.6315
33	41305.6871	0.00002	108696.5451	0.00001	0.38001	2.6315
34	57001.8483	0.00002	150002.2322	0.00001	0.38001	2.6315

续表

年份 n	一次支付		等额支付系列			
	终值系数 $(F/P,i,n)$ $(1+i)^n$	现值系数 $(P/F,i,n)$ $\dfrac{1}{(1+i)^n}$	终值系数 $(F/A,i,n)$ $\dfrac{(1+i)^n-1}{i}$	偿债基金系数 $(A/F,i,n)$ $\dfrac{i}{(1+i)^n-1}$	资金回收系数 $(A/P,i,n)$ $\dfrac{i(1+i)^n}{(1+i)^n-1}$	现值系数 $(P/A,i,n)$ $\dfrac{(1+i)^n-1}{i(1+i)^n}$
35	78662.5506	0.00001	207004.0805	0.00000	0.38000	2.6315

表A39　复利系数表(39%)

年份 n	一次支付		等额支付系列			
	终值系数 $(F/P,i,n)$ $(1+i)^n$	现值系数 $(P/F,i,n)$ $\dfrac{1}{(1+i)^n}$	终值系数 $(F/A,i,n)$ $\dfrac{(1+i)^n-1}{i}$	偿债基金系数 $(A/F,i,n)$ $\dfrac{i}{(1+i)^n-1}$	资金回收系数 $(A/P,i,n)$ $\dfrac{i(1+i)^n}{(1+i)^n-1}$	现值系数 $(P/A,i,n)$ $\dfrac{(1+i)^n-1}{i(1+i)^n}$
1	1.3900	0.71942	1.0000	1.00000	1.39000	0.7194
2	1.9321	0.51757	2.3900	0.41841	0.80841	1.2370
3	2.6856	0.37235	4.3221	0.23137	0.62137	1.6093
4	3.7330	0.26788	7.0077	0.14270	0.53270	1.8772
5	5.1889	0.19272	10.7407	0.09310	0.48310	2.0699
6	7.2125	0.13865	15.9296	0.06278	0.45278	2.2086
7	10.0254	0.09975	23.1422	0.04321	0.43321	2.3083
8	13.9354	0.07176	33.1676	0.03015	0.42015	2.3801
9	19.3702	0.05163	47.1030	0.02123	0.41123	2.4317
10	26.9245	0.03714	66.4731	0.01504	0.40504	2.4689
11	37.4251	0.02672	93.3977	0.01071	0.40071	2.4956
12	52.0209	0.01922	130.8227	0.00764	0.39764	2.5148
13	72.3090	0.01383	182.8436	0.00547	0.39547	2.5286
14	100.5095	0.00995	255.1526	0.00392	0.39392	2.5386
15	139.7082	0.00716	355.6621	0.00281	0.39281	2.5457
16	194.1944	0.00515	495.3704	0.00202	0.39202	2.5509
17	269.9303	0.00370	689.5648	0.00145	0.39145	2.5546
18	375.2031	0.00267	959.4951	0.00104	0.39104	2.5573
19	521.5323	0.00192	1334.6982	0.00075	0.39075	2.5592
20	724.9299	0.00138	1856.2305	0.00054	0.39054	2.5606
21	1007.6525	0.00099	2581.1604	0.00039	0.39039	2.5616
22	1400.6370	0.00071	3588.8129	0.00028	0.39028	2.5623
23	1946.8855	0.00051	4989.4499	0.00020	0.39020	2.5628

续表

年份 n	一次支付		等额支付系列			
	终值系数 $(F/P,i,n)$	现值系数 $(P/F,i,n)$	终值系数 $(F/A,i,n)$	偿债基金系数 $(A/F,i,n)$	资金回收系数 $(A/P,i,n)$	现值系数 $(P/A,i,n)$
	$(1+i)^n$	$\dfrac{1}{(1+i)^n}$	$\dfrac{(1+i)^n-1}{i}$	$\dfrac{i}{(1+i)^n-1}$	$\dfrac{i(1+i)^n}{(1+i)^n-1}$	$\dfrac{(1+i)^n-1}{i(1+i)^n}$
24	2706.1708	0.00037	6936.3354	0.00014	0.39014	2.5632
25	3761.5774	0.00027	9642.5062	0.00010	0.39010	2.5634
26	5228.5926	0.00019	13404.0837	0.00007	0.39007	2.5636
27	7267.7438	0.00014	18632.6763	0.00005	0.39005	2.5637
28	10102.1638	0.00010	25900.4201	0.00004	0.39004	2.5638
29	14042.0077	0.00007	36002.5839	0.00003	0.39003	2.5639
30	19518.3907	0.00005	50044.5916	0.00002	0.39002	2.5640
31	27130.5631	0.00004	69562.9823	0.00001	0.39001	2.5640
32	37711.4827	0.00003	96693.5454	0.00001	0.39001	2.5640
33	52418.9610	0.00002	134405.0282	0.00001	0.39001	2.5641
34	72862.3558	0.00001	186823.9891	0.00001	0.39001	2.5641
35	101278.6745	0.00001	259686.3449	0.00000	0.39000	2.5641

表A40 复利系数表(40%)

年份 n	一次支付		等额支付系列			
	终值系数 $(F/P,i,n)$	现值系数 $(P/F,i,n)$	终值系数 $(F/A,i,n)$	偿债基金系数 $(A/F,i,n)$	资金回收系数 $(A/P,i,n)$	现值系数 $(P/A,i,n)$
	$(1+i)^n$	$\dfrac{1}{(1+i)^n}$	$\dfrac{(1+i)^n-1}{i}$	$\dfrac{i}{(1+i)^n-1}$	$\dfrac{i(1+i)^n}{(1+i)^n-1}$	$\dfrac{(1+i)^n-1}{i(1+i)^n}$
1	1.4000	0.71429	1.0000	1.00000	1.40000	0.7143
2	1.9600	0.51020	2.4000	0.41667	0.81667	1.2245
3	2.7440	0.36443	4.3600	0.22936	0.62936	1.5889
4	3.8416	0.26031	7.1040	0.14077	0.54077	1.8492
5	5.3782	0.18593	10.9456	0.09136	0.49136	2.0352
6	7.5295	0.13281	16.3238	0.06126	0.46126	2.1680
7	10.5414	0.09486	23.8534	0.04192	0.44192	2.2628
8	14.7579	0.06776	34.3947	0.02907	0.42907	2.3306
9	20.6610	0.04840	49.1526	0.02034	0.42034	2.3790
10	28.9255	0.03457	69.8137	0.01432	0.41432	2.4136
11	40.4957	0.02469	98.7391	0.01013	0.41013	2.4383
12	56.6939	0.01764	139.2348	0.00718	0.40718	2.4559

续表

年份 n	一次支付		等额支付系列			
	终值系数 $(F/P,i,n)$	现值系数 $(P/F,i,n)$	终值系数 $(F/A,i,n)$	偿债基金系数 $(A/F,i,n)$	资金回收系数 $(A/P,i,n)$	现值系数 $(P/A,i,n)$
	$(1+i)^n$	$\dfrac{1}{(1+i)^n}$	$\dfrac{(1+i)^n-1}{i}$	$\dfrac{i}{(1+i)^n-1}$	$\dfrac{i(1+i)^n}{(1+i)^n-1}$	$\dfrac{(1+i)^n-1}{i(1+i)^n}$
13	79.3715	0.01260	195.9287	0.00510	0.40510	2.4685
14	111.1201	0.00900	275.3002	0.00363	0.40363	2.4775
15	155.5681	0.00643	386.4202	0.00259	0.40259	2.4839
16	217.7953	0.00459	541.9883	0.00185	0.40185	2.4885
17	304.9135	0.00328	759.7837	0.00132	0.40132	2.4918
18	426.8789	0.00234	1064.6971	0.00094	0.40094	2.4941
19	597.6304	0.00167	1491.5760	0.00067	0.40067	2.4958
20	836.6826	0.00120	2089.2064	0.00048	0.40048	2.4970
21	1171.3556	0.00085	2925.8889	0.00034	0.40034	2.4979
22	1639.8978	0.00061	4097.2445	0.00024	0.40024	2.4985
23	2295.8569	0.00044	5737.1423	0.00017	0.40017	2.4989
24	3214.1997	0.00031	8032.9993	0.00012	0.40012	2.4992
25	4499.8796	0.00022	11247.1990	0.00009	0.40009	2.4994
26	6299.8314	0.00016	15747.0785	0.00006	0.40006	2.4996
27	8819.7640	0.00011	22046.9099	0.00005	0.40005	2.4997
28	12347.6696	0.00008	30866.6739	0.00003	0.40003	2.4998
29	17286.7374	0.00006	43214.3435	0.00002	0.40002	2.4999
30	24201.4324	0.00004	60501.0809	0.00002	0.40002	2.4999
31	33882.0053	0.00003	84702.5132	0.00001	0.40001	2.4999
32	47434.8074	0.00002	118584.5185	0.00001	0.40001	2.4999
33	66408.7304	0.00002	166019.3260	0.00001	0.40001	2.5000
34	92972.2225	0.00001	232428.0563	0.00000	0.40000	2.5000
35	130161.1116	0.00001	325400.2789	0.00000	0.40000	2.5000

表A41 复利系数表(45%)

年份 n	一次支付		等额支付系列			
	终值系数 $(F/P,i,n)$	现值系数 $(P/F,i,n)$	终值系数 $(F/A,i,n)$	偿债基金系数 $(A/F,i,n)$	资金回收系数 $(A/P,i,n)$	现值系数 $(P/A,i,n)$
	$(1+i)^n$	$\dfrac{1}{(1+i)^n}$	$\dfrac{(1+i)^n-1}{i}$	$\dfrac{i}{(1+i)^n-1}$	$\dfrac{i(1+i)^n}{(1+i)^n-1}$	$\dfrac{(1+i)^n-1}{i(1+i)^n}$
1	1.4500	0.689655	1.0000	1.00000	1.450000	0.689655

续表

年份 n	一次支付		等额支付系列			
	终值系数 $(F/P,i,n)$	现值系数 $(P/F,i,n)$	终值系数 $(F/A,i,n)$	偿债基金系数 $(A/F,i,n)$	资金回收系数 $(A/P,i,n)$	现值系数 $(P/A,i,n)$
	$(1+i)^n$	$\dfrac{1}{(1+i)^n}$	$\dfrac{(1+i)^n-1}{i}$	$\dfrac{i}{(1+i)^n-1}$	$\dfrac{i(1+i)^n}{(1+i)^n-1}$	$\dfrac{(1+i)^n-1}{i(1+i)^n}$
2	2.1025	0.475624	2.4500	0.40816	0.858163	1.165279
3	3.0486	0.328017	4.5525	0.21966	0.669660	1.493296
4	4.4205	0.226218	7.6011	0.13156	0.581559	1.719515
5	6.4097	0.156013	12.0216	0.08318	0.533183	1.875527
6	9.2941	0.107595	18.4314	0.05426	0.504255	1.983122
7	13.4765	0.074203	27.7255	0.03607	0.486068	2.057326
8	19.5409	0.051175	41.2019	0.02427	0.474271	2.108500
9	28.3343	0.035293	60.7428	0.01646	0.466463	2.143793
10	41.0847	0.024340	89.0771	0.01123	0.461226	2.168133
11	59.5728	0.016786	130.1618	0.00768	0.457683	2.184920
12	86.3806	0.011577	189.7346	0.00527	0.455271	2.196496
13	125.2518	0.007984	276.1151	0.00362	0.453622	2.204480
14	181.6151	0.005506	401.3670	0.00249	0.452491	2.209986
15	263.3419	0.003797	582.9821	0.00172	0.451715	2.213784
16	381.8458	0.002619	846.3240	0.00118	0.451182	2.216403
17	553.6764	0.001806	1228.1699	0.00081	0.450814	2.218209
18	802.8308	0.001246	1781.8463	0.00056	0.450561	2.219454
19	1164.1047	0.000859	2584.6771	0.00039	0.450387	2.220313
20	1687.9518	0.000592	3748.7818	0.00027	0.450267	2.220906
21	2447.5301	0.000409	5436.7336	0.00018	0.450184	2.221314
22	3548.9187	0.000282	7884.2638	0.00013	0.450127	2.221596
23	5145.9321	0.000194	11433.1824	0.00009	0.450087	2.221790
24	7461.6015	0.000134	16579.1145	0.00006	0.450060	2.221924
25	10819.3222	0.000092	24040.7161	0.00004	0.450042	2.222017
26	15688.0172	0.000064	34860.0383	0.00003	0.450029	2.222081
27	22747.6250	0.000044	50548.0556	0.00002	0.450020	2.222125
28	32984.0563	0.000030	73295.6806	0.00001	0.450014	2.222155
29	47826.8816	0.000021	106279.7368	0.00001	0.450009	2.222176
30	69348.9783	0.000014	154106.6184	0.00001	0.450006	2.222190
31	100556.0185	0.000010	223455.5967	0.00000	0.450004	2.222200

续表

年份 n	一次支付		等额支付系列			
	终值系数 $(F/P,i,n)$ $(1+i)^n$	现值系数 $(P/F,i,n)$ $\frac{1}{(1+i)^n}$	终值系数 $(F/A,i,n)$ $\frac{(1+i)^n-1}{i}$	偿债基金系数 $(A/F,i,n)$ $\frac{i}{(1+i)^n-1}$	资金回收系数 $(A/P,i,n)$ $\frac{i(1+i)^n}{(1+i)^n-1}$	现值系数 $(P/A,i,n)$ $\frac{(1+i)^n-1}{i(1+i)^n}$
32	145806.2269	0.000007	324011.6152	0.00000	0.450003	2.222207
33	211419.0289	0.000005	469817.8421	0.00000	0.450002	2.222212
34	306557.5920	0.000003	681236.8710	0.00000	0.450001	2.222215
35	444508.5083	0.000002	987794.4630	0.00000	0.450001	2.222217

表A42 复利系数表(50%)

年份 n	一次支付		等额支付系列			
	终值系数 $(F/P,i,n)$ $(1+i)^n$	现值系数 $(P/F,i,n)$ $\frac{1}{(1+i)^n}$	终值系数 $(F/A,i,n)$ $\frac{(1+i)^n-1}{i}$	偿债基金系数 $(A/F,i,n)$ $\frac{i}{(1+i)^n-1}$	资金回收系数 $(A/P,i,n)$ $\frac{i(1+i)^n}{(1+i)^n-1}$	现值系数 $(P/A,i,n)$ $\frac{(1+i)^n-1}{i(1+i)^n}$
1	1.5000	0.666667	1.0000	1.000000	1.500000	0.666667
2	2.2500	0.444444	2.5000	0.400000	0.900000	1.111111
3	3.3750	0.296296	4.7500	0.210526	0.710526	1.407407
4	5.0625	0.197531	8.1250	0.123077	0.623077	1.604938
5	7.5938	0.131687	13.1875	0.075829	0.575829	1.736626
6	11.3906	0.087791	20.7813	0.048120	0.548120	1.824417
7	17.0859	0.058528	32.1719	0.031083	0.531083	1.882945
8	25.6289	0.039018	49.2578	0.020301	0.520301	1.921963
9	38.4434	0.026012	74.8867	0.013354	0.513354	1.947975
10	57.6650	0.017342	113.3301	0.008824	0.508824	1.965317
11	86.4976	0.011561	170.9951	0.005848	0.505848	1.976878
12	129.7463	0.007707	257.4927	0.003884	0.503884	1.984585
13	194.6195	0.005138	387.2390	0.002582	0.502582	1.989724
14	291.9293	0.003425	581.8585	0.001719	0.501719	1.993149
15	437.8939	0.002284	873.7878	0.001144	0.501144	1.995433
16	656.8408	0.001522	1311.6817	0.000762	0.500762	1.996955
17	985.2613	0.001015	1968.5225	0.000508	0.500508	1.997970
18	1477.8919	0.000677	2953.7838	0.000339	0.500339	1.998647
19	2216.8378	0.000451	4431.6756	0.000226	0.500226	1.999098
20	3325.2567	0.000301	6648.5135	0.000150	0.500150	1.999399

续表

年份 n	一次支付		等额支付系列			
	终值系数 $(F/P,i,n)$	现值系数 $(P/F,i,n)$	终值系数 $(F/A,i,n)$	偿债基金系数 $(A/F,i,n)$	资金回收系数 $(A/P,i,n)$	现值系数 $(P/A,i,n)$
	$(1+i)^n$	$\dfrac{1}{(1+i)^n}$	$\dfrac{(1+i)^n-1}{i}$	$\dfrac{i}{(1+i)^n-1}$	$\dfrac{i(1+i)^n}{(1+i)^n-1}$	$\dfrac{(1+i)^n-1}{i(1+i)^n}$
21	4987.8851	0.000200	9973.7702	0.000100	0.500100	1.999599
22	7481.8276	0.000134	14961.6553	0.000067	0.500067	1.999733
23	11222.7415	0.000089	22443.4829	0.000045	0.500045	1.999822
24	16834.1122	0.000059	33666.2244	0.000030	0.500030	1.999881
25	25251.1683	0.000040	50500.3366	0.000020	0.500020	1.999921
26	37876.7524	0.000026	75751.5049	0.000013	0.500013	1.999947
27	56815.1287	0.000018	113628.2573	0.000009	0.500009	1.999965
28	85222.6930	0.000012	170443.3860	0.000006	0.500006	1.999977
29	127834.0395	0.000008	255666.0790	0.000004	0.500004	1.999984
30	191751.0592	0.000005	383500.1185	0.000003	0.500003	1.999990
31	287626.5888	0.000003	575251.1777	0.000002	0.500002	1.999993
32	431439.8833	0.000002	862877.7665	0.000001	0.500001	1.999995
33	647159.8249	0.000002	1294317.6498	0.000001	0.500001	1.999997
34	970739.7374	0.000001	1941477.4747	0.000001	0.500001	1.999998
35	1456109.6060	0.000001	2912217.2121	0.000000	0.500000	1.999999

参 考 文 献

[1] 全国一级建造师执业资格考试用书编写委员会.建设工程经济[M].北京:中国建筑工业出版社,2017.
[2] 国家发展和改革委员会,中华人民共和国住房和城乡建设部.建设项目经济评价方法与参数[M].3版.北京:中国计划出版社,2008.
[3] 邵颖红.工程经济学概论[M].北京:电子工业出版社,2015.
[4] 王成平,戈伟.工程经济[M].西安:西安交通大学出版社,2015.
[5] 张宁宁,侯聪霞.建筑工程经济[M].北京:北京大学出版社,2013.
[6] 鹿雁慧,王铁,宋晓惠,等.工程经济学[M].北京:北京理工大学出版社,2013.
[7] 游达明.技术经济与项目经济评价[M].北京:清华大学出版社,2009.
[8] 孟新田,刘建生.工程经济学[M].北京:中国建材工业出版社,2013.
[9] 熊燕,彭芳,肖茜.工程经济学[M].武汉:武汉理工大学出版社,2015.
[10] 杨帆.工程经济学[M].武汉:华中科技大学出版社,2016.
[11] 贾学萍.工程经济学[M].北京:北京邮电大学出版社,2016.